课程思政建设探索教材
高等学校保险学专业系列教材

保险营销理论与实务

（第 2 版）

主编 刘金章 王晓珊

清华大学出版社
北京交通大学出版社
·北京·

内容简介

本书以国家保险行业职业标准为依据,以培养保险专业实用型高等人才为目标,理论与实际相结合,并以国内外大量保险营销成功人士鲜活的业绩、经验为案例,生动、风趣地诠释了现代保险营销领域的一些新理念、新知识、新营销方式和方法。

本书是高等学校保险学专业系列教材之一,可作为保险、金融、市场营销本科专业,以及保险高职专业教学用书,也可作为保险、市场营销行业从业人员的学习参考用书。

本书封面贴有清华大学出版社防伪标签,无标签者不得销售。
版权所有,侵权必究。侵权举报电话:010-62782989 13501256678 13801310933

图书在版编目(CIP)数据

保险营销理论与实务/刘金章,王晓珊主编. —2版. —北京:北京交通大学出版社:清华大学出版社,2023.8

ISBN 978-7-5121-5051-5

Ⅰ.①保… Ⅱ.①刘… ②王… Ⅲ.①保险业-市场营销学 Ⅳ.①F840.41

中国国家版本馆 CIP 数据核字(2023)第 145496 号

保险营销理论与实务
BAOXIAN YINGXIAO LILUN YU SHIWU

责任编辑:吴嫦娥	
出版发行:清华大学出版社　邮编:100084　电话:010-62776969　http://www.tup.com.cn	
北京交通大学出版社　邮编:100044　电话:010-51686414　http://www.bjtup.com.cn	
印　刷　者:北京鑫海金澳胶印有限公司	
经　　　销:全国新华书店	
开　　　本:185 mm×260 mm　印张:13.5　字数:346千字	
版 印 次:2013年10月第1版　2023年8月第2版　2023年8月第1次印刷	
定　　　价:49.00元	

本书如有质量问题,请向北京交通大学出版社质监组反映。对您的意见和批评,我们表示欢迎和感谢。
投诉电话:010-51686043,51686008;传真:010-62225406;E-mail:press@bjtu.edu.cn。

第2版前言

本书编者是具有多年保险教学经验的一线教师，并具有多年保险公司挂职经历，具有丰富的实务经验。本书第1版自2013年出版以来，受到高等院校师生的好评，先后重印多次，销量可观。本次再版在第1版的基础上增加了课程思政元素，强调理论性与实践性的有机结合，强调学生实践能力的培养。

本书再版后，教材的实用性更为突出，具体特点如下。

（1）适用性。既可供保险学、金融学、投资与理财专业学生使用，又兼顾了保险公司培训学习的需求。

（2）简明性。注重保险营销的基础知识和基本原理，教材内容"必需、够用"，着眼于实际应用，具有可操作性。没有过多强调理论的深度与广度，能保证应用型本科学生的理解和掌握。

（3）实践性。加入了大量的阅读资料、情景演练，便于学生对保险营销知识的深入理解。

（4）思政元素。在保险产品行销前的准备、准保户的开发与管理、面谈技巧、保险产品售后服务、保险营销人员的培训、保险代理人的职业规范与禁忌这些篇章中，将正确的价值观与道德标准融入其中，诚实、守信、勤奋、敬业……

（5）配有教学大纲、课件PPT、三套模拟试卷及其参考答案和评分标准（可扫描相应二维码获得），授课教师可发邮件至183681911@qq.com索取教学大纲与教学课件。

由于编者水平有限，疏漏不当之处，诚望读者批评指正。

王晓珊
2023年7月

前　言

保险营销学是市场营销学的一个分支，是一门以经济学、金融学、保险学和现代科学技术为基础，专门研究如何满足消费者对保险商品需求为中心的市场营销活动及其有关运行规律的一门应用型学科。

保险营销活动是在保险营销观念指导下进行的，因此准确地把握保险营销的内涵，正确认识保险营销管理的实质与任务，对于搞好保险营销，强化其经营管理，发挥保险产品对社会经济发展的保险功能，促进经济发展方式的转变，提高人们对各种风险的防范能力与水平，均有着重要意义。

针对读者（在读保险专业本、专科的学生和广大保险营销人员），本书在编写过程中，突出以下几个特点。

一是理论性。本书编写过程中，笔者广泛参阅近年来国内外有关保险市场营销的现代理论，并注意吸取我国保险学界对社会主义市场经济条件下有关保险营销的一些研究成果。对市场运作、营销管理、市场调查、行情分析、市场预测、需求规律、促销方略、谈判技巧等主要理论和现实问题进行了较深入的分析与探讨。

二是系统性。在本书的编写过程中，从整体设计和各章具体内容结构及章节安排，都注意尽力做到条理清晰、层次分明、系统严密。

三是先进性。本书在编写中注意尽量吸取国内外一些最新研究成果和实践经验，借鉴他们的新思路、新观点、新方法，力求在内容上与时俱进。

四是操作性。本书在编写中，十分注重可操作性。对于如何进行市场调查、市场行情分析，以及在不同环境条件下，怎样正确地综合运用产品、价格和营销策略，选择有效的促销手段和合理方法等，结合大量例证进行了具体而生动的阐述，以便于保险专业的学生及一些保险营销从业者学习并掌握具体操作技能。

五是实用性。为了便于读者学习与理解，笔者不论是在理论的阐述上，还是在对具体问题的论证上，都尽力做到讲解深入浅出、语言简练、通俗易懂，并运用大量生动有趣的案例进行说明，力求实用。

本书是合作的产物。由刘金章与王晓珊共同进行总体设计及框架安排，王晓珊撰写第5章至第10章，夏晓翠撰写第1章至第4章。全书由刘金章进行总纂、修订、补充和定稿。

在本书编写过程中，我们参考了大量文献资料及同行专家的著述，甚至直接引用了他们的一些研究成果。在此谨向引文的诸位作者表示衷心的感谢。同时也对北京交通大学出版社吴嫦娥编辑的关心与推动本套"高等学校保险学专业系列教材"的出版表示谢意！

由于编者水平有限，疏漏不当之处，诚望读者批评指正。

刘金章

2013 年 7 月

目 录

第1章 保险营销概述 ………………… 1
1.1 保险营销的概念 ………………… 1
 1.1.1 保险营销的含义 …………… 1
 1.1.2 保险营销中相关词语的解读 …… 2
1.2 保险营销的特点 ………………… 3
1.3 保险的营销理念 ………………… 4
 1.3.1 保险营销理念的演变历程 …… 4
 1.3.2 保险公司的现代营销理念 …… 6
 ◇ 复习思考题 ………………… 11

第2章 保险产品营销前的准备 ……… 12
2.1 保险营销人员的营销理念与工作态度 ………………… 12
 2.1.1 保险营销人员的营销理念 …… 12
 2.1.2 保险营销人员应有的工作态度 ………………… 13
2.2 保险营销人员专业形象和基本礼仪 ………………… 16
 2.2.1 保险营销人员的专业形象 …… 16
 2.2.2 保险营销人员的基本礼仪 …… 19
2.3 熟悉营销产品 ………………… 23
 2.3.1 知识准备 ………………… 24
 2.3.2 熟悉营销产品和相关产品 …… 25
2.4 合理的目标计划 ………………… 27
 2.4.1 设立目标 ………………… 28
 2.4.2 制订工作计划 …………… 28
 2.4.3 如何制订营销计划 ……… 29
 ◇ 复习思考题 ………………… 32

第3章 保险需求分析 ………………… 33
3.1 保险需求 ………………… 33
 3.1.1 保险需求的含义 …………… 33
 3.1.2 保险需求的特征 …………… 36
 3.1.3 我国现实中保险需求的表现形态 ………………… 38
3.2 影响保险需求的因素 …………… 40
 3.2.1 经济发展水平 …………… 40
 3.2.2 人口及其构成 …………… 41
 3.2.3 地区结构 ………………… 42
 3.2.4 社会保险 ………………… 43
 3.2.5 保险价格 ………………… 43
 3.2.6 银行利率高低 …………… 44
3.3 准保户的保险需求 ……………… 45
 3.3.1 了解准保户最重视的需求 …… 45
 3.3.2 发现准保户最重视需求的方法 ………………… 47
 3.3.3 引导准保户发现自己的需求 …… 50
 ◇ 复习思考题 ………………… 52

第4章 准保户的开发与管理 ………… 54
4.1 准保户开发 ………………… 54
 4.1.1 准保户的含义 …………… 54
 4.1.2 准保户的开发 …………… 56
4.2 促成技巧 ………………… 60
 4.2.1 创造促成的条件 ………… 60
 4.2.2 识别顾客的购买信号 …… 60
 4.2.3 抓住成交机会 …………… 61
4.3 正确面对顾客拒绝 ……………… 67
 4.3.1 顾客"拒绝"的含义 ……… 67
 4.3.2 顾客拒绝心理产生的原因及其表现 ………………… 68
 4.3.3 顾客拒绝的种类及其分辨 …… 69

I

4.3.4 处理顾客拒绝的方法 …………… 71
4.3.5 处理顾客拒绝的基本步骤……… 73
◇ 复习思考题 …………………………… 75

第5章 保险产品建议书的设计与说明 …… 77

5.1 保险产品建议书的制作要点…… 77
  5.1.1 设计保险产品建议书的目的 …… 77
  5.1.2 设计保险产品建议书的原则 …… 78
  5.1.3 保险产品建议书的内容 ………… 79
5.2 确定保险理财规划……………… 80
  5.2.1 根据准保户财务状况制订保险理财方案 ………………………… 80
  5.2.2 人生各阶段的人寿保险规划 …… 83
5.3 保险产品建议书的说明技巧…… 85
  5.3.1 说明中要遵循的基本原则和技巧 ………………………………… 85
  5.3.2 说明的具体步骤 ………………… 87
◇ 复习思考题 …………………………… 93

第6章 面谈技巧 …………………… 95

6.1 接近顾客的技巧………………… 95
  6.1.1 接近顾客的目的 ………………… 95
  6.1.2 接近顾客的准备 ………………… 96
  6.1.3 接触说明 ………………………… 99
6.2 洽谈的常用方法………………… 104
  6.2.1 初步洽谈的常用方法 …………… 104
  6.2.2 营造良好的洽谈气氛 …………… 105
  6.2.3 洽谈中的语言技巧 ……………… 106
6.3 应对不同类型顾客的洽谈技巧 ………………………………… 110
◇ 复习思考题 …………………………… 118

第7章 保险网络营销 ……………… 119

7.1 保险网络营销概述及发展过程 ………………………………… 119
  7.1.1 保险网络营销概述 ……………… 119
  7.1.2 我国保险网络营销的开创 …… 120

7.2 保险网络营销的优势、功能及模式 …………………………… 121
  7.2.1 保险网络营销的优势 …………… 121
  7.2.2 保险网络营销的功能 …………… 122
  7.2.3 我国保险网络营销的模式 …… 123
7.3 保险网络投保流程……………… 125
  7.3.1 网上车险投保流程 ……………… 125
  7.3.2 家庭综合保险投保流程 ………… 128
◇ 复习思考题 …………………………… 131

第8章 保险产品售后服务………… 132

8.1 保险产品售后服务的内容、类型 …………………………… 132
  8.1.1 保险售后服务的内容 …………… 132
  8.1.2 保险产品售后服务的类型 …… 135
8.2 保险产品售后服务的方法……… 136
  8.2.1 定期服务的方法 ………………… 136
  8.2.2 不定期服务的方法 ……………… 137
  8.2.3 服务客户贵在及时 ……………… 137
  8.2.4 解决抱怨要有耐心与技巧 …… 138
8.3 保险产品售后服务的延续……… 140
  8.3.1 培养固定的客户群 ……………… 140
  8.3.2 保持固定的客户群 ……………… 144
  8.3.3 拓新单与续旧期 ………………… 146
◇ 复习思考题 …………………………… 149

第9章 保险营销人员的培训……… 150

9.1 保险营销培训实施前的准备 … 150
  9.1.1 培训地点的选择 ………………… 150
  9.1.2 培训座位的排定 ………………… 150
  9.1.3 温度的调节 ……………………… 152
  9.1.4 设备的检查 ……………………… 152
  9.1.5 开课前的准备 …………………… 152
9.2 保险营销培训的讲授技巧 …… 153
  9.2.1 试讲 ……………………………… 153
  9.2.2 讲授风度 ………………………… 153
  9.2.3 幽默感 …………………………… 153
  9.2.4 音色 ……………………………… 153

9.2.5　学习辅助材料 ············ 154
　　9.2.6　记住名字 ················ 154
　　9.2.7　道歉 ····················· 154
　　9.2.8　时间的把握 ············· 154
9.3　保险营销培训的常用方法——
　　　课堂讲授法 ················ 155
　　9.3.1　课堂讲授法的优点和缺点 ··· 155
　　9.3.2　课堂讲授法的因素分析 ··· 156
　　9.3.3　课堂讲授方式 ············ 156
　　9.3.4　课堂讲授法的适用范围 ··· 157
9.4　保险营销培训的常用方法——
　　　案例法 ······················ 158
　　9.4.1　案例法的特征 ············ 158
　　9.4.2　案例法的优点和缺点 ···· 159
　　9.4.3　案例法的实施步骤 ······· 159
　　9.4.4　案例法的注意事项 ······· 160
9.5　保险营销培训的常用方法——
　　　研讨会 ······················ 161
　　9.5.1　研讨会的类型 ············ 161
　　9.5.2　研讨会的形式 ············ 162
　　9.5.3　研讨会的组织和实施 ···· 163
9.6　保险营销培训的常用方法——
　　　角色扮演法 ················ 165
　　9.6.1　角色扮演法的优点与缺点 ··· 166

　　9.6.2　角色扮演法的规则 ······· 166
　　9.6.3　角色扮演法的实施 ······· 168
　◇　复习思考题 ·················· 169

**第10章　保险代理人的职业规范与
　　　　　禁忌** ······················ 170
10.1　保险代理人的职业定位与职业
　　　规范 ························ 170
　　10.1.1　保险代理人的性质、地位 ··· 170
　　10.1.2　保险代理人的职业规范 ··· 173
10.2　不要强迫营销、不要利用
　　　谎言 ························ 176
　　10.2.1　不要强迫营销 ··········· 176
　　10.2.2　不要利用谎言 ··········· 177
10.3　保险代理人的其他禁忌 ····· 178
　　10.3.1　工作不规范 ·············· 178
　　10.3.2　相互抢单 ················ 180
　　10.3.3　自己设置陷阱 ··········· 181
　　10.3.4　生搬硬套他人经验 ····· 181
　◇　复习思考题 ·················· 182

附录A　模拟试卷 ················ 185

参考文献 ·························· 206

第1章 保险营销概述

思政目标：

学习党的二十大报告中"我们深入贯彻以人民为中心的发展思想"，营销好的保险产品，为人民生活保驾护航。

学习目标：

1. 掌握保险营销的概念；
2. 了解保险营销的特点；
3. 理解保险的营销理念。

1.1 保险营销的概念

1.1.1 保险营销的含义

根据对市场营销的一般解释，结合保险业务的实际，保险营销是指以保险这一特殊商品为客体，以消费者对这一特殊商品的需求为导向，以满足消费者转嫁风险的需求为中心，运用整体营销或协同营销的手段，将保险商品转移给消费者，以实现保险公司长远经营目标的一系列活动。具体而言，保险营销是一项系统工程，内容包括：①对保险营销市场进行调研；②确定保险企业和市场营销战略；③进行市场细分，选择目标市场；④对保险产品的开发和定价；⑤促销活动；⑥投保双方签订保险合同；⑦保后服务。贯穿这一切的主题是满足投保人的需求和尽可能地要保证保险企业的盈利。

由保险营销的定义，我们可以得出以下结论。

（1）保险营销是一种交换过程，是买卖双方即保险人与投保人为实现各自的目标而进行的交换过程。没有交换就没有保险营销。投保人为了买到保险商品以满足自己的风险保障需求，必须向保险人缴纳与风险状况相应的保险费；保险人为了收取保费取得企业的经济效益，必须向投保人提供适销对路的保险产品和服务。投保人与保险人平等交换是通过订立保险合同来实现的，合同中要严格明确双方法定的权利和义务。

（2）保险营销是由包括保险推销在内的一系列具体营销活动构成的一个整体管理过程，而非仅仅指保险推销。人们往往将"营销"与"推销"混为一谈，故而把"保险营销"和"保险推销"当作一回事，认为保险无非就是上门推销保险商品，或者通过媒体广告来卖保险商品。其实，保险营销的含义远远超过推销这么简单，简而言之，推销只是指产品的推广销售或促销，而保险市场营销却涵盖了一系列与保险消费市场有关的保险企业业务经营活动。因此，认为保险市场营销就是推销，这在理论上和实践上都是片面而有害的。现代营销学认为，推销只是市场营销活动的一个局部环节。

（3）营销强调在满足消费者需求的同时，实现企业的目标。保险营销的目的是要通过满足消费者的保险需求的同时来创造利润，而非通过扩大消费者的保险需求来创造利润。

（4）保险市场营销是一个动态过程。保险市场营销总是在变化的市场环境中进行的，因而保险市场营销应该是保险企业适应不断变化的市场环境，并对变化的环境作出有效反应的动态过程。

1.1.2　保险营销中相关词语的解读

理解保险营销，还需要理解保险营销中的一些常用的相关概念。

1. 保险需要

保险商品的起点是投保人的需要。每个人一生中会有各种各样的需要，如生理需要和社会需要，趋利避害是人的本能，寻求保障和补偿是人的天性。对保险商品的投保人来说，他的需要是客观存在的，保险需要是人们感到其财产与生命安全受到威胁而又无法通过其他途径获得基本满足的一种状态。它存在于人本身的生理需要和自身状态之中，是一种客观现象，不是任何人能够凭空创造出来的。正如对死亡风险的保障需要一样，它不是有了寿险营销人员以后才有的，而是先于寿险营销人员而存在的。因此说，死亡风险的保障需要不是寿险营销人员创造出来的。

人的需要是多种多样的，人的欲望也是无穷无尽的。保险欲望是指人们希望通过保险这一有效的财务安排达到其转嫁风险需要的满足。人们的保险需求并不大，只要获得基本满足即可，但人们的保险欲望却很多，如对于生存问题，人们除了希望保险能满足其基本的饥饿生存需要之外，还希望能满足其享受、发展的需要，而且在不同的时期，人们度量的标准不同。这就使得在对某些特定风险的转嫁上，人们表现出一种程度、层次上的递进，即不同的需求欲望。

保险需求则是指对于某些特定保险产品而言，人们有缴费能力也有投保意愿，即在一定时期消费者愿意并且能够购买的保险商品量。所以，当有足够的缴费能力时，保险欲望就变成了保险需求。因此，从营销的角度出发，保险公司不仅要预测消费者的保险需求，更重要的是要掌握消费者的保险需求，即到底有多少人愿意并且也能够购买保险。

恰当的保险营销手段，虽不能创造消费者的保险需要，但却可以影响他们的保险欲望，进而影响其保险需求。就保险商品的营销来说，发现投保人的需求，并设法去满足这种需求是其营销活动的第一步，也是关键一步。

2. 保险商品

消费者通过购买保险商品来满足其转嫁风险的需要和欲望。对于保险这样一种特殊形态的商品而言，其重要性不在于投保人或被保险人拥有了保险单本身而在于这"一纸承诺"，在于当保险事故发生时这张保险单能为被保险人或其受益人提供哪些以及什么程度的保障，正如人们购买小汽车不是为了观赏，而是作为代步工具一样。因此，一张保险单仅仅是保险保障的有形载体或者一个外壳，营销人员大可不必描述保险单本身，而是要让投保人明白在保险事故发生时这张保险单究竟能为他带来什么利益。

3. 交换

保险这一特殊商品若要满足人们转嫁风险的需要和欲望，唯一的途径就是交换。只有交换，才会产生保险营销，因而交换是先于保险营销的前提性概念。

交换应该是一种互利的交换，即交换后的双方比交换前获得了更大的满足，投保人以交付一定金额的保险费为代价，换取了保险人对其所面临风险的保障。为促使成功的交换，保险营销人员必须清楚所要为准保户提供的保险商品的功能，以及投保人希望得到哪些利益。

1.2 保险营销的特点

保险作为一种商品，其营销既具有一般商品营销的共性，也有自己的特点。

1. 保险营销属于主动性营销

保险营销的最明显的特征就是主动性营销。保险营销的主动性表现为以下三个方面。

（1）变潜在需求为现实需求。多数人对保险的需求是潜在的。尽管保险商品能够转移风险，提供一种保障和补偿，但它却是一种无形的看不见摸不到的抽象商品，对于大多数人来说，人们似乎对它的需求没有迫切性。所以，保险公司必须通过主动性的营销使投保人的潜在需求变为现实需求。

（2）变负需求为正需求。由于保险商品涉及的多是与人们的生死、财产损失和责任事故等事件，对于很多人来说，他们从心理上回避保险，对保险商品的需求表现为一种负需求，这就需要通过积极主动的营销活动，扭转人们对保险商品的消极态度和行为。

（3）变单向沟通为双向沟通。作为保险商品的营销者必须将单项沟通变为双向沟通。通过主动性营销，将企业要传达的信息，按消费者能够理解和接受的方式，通过信息传播媒介传递给消费者，并跟踪和注意消费者对信息的反馈，收集消费者对所提供的保险商品的意见和反映，及时调整和改进服务策略，从而使顾客满意。

在推销过程中，谈话是在传递信息，听话是在接受信息。一般来说，在推销过程中，70%的时间是营销人员在讲话，顾客只是用了30%的时间在说话。这种做法虽然有时能煽动顾客的关心和热情，但却不能激发顾客下决心时所必须具有的自信和理智。

2. 保险营销属于人性化营销

保险商品从形式上看，是一种服务，营销的各环节都是为顾客提供服务。由于保险商品的不可感知性——既不能在保险需求者购买之前向其展示某种样品，也不能在顾客购买后使其保留某种实物，加上顾客大多又缺乏保险知识，因此其对保险商品往往疑虑重重，这就需要保险公司进行人性化营销，始终秉持"服务至上，顾客满意"的宗旨，认真做好售前、售中及售后服务，打消投保人的疑虑，使其实施购买行为。

3. 保险营销属于关系营销

现代营销是将企业的营销看作一个与消费者、竞争者、供应商、分销商、政府机构和社会组织发生互动的过程。在这一过程中，建立与发展同相关个人及组织的关系是其营销的关键。保险营销作为一个蓬勃发展的产业，更要注重关系营销，建立并维护与顾客的良好关系。保险商品的延后性，使顾客购买的是未来可能的服务，保险公司将在未来风险发生时提供具体的核心服务；同时，保险商品的延后性，使顾客满意与否要在一个相当长的时间后才能判断，这就要求保险营销过程必须建立在长期战略和良好信誉的基础上。因此，保险营销的核心不是卖出保险，而是体现在一个长期、持续的服务过程中。因此，建立并维持顾客的良好关系，提高顾客的忠诚度是保险营销制胜的法宝。

4. 保险营销属于专业化营销

保险服务本身的非渴求性特征，决定了人员推销在保险营销中的重要地位。由于人们缺乏对保险购买的欲望，以及保险商品的多重特性使保险单过于复杂和抽象，认识保险需要具备多方面的知识，这些因素决定了保险营销中需要出色的营销人员去推销商品，通过营销人员现场的购买刺激、讲解和引导来促使购买行为的发生。保险服务本身的非渴求性特征也表明公众对保险知识的普及、开展知识营销和改变社会公众观念的重要性；同时，保险服务本身价格确定性特征，决定了保险营销更适应于非价格竞争原则，具体表现为保险公司在市场竞争上更多依靠其保险的服务性和专业性。

根据市场营销的产品归属群理论，保险在消费者心中属于深度考虑和高涉入度类型的产品。这表明专业化的服务比价格竞争更符合这一产品的营销特点。

5. 保险营销属于服务营销

从根本上说，保险商品营销就是服务营销，但保险商品服务除了具有一般服务的特点外，还具有风险性、限制性和长期性的特点。保险企业只有建立大服务观念，强化大服务意识，改进和创新服务品种、服务手段和服务措施，才能向社会提供高质量、高效率、高层次的优质服务，赢得竞争优势，树立良好形象。实施服务营销战略可采取有形营销策略、让渡价值营销策略和文化价值观营销策略，同时也要强调服务的规范化。

总之，保险营销表现出服务性、复杂性、长期性和专业性的特征。因此，营销人员必须具备相应的专业知识与强烈的服务意识，善于建立并维护客户关系，只有这样，才能有长远的发展前景。

1.3 保险的营销理念

1.3.1 保险营销理念的演变历程

保险的营销理念是指保险公司经营管理的指导思想。现代市场营销学称这种经营管理思想为"营销管理哲学"，它是保险公司经营管理活动的一种导向、一种观念。经营管理思想正确与否对保险公司经营的兴衰成败，具有决定性的意义。

保险公司的营销理念，在不同的经济发展阶段和不同的市场形势下，表现出不同的时代特点。保险营销理念的发展经历了以下几个阶段。

1. 生产理念阶段

生产理念又称生产导向，流行于20世纪20年代前，是一般工商企业经营思想的沿用。这是一种指导保险公司行为的传统的、古老的理念之一。生产理念认为，消费者可以接受任何买得起的保险险种，因而保险公司的任务就是努力提高效率，降低成本，提供更多的保险险种。当一个国家或地区保险市场主体单一，许多险种的供应还不能充分满足消费者需要，基本上是"卖方市场"时，这种理念较为流行。因而，生产理念产生和适用的条件如下。①保险市场上需求超过供给。保险公司之间的竞争较弱甚至毫无竞争，消费者投保选择的余地很小。②保险险种费率太高。只有科学准确地厘定费率并提高效率，降低成本，从而降低保险商品的价格才能扩大销路。

我国改革开放初期，保险市场刚刚恢复，竞争尚未真正形成，特别是人保"一家独办"时期，保险市场处于卖方市场阶段，不需开展市场营销活动，因而造成官商作风和服务水平较差的行业作风滋生。但是，随着保险市场格局的变化，当独家垄断保险市场的局面被多家竞争的市场格局取而代之后，这种理念的适用范围越来越小。

2. 产品理念阶段

产品理念是一种与生产观念相类似的经营思想，曾流行于20世纪30年代前。这种理念认为，消费者最乐意接受高质量的险种，保险公司的任务就是多开发设计一些高质量、有特色的险种。只要险种好，不怕没人保；只要有特色险种，自然会客户盈门，正所谓"酒香不怕巷子深"。在商品经济不太发达的时代，在保险市场竞争不甚激烈的背景下，这种理念也许还有一定的道理。产品理念会导致"营销近视症"，即公司把注意力往往只放在险种本身上，而不是放在消费者的真正需要上。

现代商品经济社会中，在多元化的保险市场中，竞争激烈，没有一家保险公司，更没有一个险种能永远保持独占地位，即使再好的险种，若没有适当的营销，通向市场的道路也不会是平坦的，原因如下。①随着经济的发展和人民生活水平的提高，人们需要已经向多层次发展。以寿险商品的使用价值为例，如果说过去人们只满足于寿险商品所具有的"保障功能"，那么随着人们经济水平的提高，又滋生了投资的需求，于是，融保障、储蓄和投资于一体的寿险新产品则成为新宠。面对客户的新需求，如果不求创新，只能使自己在竞争中处于被动地位。②当今市场多元化、竞争激烈化，好产品已经不是"一花独放"而是"百花齐放"，这样，如果放弃适当的营销活动，再好的产品也不可能持久地占领市场。

总的看来，产品观念与生产观念略有不同，前者是"以生产为中心"，后者"以产品为中心"，但它们的共同原则是把"企业需求"放在了首位。

3. 推销理念阶段

推销理念又称推销导向，是生产理念的发展和延伸。这一理念流行于20世纪30年代至40年代末。由于保险商品大多属于"非渴求商品"，是消费者一般不会主动想到要购买的商品。推销观念是假设保险公司若不大力刺激消费者的兴趣,消费者就不会向该公司投保,或者投保的人很少。因此,很多公司纷纷建立专门的推销机构,大力施展推销技巧,甚至不惜采用不正当的竞争手段。中国保险业恢复初期因急于开发市场、占领市场,而匆忙使用大批未经严格培训的营销人员走街串巷、拜访陌生路人并推销保险产品,虽然在普及保险知识和唤醒人们风险意识方面有一定作用,但由于在个人利益驱使下,某些营销人员在推销过程中不择手段地误导顾客,曲解保险功能的做法使许多顾客对保险产生某种不信任感。这种负面效应在一定程度上降低了民族保险业的竞争力。

从生产理念转变为推销理念可以说是保险公司经营指导思想的一大进步,但它基本上仍然没有脱离以生产为中心、"以产定销"的范畴。因为它只是着眼于现有险种的推销,只顾千方百计地把险种推销出去,至于售出后消费者是否满意,以及如何满足消费者的需要,是否达到消费者的完全满意,则没有给予足够的重视。因此,在保险业进一步高度发展、保险险种更加丰富的条件下,这种推销理念就不再行得通了。

4. 营销理念阶段

营销理念产生于20世纪50年代初,是商品经济发展史上的一种全新的经营哲学,是作为对上述诸理念的挑战而出现的一种企业经营哲学。它以消费者的需求和欲望为导向,以整体营销为手段,来取得消费者的满意,实现公司的长远利益。营销理念有许多精辟的表述:发现需要并设法满足它们;制造能够销售出去的东西,而不是推销你能够制造的东西。

营销理念是保险公司经营思想上的一次根本性的变革。传统的经营思想是以卖方的需求为中心,着眼于把已经"生产"出来的险种推销出去;而营销观念则以消费者的需求为中心,并且更注重售后服务,力求比竞争对手更有效、更充分地满足消费者的一切需求,并由此实现公司的长远利益。按照这种理念,市场不是处理生产过程的终点,而是起点;不是供给决定需求,而是需求引起供给。哪里有需求,哪里就有市场,有了需求和市场,然后才有生产和供给。营销理念的形成以及在实践中的应用,对保险公司的经营活动产生了重大意义,越来越受到许多公司的重视。

5. 社会营销理念阶段

社会营销理念的基本要求是,保险公司在提供保险产品和服务时不但要满足消费者的需求和欲望,符合本公司的利益,还要符合消费者和社会发展的长远利益。对于有害于社会或有害于消费者的需求,不仅不应该满足,还应该进行抵制性反营销。由此可见,社会营销理念是一种消费者需求、公司利润与社会利益三位一体的营销理念(见图1-1),是保险公司营销理念发展的一个最高、最完善的阶段。

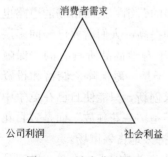

图1-1 社会营销理念

1.3.2 保险公司的现代营销理念

保险业和保险市场一体化、自由化等趋势为保险营销提供了新的发展空间和发展方向。

与保险市场发展变化趋势相呼应，有学者认为，保险营销将在传统市场营销上沿着以下四个方面进行创新发展：注重企业间关系的协调；注重顾客服务的营销方向；更加注重社会责任、社会公德的营销方向；注重现代科技在营销中的应用。

1. 注重企业间关系的协调

1) 关系营销

现在企业界越来越意识到这个问题：企业的营销活动不仅要争取顾客和实现交易，更重要的是和顾客、分销商、政府机构及其他相关社会组织建立长期的、彼此信任的合作关系。有了这样的关系，企业的营销活动就能够顺利开展。关系营销以系统论为基本思想，将企业置身于社会经济大环境中来考虑企业的市场营销活动，认为企业营销是一个与消费者、竞争者、供应商、分销商、政府机构和社会组织等相关者发生互动作用的过程。关系营销将建立与发展同所有利益相关者之间的关系作为企业营销的关键变量，把正确处理这些关系作为企业营销的核心工作。由于保险产品与风险有关，有些保险产品如寿险一经出售在几年甚至几十年内都有效，因此保险营销客观上需要与顾客及其他关系人建立长期的、融洽的关系。今后，这种关系的好坏在一定程度上直接关系到保险营销的成败。因此，保险企业将更加重视建立并维持与顾客、与政府机构、与新闻媒体、与社区的良好关系，保持与企业内部员工的融洽关系，促进与竞争者的合作关系。

有一则寓言：一只驮着沉重货物的驴气喘吁吁地请求仅驮了一点货物的马："帮我驮一点东西吧。对于你来说，这不算什么；可对于我来说，却可以减轻不少负担。"马不高兴地回答："你凭什么让我帮你驮东西，我乐得轻松呢。"不久，驴累死了。主人将驴背上的所有货物全部加在马背上，马懊悔不已。膨胀的自我使我们忽略了一个基本事实：我们同在一条大船上生活，别人的好坏与我们休戚相关。别人的不幸不能给我们带来快乐，相反，在帮助别人的时候，其实也是在帮助我们自己。为此，保险企业要加强关系管理，对内要协调处理部门之间、员工之间的关系，增强公司的凝聚力，完善内部营销；对外要妥善处理与顾客、竞争者、影响者及各种公众的关系，加强沟通，化解矛盾，树立良好的企业形象。

2) 大市场营销

美国营销专家科特勒[①]提出的大市场营销（mega marketing）实际上也是强调关系在营销中的重要性。大市场营销理论是传统的 4P 组合加上两个 P——权力（power）和公共关系（public relation）。他认为，企业对外部环境并不是像传统营销理论所认为的那样无所作为，而是可以在一定程度上改变和影响外部环境。这就要通过"权力"和"公共关系"来实现。这里"权力"营销是指为了进入某一市场并开展营销活动，大市场营销者通过高超的游说本领和谈判技能，得到有影响力的企业高层领导、立法部门和政府官员的支持。大市场营销可定义为：为了成功地进入待定市场并从事业务经营，在战略上协调地运用经济、心理、政治

---

① 菲利普·科特勒（Philip Kotler）是市场营销学的国际权威之一，美国西北大学凯洛格管理研究生院国际营销学教授。他著有许多经典的营销学教材，还为一流刊物撰写了 100 多篇论文。科特勒教授在多家国际大公司担任营销战略和计划、营销组织、整合营销方面的顾问。

和公共关系等手段,以博得各有关方面的合作与支持,从而达到预期的目的。随着市场一体化和自由化时代的到来,保险营销中将越来越多地运用权力营销和公共关系营销的手段,打开国际市场,实施大市场营销。因此,我们不难理解为什么近年来那些国外保险巨头们不惜资金资助中国的文化和教育事业。说到底,这是一种大市场营销,目的在于争取中国政府、人民和舆论的支持,早日拿到在中国市场经营保险业的许可证。

3) 整合营销

根据科特勒的说法,企业所有部门为服务于顾客利益而共同工作时,其结果就是整合营销。整合营销发生在两个层次:一是不同的营销功能——销售力量、广告、产品管理、市场研究等必须共同工作;二是营销部门必须与企业的其他部门相协调。这一营销理论强调企业与市场间互动的关系和影响,努力发现潜在市场和创造新市场。

整合营销理论认为,长期占统治地位的4P营销策略已走向终结,取而代之的是4C理论,从而使"以消费者为中心的理念得以在营销中彻底体现"。4C理论的核心内容如下。

(1) 消费者(consumer)。这里具体是指消费者的需求和欲望。企业要把消费者利益放在第一位,创造顾客比创造产品更重要。不能仅仅卖企业想制造的产品,而是要提供顾客确实想买的产品。

(2) 成本(cost)。成本是指消费者获得满足的成本,企业要了解消费者为满足需求和欲望愿意付出多少成本,包括企业的生产成本(生产适合消费者需求的产品成本)和消费者购物成本(货币成本和耗费时间、体力与精力及可能的风险)。据此,新的定价模式是:消费者支持的价格－适当的利润＝成本上限。企业要想在消费者支持的价格限度内增加利润,就必须降低成本。

(3) 便利(convenience)。便利是指购买的方便性。强调让顾客既购买到商品也购买到便利。企业要深入了解各类消费者的购买方式和偏好,把便利原则贯穿于营销活动的全过程。

(4) 沟通(communication)。沟通是指与顾客沟通。强调企业与顾客进行双向沟通,促进相互理解,培养忠诚顾客。

整合营销特别重视沟通,不仅与顾客沟通,而且与员工、投资者、竞争者沟通,与社区、大众媒体、政府部门、各种社会团体等进行沟通和传播。这一点与关系营销并无本质区别。

保险营销未来的形势是供给主体总体数量增加且形式多样,消费者的需求愈加多样化、个性化,政府对保险的监管更加规范科学,因此,加强公司内部协调一致地为顾客利益服务,加强整合营销沟通,以树立公司品牌是顺应时代潮流的。

4) 合作营销

合作营销是指两个或两个以上相互独立的组织在资源或项目上进行合作,以创造新的营销机会,扩大市场份额。保险企业与航空公司、旅行社、邮政等机构合作销售保单,共同开发保险市场的做法由来已久,这可看作传统的合作营销。保险公司与银行的合作是新兴的合作营销。保险公司通过银行出售保单,一些实力雄厚的寿险企业涉足商业银行和投资银行的业务,有些银行则收购保险企业开展保险业务。至今,欧洲500家大银行中有46%拥有专门从事保险业务的附属机构。应该说，这种合作给双方都带来了新的机会与挑战，市场"蛋糕"被做大了，保险市场竞争者更多了。保险公司利用银行的广泛网点和良好的信誉，轻而易举地扩大了市场销售；银行通过销售保单开辟了新的业务，互惠互利，共同发展。毫无疑问，随着时代的发展，合作营销的对象和方式将更加多种多样，丰富多彩。

2. 注重顾客服务的营销方向

顾客服务是今后保险营销竞争的一个重点领域。顾客服务已成为保险产品的一个组成部分，通过提高顾客满意度可以提升保险价值。高质量的顾客服务还有助于提高保险公司的竞争力，而且高质量的顾客服务还可以创造需求。因为它通过降低顾客成本来提升保险产品的实际价值，打造名牌产品和名牌公司，这一工程还会培育一批优秀营销人员，通过他们的努力将改变人们对保险的认识，提高人们购买保险产品的积极性，变负需求为正需求，变潜在需求为现实需求。所以，公司在这方面的创新和投资是值得的。谁能在这方面独具匠心，为顾客提供真正有价值的服务，谁就能赢得市场，赢得发展先机。

3. 注重社会责任、社会公德的营销方向

市场营销中如果一味地追求企业自身利益和对消费者需求的满足，则有可能把市场营销引入歧途。大量事实证明，企业为追求自身利益可能会以牺牲市场环境为代价，可能采取不道德、不正当的手段来牟利。

企业忽视社会责任和社会公德的错误偏向必须被纠正，这已成为企业界和理论界众多人士的共识。于是，社会营销、绿色营销等符合时代潮流的营销思想应运而生。简而言之，社会营销是指企业在营销过程中必须兼顾消费者需求、企业利润和社会利益的营销思想；绿色营销是指在营销过程中贯彻环境保护意识的营销思想。当前，多数商品生产厂家都非常重视社会营销和绿色营销问题，市场上所谓"绿色商品""绿色包装"五花八门，层出不穷。

保险营销中同样必须重视公司的社会责任，这是不容置疑的。营销人员开展营销必须遵守保险行业的职业道德，不得欺骗顾客，不得诋毁同行。

保险营销并不像有形商品营销那样提供给顾客具体的商品，所以很难提供绿色保险产品，但作为现代保险公司和保险营销人员具备环保意识是最起码的。公司也可以在条件许可的情况下开展绿色营销活动，如赞助环保事业、宣传环保法规、传播环保观念等。

4. 注重现代科技在营销中的应用

现代通信技术为保险营销及营销管理带来了革命性的变化。它极大地提高了营销及管理的效率，将营销推向一个新境界。数据库营销和网络营销越来越受到重视。

我国学者谢龙耀认为，数据库是指通过电脑化的资料库系统，有计划地收集与分析顾客的需求与偏好，并且随时更新顾客资料，以便能够有效地、及时地回应顾客需求或抱怨的过程。

20世纪80年代以来，不仅美国、日本及欧洲各发达国家，而且发展中国家的一部分商品市场也逐渐趋向饱和状态。在这种情况下，针对消费者需求的个性及差异开发产品，开展"一对一"营销比以前任何时候都显得必要。而"一对一"营销的前提是及时、充分地搜集大量有价值的顾客信息。计算机的普及和应用使得这一工作的开展轻而易举。因此，数据库营销是随着市场竞争加剧、需求的日趋饱和及计算机的普及应用而发展起来的。在数据库营销过程中，通过客户卡（客户档案）的建立、更新、管理，可以识别顾客需求偏好、购买力等需求信息，从而开发产品，满足顾客需要，有针对性地开展营销活动，提高营销业绩。

面对保险市场的竞争，保险公司通过建立数据库，搜集顾客有关信息，包括顾客年龄、性别、职业、文化程度、健康状况、家庭情况、宗教信仰、以前的投保情况、使用情况等，通过对顾客信息的分析研究，可以了解顾客的风险情况，有的放矢地开展营销。而且，保险营销中全面准确地了解顾客信息另一个特别重要的原因是解决信息不对称及由于信息不对称引起的信息不完全问题，避免或减少投保人的逆选择和道德风险。

阅读资料

获取客户的新途径

高宁在外地做过编辑，办过企业，出过书，发明过专利，到重庆后的两三年换了三份工作。2003年通过保险代理人资格考试，正式加盟中国人寿保险有限公司重庆分公司，成为一名最普通的保险代理人。

初入保险行业，才到重庆两年的高宁没有任何人脉资源，于是他想方设法地开辟新渠道。起初，高宁想办一份《重庆保险报》，他花了四个月时间，筹集了所有资金，完成了前期调查、创办方案，最后由于刊号的原因没有办下来。他又把精力转投到网络上，开始尝试网络营销。

首先，高宁投资五千元开设个人保险网站"重庆保险之家"，并在媒体上做了大量的推广和广告宣传。其次，他在保险网站注册个人主页，做好个人品牌宣传。最后，他在专业保险论坛担任版主，并不断学习保险知识和专业理财知识，提高网络管理能力。把自己的资料、曾经发表的文章、公司网站里关于自己的介绍都放在网络上，并积极回复网络上的客户咨询。同时，他还开展网络合作，与其他城市的网上同行建立友好关系，进行资源共享，网上的重庆聊友有投保意向时，其同行就会主动把信息传给高宁。同样，高宁也会把其他城市的客户介绍给网络同行。

功夫不负有心人，开展网上营销以后，高宁拥有了50余名优质客户，累计签单达20万元左右，同时获得转介绍的名单近百个。网络营销给他带来了意想不到的收获；个人方面，高宁不断晋级，获得了许许多多的荣誉；组织发展方面，高宁的网络营销方式吸引了一大批优秀人才加入他的营销队伍，包括记者、医生、模特、企业负责人等学历高、年纪轻、充满朝气的高素质人才。不到三年时间，他就培养了四名业务经理，营销团队不断壮大和发展。

如今，网络已经由一种时尚变成一种生活方式，很多人都将网络作为沟通甚至交易平台。因此，保险营销也要考虑如何有效地利用网络，将其优化整合到日常营销工作中来，发挥其应有的作用。保险营销人员在网上开拓业务，可以建立自己的营销保险主页，展示公司形象，宣传公司品牌文化，并在网页的醒目位置上表明自己的联系方式，如电话、微信号或QQ等。建立客服通道，甚至建设产品交易或分销渠道，如通过淘宝、抖音等渠道建立自己的销售平台。

复习思考题

一、概念题

保险营销　保险欲望　保险需求　营销管理哲学　合作营销　保险关系营销　社会营销

二、选择题

1. 根据保险营销的定义，下列结论正确的是（　　）。
   A. 保险营销是一种交换过程，是买卖双方即保险人与投保人为实现各自的目标而进行的交换过程
   B. 保险营销是由包括保险推销在内的一系列具体营销活动构成的一个整体管理过程，而非仅仅指保险推销
   C. 营销强调满足消费者需求的同时，要实现企业的目标
   D. 保险市场营销是一个动态过程

2. 保险产品在消费者心中属于深度考虑和高涉入度类型的产品。这表明（　　）的服务比价格竞争更符合这一产品的营销特点。
   A. 主动性　　　B. 人性化　　　C. 专业化　　　D. 关系

3. 面对持"保险不吉利"观点的人，保险营销应注重（　　）。
   A. 变潜在需求为现实需求　　　B. 变单向沟通为双向沟通
   C. 变负需求为正需求　　　　　D. 变无需求为充分需求

4. 保险营销的最明显的特征就是（　　）。
   A. 主动性营销　　B. 人性化营销　　C. 专业化营销　　D. 关系营销

5. 以卖方需要为中心的营销管理哲学包括（　　）。
   A. 生产理念　　　B. 产品理念　　　C. 推销理念　　　D. 营销理念

6. 4C理论的核心内容包括（　　）。
   A. 消费者　　　　B. 成本　　　　　C. 便利　　　　　D. 沟通

三、简答题

1. 简述保险需求和保险欲望的不同。
2. 简述保险营销的特点。
3. 简述保险营销理念的发展阶段。
4. 简述现代保险营销理念的显著特点。
5. 简述利用网络来实现保险营销的手段。
6. 请谈谈你对关系营销理念在保险营销运用中的理解。

第 2 章 保险产品营销前的准备

思政目标：
通过保险产品营销前准备的学习，树立诚实、敬业与专业的工作理念。

学习目标：
1. 了解保险营销人员必备的营销理念和知识结构；
2. 了解保险营销人员应有的专业形象和基本礼仪；
3. 熟悉营销的产品以及科学地制订目标计划和较精准地管理时间。

2.1 保险营销人员的营销理念与工作态度

2.1.1 保险营销人员的营销理念

保险营销人员必须树立现代营销理念。基于保险营销的关系营销和服务营销的特点，保险营销就是要贯彻关系营销理念和客户满意营销理念。

1. 关系营销理念

关系营销理念是以系统论为基本指导思想，将企业置身于社会经济大环境中考察企业的市场营销活动。这种理念认为企业营销乃是一个与消费者、竞争者、供应商、分销商、政府机构和社会组织发生互动作用的过程，正确处理这些个人和组织的关系是营销的核心，是企业成败的关键。关系营销的指导思想是怎样使用户成为自己长期的顾客，并共同谋求长远战略发展，其核心是消费者与企业间一种连续性的关系。关系营销的目的在于同顾客结成长期的、相互依存的关系，发展顾客与企业产品之间的连续性的交往，以提高品牌忠诚度和巩固市场，促进产品持续销售。关系营销注重保持顾客，以客户利益为导向，高度强调顾客服务，积极促进顾客的参与，发展高度的顾客关系，认为质量是所有方面都要考虑的问题，重视环境的影响及长期的积累。

为了贯彻这一思想，要求保险营销人员在具体工作中树立主动意识，加强与社会的广泛联系，加强人际交往，拓宽自己的客户群，并积极为客户提供全面服务，以获得长期的良好的客户关系。

2. 客户满意理念

客户满意理念认为，满意是人的一种心理状态，这种状态取决于客户期望与实际感知价值之间的关系。当实际感知价值低于期望值，客户就会不满意；当实际感知价值与期望值相当，客户就会满意；实际感知价值高于期望值，客户就会非常满意。客户满意有利于提高客户忠诚度，客户就会长期保持与企业的良好关系。

保险营销要获得客户满意，就必须为客户提供可靠的、全面的、及时的服务来不断满足甚至超越客户的期望。这就要求作为服务直接提供者的保险营销人员树立诚信服务的良好职业道德，运用自己的专业知识技能，为客户提供优质服务，让客户满意。为此，营销人员要提升自己的专业能力，实施亲情化服务，理解、关心、帮助客户，让客户从保险产品消费的过程中体会保险的价值，真正解决生活中的各种隐忧，过着稳定的生活。

2.1.2 保险营销人员应有的工作态度

1. 强烈的事业心

强烈的事业心是指保险营销人员要充分认识自己工作的价值和重要性，对自己从事的事业要充满自豪感，要有热爱营销事业、献身营销事业的工作精神。身为一名保险营销人员应该以保险营销为荣，因为它是一份值得别人尊敬及会使人有成就感的职业。乔·吉拉德[①]说："每一个营销人员都应该以自己的职业为傲，因为营销人员推动了整个世界。如果我们不把货物从货架上和仓库里运出来，整个社会体系的钟就要停摆了。"

整个推销行业最忌讳的就是在客户面前卑躬屈膝。如果你连自己都看不起，别人又怎能看得起你？表现懦弱不会得到客户的好感，反而会让客户大失所望——你对自己都没有信心，别人又怎么可能对你推销的产品有信心呢？

阅读资料

过于谦卑导致失败

一名营销人员向一位总经理推销保险，总经理看了看介绍资料，感觉还不错。营销人员求成心切，怕成交机会渺茫，为了不想一事无成地失望回家而干脆降格以求，他向客户请求："请你帮我这个忙吧，我要养家糊口，而且我的推销业绩远远落后于别人，如果我拿不到这个保单，我真的不知道该如何面对我的上司和家人了。"营销人员的言行过于谦卑，这让总经理十分反感，最终并未购买。总经理说："你用不着这样谦卑，你推销的是你的保险，你这种样子，谁愿意接受呢？"

---

① 乔·吉拉德（Joe Girard），1928年11月1日出生于美国底特律市的一个贫民家庭。9岁时，乔·吉拉德开始给人擦鞋、送报，赚钱补贴家用。之后，他曾做过锅炉工，建筑师。35岁以前，他是个全盘的失败者，他患有相当严重的口吃，换过四十个工作仍一事无成，甚至曾经当过小偷，开过赌场。35岁那年，乔·吉拉德破产了，负债高达6万美元。为了生存下去，他走进了一家汽车经销店。3年后，乔·吉拉德以年销售1 425辆汽车的成绩，打破了汽车销售的吉尼斯世界纪录。他在15年的汽车推销生涯中总共卖出了31 001辆汽车，平均每天销售6辆，而且全部是一对一销售给个人的。他也因此创造了吉尼斯汽车销售的世界纪录，同时获得了"世界上最伟大营销人员"的称号。

由此可见，低三下四的推销，不但使商品贬值，也会使保险企业的声誉和自己的人格贬值。保险营销人员不要把自己看得低下，而应该以推销工作为荣，应该为自己是一名营销人员而自豪。只有树立了这样的信念，营销人员才能为推销工作付出所有的努力，才能成为一名顶尖的推销高手。

2. 坚韧不拔的精神

推销更像马拉松长跑，它是一种耐力赛，所有的荣辱与得失，一切都在考验参赛者的"坚持"。在推销界流传着这样一句至理名言：没有失败，只有放弃。一项研究指出，在推销中如果最初的努力不成功，几乎会令一半的营销人员放弃。其统计数字如下：45％的营销人员找过一个人之后不干了；25％的营销人员找过两个人之后不干了；15％的营销人员找过三个人之后不干了；12％的营销人员找过三个人之后继续干下去了，而80％的业绩是由这12％的营销人员创造的。这12％的营销人员成功的秘诀就是"继续干下去"，这就是坚持。

阅读资料

坚持不懈，最终成功

众所周知，史泰龙是享誉全球的电影明星，然而，他成功背后的困难与挫折却很少为人所知。史泰龙在年轻的时候穷困潦倒。他饱受贫穷之苦，在他30岁生日时，面对妻子给他买回的1.5美元的生日蛋糕，他发誓说："我必须摆脱贫穷。"由于他一直梦想成为一名演员，于是便到纽约的各个电影公司应聘。

当时电影公司的要求很高。由于史泰龙长相并不是很出众，英语表达能力并不是很强，以至于他去的500家电影公司都拒绝了他。但是史泰龙并没有灰心丧气，在他心中始终坚信这样一个念头："过去不等于未来，过去失败不等于未来失败。"他第二次去了这500家电影公司，得到的结果仍是一样的。但他心中还是只有一个念头："过去不等于未来，过去失败不等于未来失败。"他还是被拒绝了。

第三次，在遭到1 500次拒绝后，他认为自己应该改变一些方法，或许采取不同的行为能够成功。于是他利用三天多的时间写成了一个电影剧本，并带着它再去应聘。

苍天不负有心人，在1 855次应聘中，史泰龙终于当上了电影演员，并且是出演自己所写的电影《洛基》，没想到他一炮而红，并成为美国片酬最高的男演员之一。

可见，成功是在失败中发酵、孕育的，它隐藏在你对失败的否定及坚持不懈中。做营销人员一定会遇到很多拒绝，如果你认为你做的产品或服务对客户有用，就应当坚持，直到客户相信为止。空手而归几乎是保险营销人员每天都要遇到的事，被客户拒绝一次后你可能依然勇气十足，可是如果被拒绝了10次、100次呢？答案是你只能开始准备你的第101次推销，因为营销人员不能因为遭受拒绝就停止推销。日本保险推销大王原一平，为了争取一个公司总经理的投保，花了3年零8个月的时间，走访了71次，终于使其家族及公司全体成员集体投保。因此，一名保险营销人员必须培养自己坚韧的毅力，应该不怕拒绝，不怕失败，敢于迎接逆境的挑战。

3. 真诚热情，实事求是

真诚表现为在保险推销过程中应该讲真话，实事求是，言行一致，如实地传递保险信息。切忌为达成交易，不惜采用欺骗和利诱的手段进行推销，比如夸大保险的保障作用，隐瞒免除责任的重要事项，对条款作虚假的说明，片面强调有利自己推销的保险条款中的某几条等。若如此，保险代理业务员充其量只能对同一客户做成一笔交易，切断了以后交往的可能性。因为，感情受到伤害的客户会把对该营销人员的坏印象通过各种渠道扩散出去，其负效应不可低估。真诚还表现在营销人员行为的表率作用上，如果自己不能认识保险的价值，自己一张保单也没买，推销保险时就很难令人信服。

一名保险营销人员，对待保险营销工作必须极富热情，对待客户必须真诚。能站在客户的角度，为客户着想，提供给客户最有价值的服务，这样才能赢得客户的信任，强化其购买保险的决心；同时，保险营销工作极富挑战性，在成功之前可能会经受无数次失败的打击，如果没有对保险工作的热爱和极大的热情，极可能在一次次拒绝的打击下，自信心和工作热情便会被一点点地消耗殆尽。

阅读资料

诚信为先，立业之本

面对外界对保险业的种种误解，谢勤琼解决难题的法宝就是"诚信"二字，并给她带来了良好的口碑，也成了她的立业之本。

当别人都觉得保险就是"骗了保费就完事"的时候，她用自己的真心和诚信打动了客户。她介绍说，在向客户介绍公司险种的时候，她绝不会夸夸其谈，而是选择把产品最真实的特性展示给客户，让客户了解到这类险种究竟能给自己带来什么样的保障。只有这样，客户的切身利益才能得到保证，他们才会接受公司的产品。

这份诚信也让她赢得了客户的信赖。曾经有一位经济条件并不优越的打工妹想为自己的女儿投保4 000多元的医疗险和教育险。谢勤琼在了解她的基本情况后，站在维护客户利益的角度考虑，反倒劝其先投低额一点的保险，待经济好转再重新投保。

她的营销策略不是一味地追求"大单"，她认为保险对于任何人来说都是一种需要，应该站在客户的角度上，重视他们的利益，无论他们的需求是大还是小。

---

4. 勤于思考，勇于创新

保险营销人员每天都要面对新的环境、新的客户，迎接新的挑战，所以保险营销是一项需要创新精神的事业。例如，一个纸制品厂的保险营销人员就是依靠这种创新精神向一家买主售出一大批纸箱的。那个买主的大部分家族在欧洲，保险营销人员便想方设法地从欧洲索来该买主的家族族徽，他们在设计包装纸箱时将族徽印上去，买主见后大喜，便包下了这笔生意。

我们再来看具有创新精神的房地产保险营销人员是怎样为那些空闲房屋和利用率较低的房屋找出补救办法使其增值，从而获取巨大收益的。一位房地产女保险营销人员的委托人陷入了困境，她的1 000多平方米的空厂房一直卖不出去。后来，女保险营销人员想了一个办法：将空厂房隔成许多小间，用最吸引人的价格出租；她还在租金里加进了改建费，此计果然灵验。

创新不一定需要天才，只在于找出新的改进办法，任何事情的成功，都是因为找出了把事情做得更好的办法。因此，我们需要养成勤于思考的习惯。一位经验丰富的营销人员，靠勤于思考找到了一套行之有效的推销方法，下面是他的成功体会。

> **阅读资料**
>
> 找到意见领袖
>
> 到一个单位开展业务要有针对性，谁是关键人物要心中有数。如我去"教师之家"，那里有位姓韩的同志是单位有名的精明人，开始好多人要参加保险，可他说不如储蓄利率高，结果别人都听他的意见，并说："他保我就保。"经过我和韩先生讨论了保险的风险、利益和保障后，不但韩先生投了保，其他人也都跟着投了保。

5. 重视服务

保险营销重在服务。保险产品的本质就是服务，通过提供一系列的服务、关心、教育、引导、说服、兑现承诺使客户获得保险的价值，增强抵御风险的能力。保险营销人员必须真诚、耐心、细致，针对售前、售中、售后做好全程服务，使客户从可靠、及时、周到的服务中获得满意。

保险营销人员只有树立服务意识，在行动上才会有热忱的态度，方能赢得顾客。许多营销人员凭借着周到的服务得到客户的信任，取得了保险营销的成功。

> **阅读资料**
>
> 服务周到是获取顾客信任的关键
>
> 服务周到是李纪军获取客户信任的一大砝码。她表示，现在市场上销售的保险产品大多相同或类似，所以要留住客户的心，关键在于服务品质。
>
> 一次，投保了少儿险的小孩因生病住进了医院，得知此事后她马上赶赴医院探访，并当场办理了理赔手续，赔偿金三天后就划到了客户的存折上。客户对此十分满意，在开车送她回家的途中，客户临时决定为自己和妻子加投两份保险。熟悉客户情况的李纪军在车上马上为其设计了具体的方案并办理了相关的手续，令客户的购买意愿迅速得到实现。李纪军说："保险源于专业和周到的服务，要让客户买得放心，用得满意。"
>
> 逢年过节，她都会准时地将贺卡寄到客户的手上，并通过电话道贺。李纪军笑言，我与客户更像朋友间的关系，我们不时相约出来喝茶聊天。在客户的孩子生日时，我会亲自上门送点小礼物，以示庆贺。
>
> 正是这份热情周到的服务，令客户对李纪军信任有加。在为客户带来保障的同时，也令她在保险大道上越走越宽。

2.2 保险营销人员专业形象和基本礼仪

2.2.1 保险营销人员的专业形象

人们观察一个人，都是首先看其外表的，外在形象是留给别人的第一印象。作为一名保险营销人员，如果你的仪表过不了关，那么你的顾客就已经对你、连同你推销的产品一起失去了兴趣。那么差劲的营销人员，买他的产品我能放心吗？因此，推销高手都十分注重自己的外表，以期直接迅速地给顾客留下好印象。

阅读资料

不注重仪表，推销失败

弗兰克是一名出色的保险营销人员。有一次他在一次技术交流会上结识了一位经理，该经理对弗兰克公司的产品颇感兴趣，两人约定了一个时间准备再仔细商谈一下。等到前往公司的那一天，下起了大雨，于是弗兰克就穿上了防雨的旧西服和雨鞋出门。弗兰克到了那家公司以后便递出了名片，要求和经理面谈。然而他等了将近一个小时，才见到那位经理。弗兰克简单地说明了来意，没想到那位经理却冷淡地说："我知道，你跟负责人谈吧，我已经和他提过了，你等会儿过去吧。"

这种遭遇对弗兰克还是第一次，在回家的路上他反省着："是哪个地方错了呢？"今天所讲的内容和平常一样魅力十足地吸引客户的啊！怎么会这样，他百思不得其解。

然而，当他经过一家商店的广告橱窗，看到自己的身影后才恍然大悟，立刻明白自己失败的原因。平常弗兰克都穿得干净、潇洒和神采奕奕，而今天他穿着旧西服、雨鞋，看起来就像一个落魄的流浪汉，更别提推销了。

可见，穿着打扮不同，给人留下的印象也会不同，而对保险营销人员，人们往往以貌取人。作为一名合格的保险营销人员，任何时候都不能疏忽了自己的仪表。一定要尽己所能给顾客留下良好的第一印象，只有在顾客接受了你形象的情况下，他才会考虑接受你的商品。一个有良好教养的人必定是一个服饰整洁、仪表端庄的人。得体的服饰与良好的仪表是有教养的象征，容易引起对方的好感，获得对方的信任。

总的说来，保险营销人员的服饰要以符合自己的身份、职业、性别、年龄、身材状况及环境为原则。

1. 营销人员在着装问题上还是有男女之分的，服饰要与自己的身份职业相协调

要想做一个专业的营销人员，一定要有一个适合自己的着装标准。对于男保险营销人员来说，与客户见面时可以穿有领T恤和西裤，使自己显得随和而亲切，但要避免穿牛仔装，以免显得过于随便。如果是去客户的办公室，则要求穿西装，因为这样会显得庄重而正式。在所有的男士服装中，西服则是最重要的，得体的西服会使得你神采奕奕、气质高雅。

保险营销人员在选择西服的时候，最重要的不是价格和品牌，而是包括面料、裁剪、加工工艺等在内的许多细节。在款式上，样式应该简洁。在色彩的选择上，以单色为宜，建议至少要有一套深蓝色的西装。深蓝色显示出高雅、理性、稳重；灰色比较中庸、平和，显得庄重而得体；咖啡色是一种自然而朴素的色彩，显得亲切而别具一格。

另外，穿西装还要注意熨烫，口袋里不要塞得鼓鼓囊囊。切忌在西裤上挂大串钥匙，这会破坏西装的整体感觉。

在选择领带时，除颜色必须与自己的西装和衬衫协调外，还要求干净、平整不起皱。领带长度要合适，打好的领带尖应恰好触及皮带扣，领带的宽度应该与西装翻领的宽度和谐。

在衬衫的选择上，应注意衬衫的领型、质地、款式，都要与外套和领带和谐，色彩上与个人特点相符。纯白色和天蓝色衬衫一般是必备的。注意衬衫领口和袖口要干净。

在着装搭配中，袜子也是体现营销人员品味的细节。在选择袜子时，颜色应以黑、褐、灰、蓝单色或简单的提花为主的棉质袜子为佳。切记袜子宁长勿短，袜口不可以暴露在外。袜子颜色要和西装协调，最好不要选太浅的颜色。

鞋的款式和质地也直接影响到保险营销人员的整体形象。黑色或深棕色的皮鞋是不变的经典。无论穿什么鞋，都要注意保持鞋子的光亮，光洁的皮鞋会给人以专业、整洁的感觉。

在衣着问题上，营销人员中女性比男性所遇到的问题更多，这是因为女营销人员衣着选择的范围比男营销人员要广得多，她们穿戴什么最合适，客户更加挑剔。显而易见，女营销人员不应穿着如晚礼服之类的衣服去准保户家里。有的女营销人员为了刻意避免显露出女人的柔弱气质，设法把自己打扮得异常严肃和刚强，这样也是不合适的。女营销人员在着装上，也有许多需要注意的地方，最好不要选择皱巴巴的衣服，这样会让客户觉得你很邋遢，而平整的衣服使你显得精神焕发，所以应保持衣服熨烫平整。建议购买衣服时多选择一些不易皱的衣料。

在选择袜子时，要以近似肤色或与服装搭配得当为好。夏季可以选择浅色或近似肤色的袜子。冬季的服装颜色偏深，袜子的颜色也应当适当加深。女营销人员应在皮包内放一双备用的丝袜，一旦当丝袜被弄脏或破损时可以及时更换，避免尴尬。

对于许多女性营销人员来说，佩戴饰品能够起到画龙点睛的作用，给女士们增添魅力。但是佩戴的饰品不宜过多，否则会分散对方的注意力。佩戴饰品时，应尽量选择同一色系。佩戴饰品最关键的就是要与整体服饰搭配统一起来。

另外，给保险营销人员的一个建议是，选择服装既不要过于时尚，也不能随心所欲。作为一个保险营销人员，前卫时尚不符合身份，也不会对你产生任何积极的作用。建议采用比较中庸的造型，这样一来，在追求新颖的年轻消费者看来，你不是太保守；在思想保守的中老年消费者看来，你也是一个可以信赖的人。"佛要金装，人要衣装"，选择一套得体的服装，会让你更有效地推销自己，进而成功地推销产品。可以说，注意着装是成功保险营销人员的基本素养。

2. 营销人员所接触的对象多层面、多个性，要有适合不同推销对象的服饰

营销人员在不同场合应选择不同的服装。营销人员拜访不同的准保户，着装也不一样，但是都要求着装整洁。其实，并不是要求所有的营销人员都必须永远穿着深色西装，系黑色领带。一般来说，营销人员的衣着方式应该与要接受拜访的准保户的衣着方式相似，这样容易沟通以缩小彼此之间的距离，正所谓投其所好。比如说，准保户是从事政府工作的中年人，营销人员的衣着就应该相对正统一些；而准保户如果是20多岁的自由职业者，营销人员以休闲宽松的衣着会比较恰当。

营销人员应该在会见不同准保户时换上不同服装，以赢得准保户的好感。日本保险营销大王齐藤竹之助就是如此。有时候他一天之内要换好几套服装，为此，他还在公司附近购置了一套住宅。他认为，在公司附近购住宅也许颇为困难，但最起码应该把衣服存放在办公室的柜子里或预先放在其他恰当的地方，以便随时取用。齐藤竹之助说："所谓美观大方的修饰，并非指一定要穿当前流行的最新式的上等西装，而是指你的着装、服饰要与其气质、体

形相匹配。"

3. 不同的年龄、身份对服饰应有不同的选择，包括服饰的颜色款式

服饰要与自己的年龄、身材、个性、气质相协调。关于服饰问题可以参考西方社会提出的 TPO 着装原则。T（time）表示在不同时代、季节、日期穿不同的服装；P（place）表示在不同的场所和地方处于不同的职位穿着不同的衣服；O（object）表示要根据不同的交际目的（目标、对象）而选不同的服装。关于营销人员的着装，美国著名时装设计师约翰·奠洛定出以下标准：应该身穿西装或轻便西装；衣着式样和颜色，应尽量保持大方稳重；不要佩戴一些代表个人身份或宗教信仰的标记；绝对不要穿绿色衣服，流行服装最好也不要穿；不要戴太阳镜或变色镜；不要佩戴太多的装饰品；可以佩戴能代表公司的标记或者穿上某种与印象相符合的衣服，使保户相信营销人员的言行；可以携带一个大公文包；要带比较高级的圆珠笔、钢笔或铅笔和笔记本；尽可能不要脱去上装，以免削弱营销人员的威严。

一些保险营销人员很注意自己的衣着打扮，但是却常常忽略了一些卫生细节。因此，尽管他们衣着得体，脸上挂着灿烂的微笑，但仍然业绩不佳，这很可惜。因此，养成良好的卫生习惯也是非常重要的。

阅读资料

卫生细节影响推销结果

戴安娜是一名保险营销人员。有一次，她赶去某位夫人家里讲解自己公司的保险产品。去的时候戴安娜自信满满，因为这位夫人是一位老客户介绍的，而且对戴安娜公司的保险产品颇有兴趣。但是不到半个小时，戴安娜就垂头丧气地从那位夫人家里出来了，因为她犯了一个错误。当她讲解时，发现自己右手的指甲缝里沾了不少油污——可能是做家务时留下的痕迹。这些平时不太引人注意的油污，此刻却变得格外刺眼，她感到那位夫人一直盯着这只手，于是她只好手忙脚乱地做完了讲解。其结果不言自明，那位夫人委婉地拒绝了推销。而最让戴安娜难过的是对方看她的眼光，那分明是告诉她："你不是一个合格的保险营销人员。"

不修边幅、不注重个人卫生就会给客户留下恶劣的印象，直接影响营销活动的进行，甚至导致事业的最终失败。所以，注意卫生细节是非常必要的。

保险营销人员都应该时常自测一下：头发是否有头屑？眼睛是否有眼屎？鼻子是否露出鼻毛？牙齿是否洁白？口气是否清新？颈部是否干净？手指甲是否有油污？最后，还要确认自己身上有没有散发出令人不愉快的味道。

保险营销人员守则：在不确定自己是干净清爽的情况下，尽量避免走访客户。客户不会对你相貌过分挑剔，但对你的不讲卫生却绝对无法认可。

2.2.2 保险营销人员的基本礼仪

从营销人员进入准保户办公室那一刻起，营销人员的形象就在准保户心中有了一个大概的评价。保险营销人员的衣服式样，以及它们是否适当，毫无疑问地构成了个性中很重要的一部分，因为人们都是从一个人的外表获得第一印象的。第一印象的获得，除了仪表、服装

以外，还有一个重要的方面，那就是举止、姿态。任何神经质的小动作、习惯和举止都能反映出一个人缺乏经验、心神不定。比如不断摸头发、摸额头、摸脸颊和摸下巴，不断拉领带、拉领圈，一个劲地用手指敲击桌子或用脚尖点地板这些动作都会刺激准保户，应当引起注意和加以纠正。

1. 握手与寒暄

我国是一个有近两千年礼仪传统的文明古国，"站如松"是基本的要求。行礼是从立正开始的。立正时，把双手轻轻握拳于体侧或双手交叉在背后，双脚平行分立，这些都是站立的正确方法。

进屋子后首先是客气的请求："××先生（女士），我能否和您谈一谈，只需几分钟就够了。"寒暄是为了顺利导入推销过程，达到与准保户沟通的目的。

例如：

"早安！"

"早安，原老弟，瞧你满面红光，气色真不错啊！"

前者给人的感觉是纯粹为了打招呼，与"喂"没有什么区别；而后者则让人感到"他很关心我"。

再如：

"小原，穿新衣服啦！"

"噢！老弟，这套咖啡色的新西装穿在你身上真是帅呆了！"

前者仅表示说话者发现对方穿了一套新衣服而已，而后者表示说话人看到对方穿上咖啡色西装很适合，承认对方有鉴赏力。

对于营销人员来说，名片是非常必要的工具。名片是进行以身份营销的首要工具。现在名片已成为人们在交往中不可缺少的工具，自我介绍时往往借助于名片，在使用名片时应注意的事项有：①把名片放在易于掏出的地方，不与杂物混在一起；②递名片时目光正视对方，切忌漫不经心；③接受名片时要有礼貌；④妥善保存好对方的名片。

在印制名片时应选用上等的纸，印上公司名称、姓名、电话等。对于营销人员来说，特别需要把电话号码印刷得大一些。名片上的电话号码一般都印在下方，采用小字印刷的，上了年纪的人往往难以辨认。要为准保户着想，就应该将电话号码采用大号字体印刷，使之看上去一目了然。

在进行营销访问时，一般每次都要留下张名片。有时，尽管对方以前已经接受了，但最好还是再留下一张。总而言之，使用名片的目的就是让对方了解自己，也就是为了表明自己的身份。

阅读资料

名片礼仪毁掉生意

某公司的行政部经理负责给公司新员工办理养老保险之事，并且他已经决定向 S 保险公司购买了。一天，S 公司的销售负责人打来电话，说要拜访他。他心想，当对方来时就可以给保险单上盖章了。不料对方提前来访，原来是因为对方打听到其公司的子公司打算给员工续缴保险费，希望子公司需要的各种保险业务也能向 S 公司购买，所以 S 公司的推销负责人带着一大堆资料，摆满了桌子。当时，行政经理正有事，于是便让秘书请对方稍等一下。对方等了一会儿，不耐烦地收起资料对秘书说："你先忙吧，我改天再来打扰!"当这位S公司推销负责人正欲离开时，这位行政经理突然回来，发现对方在收拾资料准备离去时不小心把他的名片丢到地上，而且还留下了非常清楚的脚印。不仅如此，那位推销负责人捡起了他的名片后，随手就塞到了裤袋里。这种失误就等于亵渎他的尊严。于是一气之下，便向别的保险公司购买了所有的保险产品。

由此可见，不注重名片礼仪，甚至会毁掉一桩生意。因此，一个优秀的保险营销人员必须重视名片，并学会恰当地使用。

握手也能体现人的礼貌与规矩。一般来讲，在握手时用力不应过大，但稍微加点力，让准保户感觉到营销人员的真诚，能够让对方形成良好的第一印象。营销人员在营销活动中，为了增进与准保户间的友谊，必然要经常拜访准保户。在与准保户见面时，与其握手是必不可少的礼节之一。在握手时应该注意以下问题：①握手的时间过长或过短；②握手冷而无力；③握手时心不在焉，东张西望；④握手时用力过大；⑤握手时一副不情愿的样子；⑥有几个人却只与一个人握手；⑦抢先同女士握手；⑧握手时戴着手套；⑨握手时一脚门里一脚门外。这九种做法都是不可取的。注意：握手不宜隔着桌子，应付了事，握手前应对手部进行必要的清洁处理。

2. 座位与手势

销售新人到准保户家拜访时，不要非常随意地坐下，而且在准保户未坐定之前，销售新人不要先坐下。当准保户请保险营销人员坐下时，记得要先说一句"谢谢"，再坐下。俗话说，"坐有坐姿，站有站相"，这句话也能说明营销人员去拜访准保户时姿态和举止的重要。入座轻柔，至少要坐满椅子的2/3，轻靠椅背，身体稍前倾，以表示对客户的尊敬，千万不可猛起猛坐，以免碰得桌椅乱响，或带翻桌子上的茶具和物品，令人尴尬。

坐下后，不要频繁变换姿势，也不要东张西望，上身要自然挺立，不要东倒西歪。男性营销人员应保持膝盖张开约一个拳头的距离，切勿像女性一样将双腿并拢，但也不可张开太大。总的来说，男士的坐姿要端正，女士的坐姿要优雅。

座位一般选择在准保户的右边，这样营销人员写下的东西、进行的计算以及举的例子都在准保户的视线之内，要与准保户坐在桌子同一边，这样有利于销售谈判。

营销人员与准保户座位的间隔一般在1 m左右，但并不是绝对的，文化背景、社会地位、性格特征、情绪心境不同，个体空间距离也不同。社会地位高相隔距离远，性格开朗、喜欢交往的人乐于近一些；同样的一个人，在心情愉快时，空间有较大的开放性，熟人之间距离可近一些。

美国人类学家爱德华·霍尔博士划分了四种区域或距离：①亲密距离，其间隔在15 cm之内，一般只限于情人和夫妻之间；②个人距离，其间隔在为46～76 cm，一般限于熟人之间；③社交距离，其间隔为1.2～2.1 m，交谈的内容较正式和公开；④公众距离，其间隔为3.7～7.6 m，这个空间的交往大多是演讲之类。

身体语言中手的作用最为重要，若能善于利用手势，则能取得更好的效果。营销人员向准保户做说明时，皆以手背朝上的姿势引导保户观看说明书。其实，这种手势相当不好，因为这样做就好像有所隐瞒。对于营销人员来说，给对方看手掌就表示坦白，因此，手指说明书时，应当手掌朝上为好；而如果指小的东西或细微之处，就用食指指出。

3. 喝茶和吸烟的礼节

喝茶是中国人的传统习惯。如果准保户端出茶来招待，营销人员应该起身双手接过茶杯，并说声"谢谢"。喝茶时不可狂饮，不可出声，不可品评。

在营销过程中，营销人员尽量不要吸烟。其原因如下。

第一，吸烟有害身体健康。

第二，在营销过程中，尤其是在营销面谈中吸烟，容易分散准保户的注意力。例如，在营销人员抽完一支香烟并准备将烟头扔掉时，准保户可能会担心地毯、桌面或纸张被损坏。

第三，不吸烟的准保户对吸烟者会产生厌恶情绪。

如果知道准保户会吸烟，也应该注意吸烟方面的礼节。接近准保户时，可以先递上一支烟。如果准保户先拿出烟来招待自己，营销人员应赶快取出香烟递给准保户说"先抽我的"。如果来不及递烟，应起身双手接烟，并致谢；不会吸烟可婉言谢绝。应注意要将烟灰抖在烟灰缸里，不可乱扔烟灰。当正式面谈开始时，应立即灭掉香烟，倾听准保户讲话。如果准保户不吸烟，营销人员也不要吸烟。

4. 约会时间

约见客户一般有两种约定时间：一种是自己所决定的访问时间，另一种则是客户决定的。自定的访问时间，是根据自身的销售计划或访问计划安排的，大多是确定的。例如，考虑去甲公司访问，心想上午路上交通拥挤，而且即将访问的对象也可能出去办事，还是决定下午去拜访；而当准备去拜访乙先生时，却知道对方通常下午都去处理售后服务，所以最好以上午访问为佳；对于计划去拜访的丙太太，探听得知丙太太每周一、周五下午都要学习烹饪，如果不想空跑一趟，必须避开这些时间，重新安排时间表。这类时间是自己决定的，对销售活动没有什么妨碍，是属于自己比较能控制的时间。

而比较麻烦的，是客户来决定时间。谈生意的活动，一般来说多半是迁就客户的意愿。很多情况下，虽然你自己事先拟定了一个访问时间表，事实上仍旧必须循着客户决定的时间去办事。说得极端一些，这个访问的时间经过客户决定后，即使心中有所不满，还是要维持"客户优先"的原则。

而一旦与客户约定了见面的时间，营销人员就必须注意守时；如果不能很好地把握这一点，那么就会失去一次销售机会。

阅读资料

迟到的代价

某先生想给自己买一份重大疾病保险，和保险营销人员约好了下午2:30在其保险公司面谈。某先生是准时到达的，而那位保险营销人员却在17分钟后才满头大汗地走了进来。"对不起，我来晚了，"他说，"我们现在开始吧。"

"你知道，如果你是到我的办公室推销，即使迟到了，我也不会生气，因为我完全可以利用这段时间干我自己的事情。但是，我是到你这来照顾你的生意的，你却迟到了，这是不能原谅的。"某先生直言不讳地说。

"我很抱歉,我正在餐馆吃午饭,那儿的服务实在太慢了。"

"我不能接受你的道歉,"某先生说,"既然你和客户约好了时间,当你意识到可能迟到时,你应该抛开午餐来赴约。客户应该得到优先照顾,而不是你的胃口。"

尽管自己公司的重大疾病险在各方面都极具竞争性,但他也毫无办法推销成功,因为他的迟到激怒了客户。更可悲的是,他竟然根本想不通为什么失去这次机会。

守时也不是说准时就可以,最理想的就是提早7~10分钟到达。准时去访问当然不会有差错,不过假如客户所戴的手表稍微快了一些,那事情就不好办了,因为客户总是以自己的手表为准。

但太早到也不好,比约定的时间早20分钟以上,也许客户在同你会面之前先与另外的人洽谈,此时你突然冒出来,会影响他们会谈的气氛,致使客户心里不痛快。尤其是在做家庭拜访时,你早到了20分钟以上,可能这一家人正在整理房间,你的提早到达使客户感到厌烦。

为访问顺利,必须向客户询问好最近路上的交通流量如何,或是自己从广播中听听有关路程的交通拥挤、交通事故、交通堵塞的状况,早做准备,避免迟到。

除了以上礼节,营销人员还应该知道一些关于出席舞会的礼节。营销人员不仅要适时举办一些舞会招待保户,而且要适当参加保户所举办的舞会,这样有利于陶冶情操,广交朋友,开拓保户。总而言之,要想营销成功,就要营销自己;要想营销自己,必须讲究营销礼节,进行文明营销。

阅读资料

买卖不成礼节在

日本很注重礼仪,在送客的礼仪方面也有独到之处,表现得谦和有礼。为了合作,日本某工厂邀请对方来厂参观,参观结束后并没有签订购买产品订单,当被邀请方坐大巴离开时,工厂的领导、员工等都在门口恭送客人。每个人都是90°的鞠躬,很有礼貌。

尤其令人惊讶的是,参观团的一个领导看到:后面还有一个工人装束的人在鞠躬。这是一位接近退休年纪的老先生。此时,所有的代表团成员都在跟工厂的领导道别,这一切本来与这位老工人无关,可是他依然以厂为家、以公司为荣,用一样的礼仪欢送贵宾离开。

这位老工人的举动最终打动了参观团里的这位领导,于是回到公司后就打来了合作的电话。这就是服务精神所在,服务是一种天职,就算别人没有关注,也应该把服务做好。在整个社会的大环境里面,每个人都是一分子,每个人都在为别人服务,同时也接受别人的服务。一个优秀的业务员应该时时刻刻把服务做好,这是对自己的一种肯定。所以,服务不光是做给别人看的,有时候也是自己本身的需要。

2.3 熟悉营销产品

保险营销人员的工作决定了营销人员必须周而复始地开发、接触准保户,最终形成一个庞大的保户网络。周而复始地开发、接触也就要求营销人员时刻处在营销的准备中。通常情况下有两种准备：一种是知识准备；另一种是营销准备，即熟悉营销产品和相关产品。

2.3.1 知识准备

由于保险产品的特殊性和客户需求的复杂性，保险营销人员的工作比其他产品的营销更具有挑战性。保险代理业务员所具备的知识应该使他们能够正确理解保险产品这种特殊产品，正确处理自己和保险公众及保险公司之间的关系。一个优秀的保险营销人员要具备丰富的保险知识、必要的法律知识和足够的心理学知识。

1. 丰富的保险知识

（1）保险商品知识。保险营销人员要向顾客推销保险产品，只有对保险产品了如指掌，才能在面对顾客时坦然应对，赢得顾客的信赖。

（2）公司知识。让保险营销人员了解公司的历史与现状，增强归属感与自豪感，利于工作联系。

（3）行业知识。了解保险业的社会功能，认清保险营销人员的重要性，以增强使命感和推销保险商品的信心。

（4）投资理财知识。保险营销人员要具有科学的投资理财观念，熟悉各种投资理财手段，掌握主要的投资理财方法及其特点，更好地帮助客户进行全面的理财规划。

（5）保险理论和实务知识。保险理论知识的掌握能帮助保险营销人员成为保险专家，解决客户所有的保险疑问。保险实务知识能使保险营销人员更好地为顾客解决合同订立、索赔等知识。

综上所述，一个保险营销人员应该很好地把握和了解自己所推销的保险产品的特点和作用，将自己推销的保险产品与客户的生活结合起来，本着关怀顾客、为顾客着想的精神，帮助顾客正确认识保险产品的特殊性和购买的必要性，从而为其解决生活中的实际问题。

2. 必要的法律知识

从某种意义上来讲，保险本身就是一种民事法律行为。保险代理人代表保险公司和客户签订保险合同是一种代理行为。在这个过程中，为了维护自身、保险公司和被保险人的利益，保险代理人必须熟知《中华人民共和国保险法》等相关法律条文，了解自己的权利和义务，了解进行有效的经济民事行为应该具备的条件，掌握签订保险合同的基本原则，熟悉保险合同订立、变更和终止的程序，以及违约责任及发生合同纠纷时的仲裁和诉讼程序等。一个保险代理人掌握必要的法律知识的首要目的就是能维护自己的基本权利，从法律的层面协调好自己、保险公司和被保险人之间的关系。在保险这种民事法律行为中，相对于保险公司来说，广大的保险公众既没有能力也没有可能了解这些条款的长短利弊，因此在一旦发生保险纠纷时往往处于极为不利的境地。为了避免这些保险纠纷，保护被保险人的利益，维护保险公司的形象，保险代理人在签订保险合同之前一定要对保险合同进行充分的研究，主动地站在被保险人的立场，维护被保险人的利益。只有这样，才是正确地履行了一个保险代理人的义务，也才能提高承保质量，促进保险业务的健康发展。

3. 心理学及营销学知识

保险营销人员要接受心理学的基本训练,学会揣摩客户的心理,用最有效的手段去打动、说服客户购买保险。保险营销人员对营销应有所了解,要掌握顾客的购买动机、购买习惯、收入水平、需求层次等。保险营销人员还应善于了解和分析消费者的各种特点,懂得社会学、心理学、行为学的一些基本知识,善于分析现实消费者和潜在消费者的需求特点,了解购买者的心理、性格、习惯、爱好,针对拒绝消费者的心理障碍采取不同的营销策略。

2.3.2 熟悉营销产品和相关产品

为什么要买保险?这大概是每个要买保险的人都会提出的第一个问题,也是每个保险营销人员都应考虑的第一个问题。只有当这个问题得到了满意的解答之后,他才可能有兴趣了解保险的其他内容。

1. 购买保险产品的理由

简单地说,买保险是为了应对风险。我们活在世上,时刻都面临着各种各样的风险。正如古语所说:"天有不测风云,人有旦夕祸福。"

1) 风险因素

所谓风险因素,是指引起或增加风险事故发生的机会或扩大损失幅度的条件,这是风险事故发生的潜在原因,也是造成损失的内在或间接的原因。风险因素可以分为物质风险因素、心理风险因素和道德风险因素。

物质风险因素:汽车刹车失灵引起意外事故,这属于物质风险因素。

心理风险因素:投保人投保后忽视对保险标的的防灾,如对陈旧电线不及时更换以致增加风险事故发生的机会。

道德风险因素:在保险活动中,人们以不诚实或故意欺诈行为促使保险事故发生,以便从保险活动中获取额外利益的风险因素。

2) 风险事故

风险事故是指造成生命财产损失的偶发事件,是造成损失的直接的或外在的原因。比如,刹车系统失灵引起车祸,刹车系统失灵是风险因素,车祸是风险事故。

3) 损失

损失是指非故意的、非预期的、非计划的经济价值的减少和精神上的耗损。

风险是风险因素、风险事故和损失三者构成的统一体(见图2-1)。它们之间的因果关系是:风险因素的产生或增加,导致风险事故的发生,从而引起损失,即产生了风险。风险是无处不在的,它的存在不以人的意志为转移,所以风险总是要发生的,风险的发生是必然的。但具体到某一风险,其发生又有很大的偶然性,是一种随机事件。另外,风险又是可变的和可转化的,主要表现在:风险的性质可随着客观条件的变化而改变,不同条件下风险发生的频率和损害程度不同。风险是客观的、普遍的、可变的,风险的偶然性与必然性共存

（某一风险的偶然性和大量风险的必然性），这些就是风险的基本性质。既然风险会带来损失，因此人们总是千方百计地防范风险。

一般地，防范和管理风险的方法主要有两大类型：控制型和财务型。

图 2-1　风险因素、风险事故与损失的关系图

2. 对自己营销的产品充满自信

"我认为自己从事的保险工作是在为人类出售幸福。保险被誉为神圣的事业，致力于这项神圣事业，正是我们生存的意义所在。"营销人员对自己向准保户销售的商品缺乏自信和自豪感，是不可能作出优异成绩的。"我们营销的是世界上质量最好、人们生活必不可少的最佳商品。"唯有怀着这种信念，才敢于竭力劝说准保户，才能够顺利销售。

1) 在进行营销前要掌握商品知识

作为营销人员，对自己营销的商品掌握足够的商品知识是非常重要的。如果做不到这一点，就不可能有自信，自豪感更无从谈起。唯有掌握足够的商品知识，才会产生自信和自豪感。那么，掌握足够的商品知识，到底需要做到何种程度呢？至少应该明确以下六点。

(1) 就某一种商品来说，它得以在社会上存在的原因何在，它究竟能给准保户带来什么好处。

(2) 它的设计方法。

(3) 它的用途、使用方法。

(4) 它与其他公司的同类型产品之间、不同类型产品之间的比较（优缺点、价格、为何会有不同等）。

(5) 它的国内市场状况。

(6) 它在国外市场的动向。

也就是说，对自己营销的商品，从生产到销售的所有知识都应该努力去掌握，并且对这种商品的历史、公司的历史等，最好都有所了解。

如一个铝材营销人员向一家制造金属围栏的工厂推销自己的材料，这家工厂先前生产的围栏有好几部分用的是钢材，厂主原先以为铝材缺乏强度，不能应用。该营销人员证明某些特质的铝材不但重量轻，不易生锈，而且有足够的强度，结果他做成了生意。一个家具营销人员由于不知道所推销家具的材料，却一个劲儿地介绍家具是樱桃木做的，而顾客从货签上看到的却是胡桃木，因而丢掉一大笔买卖。如果你是客户，你会买那些"胡桃木"的家具吗？

生活中，我们可以发现，那些保险推销冠军们无一不是拥有广博学识的人，他们对自己的业务知识更是了如指掌。只有拥有精深的专业知识，才能引起源源不断的话题以应对顾客的各种提问。

2) 如何掌握商品知识

准保户将提出什么样的问题是无法预料的。但提出问题后，保险营销人员回答"不知道"就糟了，准保户会认定他是个信不过的营销人员，他也将因此而失掉作为营销人员的资格。

尽管保险营销人员在不断地从各方面进行学习，有时对准保户提出的询问，可能还是答不上来，或者是一时忘记，想不起来。遇到这种情况，可以暂且概略地解释，然后说："就我所知是这么一回事，详细情况容我调查一下，明天再来告诉您吧。"回到公司马上着手调查，彻底搞清楚之后，打电话告诉准保户，第二天去做详细说明。

21世纪是一个知识经济时代，知识在任何领域都有着至关重要的作用，推销行业更是如此，对于保险营销人员来说，知识就代表着一种实力。

保险营销人员原田一郎为了增加自己的知识，坚持每个星期都跑到图书馆看书，时间一长，他的妻子都感觉他不一样了。原田一郎的"轮盘话术"不断变化主题，就是建立在拥有广博的生活知识基础上的，使他能和不同的客户沟通交流，引起对方兴趣。营销大师的行为值得我们学习。

其实，值得学习的对象很多，只要你留意，无论是顾客、对手、主管上司都是你学习的对象。

总之，保险营销人员应当从各方面学习、掌握保险产品知识，准备好在任何时候都能够圆满地答复准保户提出的疑问。

阅读资料

专业是最好的推销术

一家外资保险公司推出万能险新产品，公司从总部请来精算师做讲解。这位头发花白的精算师很快便把功能复杂的万能险介绍得清清楚楚。她画了一条中间高两头低的曲线，告诉大家，人生的不同阶段对保障的需求就像这条曲线一样不断变化。从两人世界到孩子出生、买房还贷，家庭的责任越来越重，因此需要随着家庭状况的变化调高保障额，保险投资账户收益可以稍低。而等到快退休时，可以把寿险的保障额调到最低，增加投资账户的资金，以增加养老收入。另外，她用收益表对比了市场上其他同类产品，一下子就凸现出这份万能险产品的优势。她不是营销人员，却用专业知识让在座者心悦诚服。

古人云：己所不欲，勿施于人。保险营销成功的关键就是推销自己热爱的产品，信心百倍地把它介绍给客户。如果是自己都不了解的产品，偏要别人认可并购买，未免太勉强别人。只有在保险营销人员对自己所售产品非常了解的基础上，以专业的知识和优质的服务，增加客户对自己的信任度和安全感，才会让客户接受并认可。

2.4 合理的目标计划

每个人都有权利决定自己怎样生活，做怎样的工作，所以做好人生规划及自我管理，是追求理想不可缺少的事情。

人生规划必须考虑个人的能力、财力、个性、价值观、兴趣、负担等，是全方位的，它能让你从中找出真正的生活目标及生命价值，确保每个阶段都能如自己所愿。保险营销人员每天都有处理不完的工作，为了把自己的时间用在最有价值的事情上，应该拟订一个自我管理的准则，更应该拟订合理的保险营销计划。"没有目标而生活，就好像没有罗盘而航行。"为了不使自己的生活失去秩序，一团混乱，首先必须确定人生的大原则、大方向。要想清楚自己的人生目标、人生理想是什么，每个阶段的预期目标是什么，然后再详细规划要怎样达到，要有怎样的收获。

2.4.1 设立目标

为实现有效的自我管理，第一步都要设立工作目标。设立目标会使你的工作和生活具有方向性、目的性。没有一个清楚明确的目标，就可能在某些琐碎的事情上浪费时间，看不清工作重点。正如一句古老的格言："如果你对前进的方向茫然无知，那么任何道路都可能成为你脚下的方向。"为了获取成功，我们应为自己的生活及所要做的每项工作设立目标。这些目标包括个人成长的目标、年底的总收入、购房、购车、一年总的业绩、件数等。保险营销人员不仅要设立这样的大目标，还要把这项工作贯穿到每项更为具体的任务中去。

1. 设立目标的标准要求

（1）有挑战性：可以比以前更好。
（2）可以衡量：如果无法衡量努力的情形，就很难调整自己。
（3）可以达成：不切实际的目标会使人沮丧、无心奋斗。

2. 目标的分类

（1）家庭生活目标：如收入计划、消费计划等。
（2）工作目标：一年的业绩、件数、拜访人数、职位晋升等。
（3）个人成长目标：专业知识、技能提高等。

设立目标以后，就要根据各项工作制订自己的工作计划。计划可以分为年度计划、月度计划、周计划、日计划。一般以保险营销人员的预定收入为中心，以保险费、件数及活动量为基础制订。例如，目标为年收入 40 万元，相应的保险费收入一年为 120 万元，平均每月完成 10 万元。假设件均保费为 35 000 元，每月须完成 3 件。根据自己的销售能力去确定相应的活动量。营销人员在制订计划时，要合理安排好工作与娱乐，使每日的活动保持均衡，如此才能将自己的工作做好。保险营销人员的工作内容主要包括销售活动、事务处理、工作上的应酬和学习进修等项目。

2.4.2 制订工作计划

设立目标之后就要根据目标来制订工作计划。一般我们把计划分为年度计划、季度计划、月度计划、周计划和日计划。通常以已经确定的年收入为中心，来确定保险费、件数和工作量。具体在制订工作计划时还要考虑以下几个因素。

1. 确定每日活动量

活动量包括销售面谈、促成的次数、电话约洽的次数、开发准保户的人数和售后服务等。

2. 利用备忘录

每天晚上，最好把次日的工作要点以备忘录的形式记录下来。根据准保户的具体情况确定拜访时间，最好事先约定一下。另外，还要对当天的工作作出总结。

3. 制订次日计划

确定准保户的拜访次序，不要把时间花费在不当安排上。

4. 制订学习进修计划

保险营销人员要不断丰富自己各个方面的知识，提高销售能力和展业技巧，以满足竞争的需要，适应市场的发展。

2.4.3 如何制订营销计划

1. 提高效率

对于营销来说，所谓高效率，就是选择准保户要有百分之百的准确性。为了使营销获得成功，首先需要合理地制定目标，然后琢磨出切实可行的商谈方法，集中力量进行攻击，这是最有效的。

法国有位文学家在其著作中这样写道："所谓提高效率的方法，就是选择一个攻击目标，对此集中全部力量。"首先必须从集中力量开始做起。

优秀的营销人员在制订营销计划时，总要考虑以下两件事：一是通常销售中所具有的共同点；二是因营销对象不同而可能出现的各种情况。

一般来说，营销人员在工作中所使用的文件，通常就是本公司编制的商品手册。但是由于千篇一律，大家都使用它，所以可能使准保户感到厌烦，仅仅知道"噢，这是××保险公司的营销人员"而已。

对此，首先应根据不同的营销对象编写相应的文件，以公司印发的商品手册为基础，反复研究、设想。假如自己是准保户，将会怎样想，应该为准保户提供什么样的参考计划为最佳。只有这样，才能做到因人而异。

公司的商品手册概括说明了本公司经营商品的主要特征。它虽然是以适用于所有准保户、所有营销人员的共同语言编写的，但是值得营销人员在编写计划书时参考。

例如，当准保户是某家公司时，就要依照这家公司的规模来编写计划书。无论对方拥有一千名或是两千名职工，无论对方的财会人员怎样反复审查、研究提供的计划书，都会使其感到"的确编得很棒"。要制订出具有如此效力的计划来才行。营销人员有必要学习有关的财经知识。

有些准保户或老保户甚至比保险营销人员更为精通保险知识，因此要靠说谎、故弄玄虚欺骗准保户是行不通的。编写能使准保户满意的计划，就成为营销人员学习的要点。依靠独创精神，无论什么样的营销计划都能制订出来。

2. 合理利用记录和笔记

无论什么时候,都要在口袋里装有记录用纸和笔记本。在打电话、进行商谈及听演讲或读书时,身边备有记录用纸,使用起来是很方便的。一边打电话,一边可以把对方的话记录下来,商谈时在纸上写出具体事例和数字转交给准保户看,在听演讲或读书可以把要点和感兴趣之处记下来。

不少优秀的保险营销人员在自己家中也到处都放置了记录用纸。电视机前、床头、厕所等地方都有,使自己无论在何时何处,只要脑海里浮现出好主意、好计划,都能立刻把它记下来。然后以此为基础,制订出完善的方案去付诸实行。善于利用记录的营销人员,成绩肯定会成倍增加。

另外,要能够有效地利用笔记本。使用笔记本要注意如下要点。

(1) 整整齐齐地写上时间表、行动计划。

(2) 一部分来专门记录自己或别人想出的好主意。

(3) 要使笔记本中"通信地址"一栏里能够不断出现新名字(仅此一点就证明你的准保户很多)。

(4) 坚持写日记。

(5) 要经常翻开笔记本阅读,这样就知道自己现在应该做什么,并依此去行动。实际上,笔记本也就是你的行动计划书。

阅读资料

勤写日记有利发掘客户需求

在从事保险前两年里,李畅并非一帆风顺。她坦言说:"在刚开始时业绩还算可以,可过了一段时间却进入迷惘期,曾有过自己是否继续从事保险的想法,导致业绩不稳定。"

今年春节后,经过深思熟虑的思考,李畅终于下定决心把全部的心思都放到保险事业上,并制订了跟之前完全不同的营销策略。她把自己的客户定位在中高端,主要以生意人为主。

李畅一向有写日记的习惯,她会将与客户聊天时所了解到的保险和理财需求,一一详细地记下来,以便今后及时跟进。春节后,她翻看了过去两年的20多本日记,从中筛选出50个客户,定下目标(每月签两个客户),如果签不到就找下一个客户补上。这个独门秘方,令她的业绩在近3个月突飞猛进。

情景演练

电话约见陌生客户

情景解析

陌生客户戒备心理一般都较强,所以第一通电话尽量不要直接约见客户,除非客户表现出强烈的兴趣。因为第一次打电话并没有将客户的戒备心理降到最低,一旦贸然提出见面的请求,只会让客户离保险营销人员越来越远。最好跟客户沟通几次,建立一定信任感后再提出面谈,如果客户仍然反对,保险营销人员就要设法减轻对方的压力,等客户的顾虑消除之后,再次邀约。

约见陌生客户时，需要注意以下几点。

（1）心态和语气：平稳、轻缓、不急不躁。

（2）见面有理由，要表示面谈的目的不是为了推销，像交朋友、介绍信息等都是很好的理由。

（3）承诺面谈时间不长，这是考虑到客户的时间成本，一般15～20分钟为宜。

（4）安全是客户最关心的，所以地点和时间要有保障，保险营销人员可以提建议，让客户自己选择。

实战强化训练

保险营销人员："您好，是王先生吗？"

客户："是的，你是谁？"

保险营销人员："您好，我是××保险公司的代理人××，您的孩子快上小学了吧？"

客户："是的。"

保险营销人员："恭喜您有一个健康的孩子，孩子在给您带来欢乐的同时，您有没有想过为孩子上保险呢？"

客户："我家孩子这么小，而且我也很忙，以后再说吧。"

保险营销人员："现在人们的确很忙，父母没有时间为孩子考虑这方面的事情。不过，王先生，我建议您抽出一点儿时间为孩子做一个长远的规划，这对他将来的教育和生活都有好处，万一生活中有个意外，起码有所保障，您说对吗？"

客户："哦？你有什么建议吗？"

保险营销人员："那我就直说了，我建议您为孩子购买一份'少儿教育保障计划'，只要您为孩子每年存5 000元，当孩子到了18岁的时候，每年可以领取1万元的教育金。而且孩子在25岁的时候还能领取8万元的创业基金。我们这一款'少儿教育保障计划'还能附加重大疾病保险，报销重大疾病的治疗费用和住院费用，最高保额达20万元。"

客户："你说得太快了，内容也比较多，我记不住，你看这样吧，你给我发个资料过来让我看看吧。"

保险营销人员："好的，请问您的邮箱是？"

客户："我的邮箱是××××@qq.com。"

（两天以后）

保险营销人员："王先生您好，我是××公司的保险代理人××，之前跟您联系过的，您现在方便说话吗？"

客户："方便，你说吧。"

保险营销人员："我发的资料您看完了吗？"

客户："看完了，只是还有一些地方不是很清楚。"

保险营销人员："这样吧，您看您这两天什么时候有空，我在见面后给您详细解释一下吧。您是周六还是周日方便？"

客户："别麻烦你了吧，我又不买。"

保险营销人员："您别有心理负担，其实这是我的工作，谈不上麻烦的，您什么时间方便呢？"

客户："那就周六上午十点吧,你直接来我办公室吧!"
保险营销人员:"好的,那周六上午见。"

金牌技巧点拨

第一次电话最好不要跟客户邀约面谈,双方建立了一定的信任基础后,客户对保险也有兴趣时再提出面谈;如果这时客户还拒绝,保险营销人员设法减轻对方压力,消除客户疑虑,最后成功约见。

复习思考题

一、概念题

风险因素　风险事故　损失　客户满意

二、选择题

1. 下列关于握手礼仪正确的是（　　）。
   A. 握手时心不在焉、东张西望　　B. 握手时戴手套
   C. 握手不宜隔着桌子,应付了事　　D. 握手前应该对手部进行必要的清洁处理

2. 下列说法正确的是（　　）。
   A. 亲密距离,其间隔在 15 cm 之内,一般只限于情人和夫妻之间
   B. 个人距离,其间隔为 46～76 cm,一般限于熟人之间
   C. 社交距离,其间隔为 1.2～2.1 m,交谈的内容较正式和公开
   D. 公众距离,其间隔为 3.7～7.6 m,这个空间的交往大多是演讲之类

3. 熟悉营销产品,需要一定的知识准备和营销准备,下列属于知识准备的是（　　）。
   A. 保险知识　　　　　　　　　　B. 法律知识
   C. 心理学及营销知识　　　　　　D. 营销产品和相关产品

4. 汽车刹车失灵引起意外事故,这属于（　　）。
   A. 物质风险因素　B. 心理风险因素　C. 道德风险因素　D. 法律风险因素

5. 投保人投保后忽视对保险标的的防灾,如对陈旧电线不及时更换以致增加风险事故发生的机会,这种造成损失的原因属于（　　）。
   A. 物质风险因素　B. 心理风险因素　C. 道德风险因素　D. 法律风险因素

6. 在保险活动中,人们以不诚实或故意欺诈行为促使保险事故发生,以便从保险活动中获取额外利益的风险因素,属于（　　）。
   A. 物质风险因素　B. 心理风险因素　C. 道德风险因素　D. 法律风险因素

7. 下列属于个人成长目标的是（　　）。
   A. 专业知识　　　B. 技能提高　　　C. 职位晋升　　　D. 一年业绩

三、简答题

1. 简述保险营销人员应有的工作态度。
2. 简述保险营销人员应具备的知识储备。
3. 简述购买保险产品的理由。
4. 酷夏,你要去拜访一位对产品很有兴趣的客户,在穿戴上你应该注意什么?

第 3 章 保险需求分析

思政目标：

通过对保险需求分析的学习，准确找出客户需求，服务于党的二十大报告中"人民群众获得感、幸福感、安全感更加充实、更有保障、更可持续"。

学习目标：

1. 了解保险需求的定义、特征及我国现实中保险需求的表现形态；
2. 掌握影响保险需求的因素；
3. 熟悉准保户的保险需求。

保险需求是保险营销的起点。作为保险企业，必须准确了解、适应保险需求，出色的保险营销还应该在准确了解消费者需求特点的基础上创造新的保险需求。

3.1 保险需求

消费者的行为都有一定的动机，而动机又产生于其自身的内在需求，保险需求者的行为也一样。产生保险需求行为的最基本的内在原因是保险需求者需求，因此保险市场营销活动必须以保险需求者需求为出发点。只有在对保险需求者需求充分认识的基础上，才有可能制定出与保险需求者需求相一致的营销策略，在变幻莫测的市场上掌握保险营销的主动权。

3.1.1 保险需求的含义

1. 需求

了解保险需求，首先应该明确什么叫需求。需求是指消费者在一定的经济条件下，为自身的生存与发展而对商品市场上存在的某种商品的要求和欲望，这种要求和欲望必须与商品的市场供应和消费者的支付能力结合起来，才能变成现实的需求。正因为如此，消费者的需求就表现为潜在需求和现实需求。潜在需求是指消费者在未来时期内对各类商品可能产生的具有支付能力的需求，通常有两种情况：一是消费者有需求愿望，但暂时无支付能力，只能等待具备支付能力时购买；二是消费者有支付能力，但由于无合适的商品等原因，只有等待时机购买。现实需求是指消费者有支付能力并有购买愿望的需求。潜在需求是现实需求的基础，现实需求是由潜在需求发展而来的，一旦条件成熟，今天的潜在需求就可能成为明天的现实需求。因此，企业营销的目的不仅是要满足消费者的现实需求，更重要的是要创造条件满足消费者的潜在需求。

消费者的需求是具体化和多样化的，通常以对商品的动机、愿望、意向、兴趣、目的、理想等形式表现出来，如对生存（吃、穿、用、住、行）的需求，对知识和文化的需求，对安全的需求等。消费者的需求会随着自身的情况和客观条件的不断发展变化而变化。美国心理学家马斯洛①对此曾做过比较透彻的分析，他把需要划分为五个层次（见图3-1）。

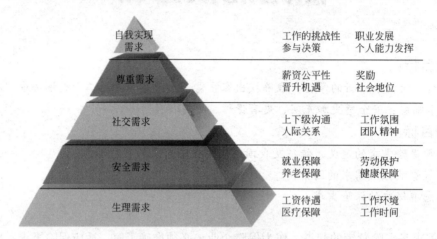

图3-1 马斯洛需要层次理论

企业的营销活动对消费者个体的影响，首先表现在需要（也可以看作需求）既是营销活动的出发点，又是营销活动转化为购买活动的中介。当某种主观需求形成后，在其他相关因素的刺激下，主观需求就会成为购买动机，产生购买行为。所以，需求在营销活动转化为购买动机的过程中起到了基础和中介的作用，没有消费者的需求，营销活动与消费者购买的内在动机之间就没有必然的、直接的联系。

2. 保险需求

我们可以看到消费者的需求是多种多样的，而消费者的安全需求是人们的低层次需求，也是最基本、最起码的需求。保险需求是安全需求的一种延伸。安全需求以生理需求为基础，在生理需求得到满足以后，就产生了安全需求。安全需求表现在多个方面，如希望工作安全、不出事故、免于灾难；希望医疗、养老、意外事故有保障等。从这个意义来说，保险正是满足了人们的安全需求。

人类在向自然界索取及在组织和进行这种索取的活动中，虽然总是希望在安全的环境中进行，以实现自己的预期目标，但实际情况却往往不是这样。在人类的生存和发展过程中会面临各种各样的风险：①自然风险，如地震、洪水、暴风、暴雨、雪灾、崖崩、地面下陷等造成的风险；②经济风险，如在合同签订后，当事人违约而引发损失的风险，在产品销售

---

① 亚伯拉罕·哈罗德·马斯洛（Abraham Harold Maslow），美国社会心理学家、比较心理学家、人本主义心理学的主要创建者之一，心理学第三势力的领导人，以需求层次理论最为人熟悉。马斯洛的主要代表作有《动机与人格》《存在心理学探索》《人性能达到的境界》等。

后,因购买方破产使得货款无法收回而带来的风险;③政治与社会风险,如盗窃、抢劫、战争、罢工、动乱、种族冲突等所造成的风险。这些自然的、经济的、政治的与社会的风险都会给人们的生产与生活带来影响或威胁,有时会破坏甚至中断人们正常的生产和生活秩序,使人们的预期目标无法实现。为了保证社会经济活动得到满足和不断发展,人们就必须获得好的生存环境,对安全始终充满渴望乃至是一种需求。

在原始社会生产力低下,人类的劳动只能维持最低的生活需求,一切活动都是为了生理需求,尚无保险思想的萌芽;奴隶社会有了剩余产品,人们开始产生安全需求,为了弥补自然灾害和意外事故造成的经济损失,使生产得以持续,生活有所保障,开始建立满足安全需求的各种形式的救灾后备;封建社会救灾后备由一个经济单位自留,发展到经济利益上有共同利害关系的单位一起提取救灾后备;资本主义社会商品经济得到快速发展,市场的扩大及各种风险的增加,客观上对经济补偿更加需要,由几个单位共同提存后备的形式很快发展成为专门经营风险的社会组织,商业保险应运而生。

人们对安全需求的满足有多种途径,如企业通过防损、减损措施控制损失,通过合同安排、担保合同、购买保险等转移风险;个人可以通过积蓄、储蓄存款、购买保险等预防和转移风险。若购买了保险,人们对安全的需求就转化为对保险的需求。

由此可见,人们对保险的需求是源于对安全、稳定和秩序的需要。保险需求就是在一定时期内通过保险市场交换来转移风险而产生的要求与欲望,是促成投保行为的内在动力。它是保险市场存在的必要前提。消费者的保险需求表现为现实保险需求和潜在保险需求。现实保险需求是指人们已经意识到并有支付能力的保险需求,它的数额是测算一定时期内在整个行业营销努力下和一定环境条件下,一个国家全部保险公司所能获得最大营销数额的根据。潜在保险需求是指人们尚未认识到或虽已认识到但无法实现的保险需求。潜在的保险需求在一定条件下可以转化为现实的保险需求。

阅读资料

了解客户的保险需求

随着汽车价格下降,小王拿到驾照就成了车主。保险是小王购车后的头等大事,有的朋友说要多买,新手比较容易出事;也有朋友说只要安全意识强,购买交强险就可以了。如何投保才合理,新手开新车,买什么保险呢?

陈东告诉小王:"如果是新车就要把车辆损失险、第三者责任险、车上人员责任险等基本险种保齐,车辆失窃险可以根据车辆的档次、日常停车及夜间停车地点决定是否购买。投保车险时不能因一味省钱而不足额投保。汽车保险费的费率是固定的,交费多少取决于汽车自身保险额的高低,明智的选择是足额投保。如果20万元的轿车只保10万元,万一发生事故,车辆损毁,就不能得到足够的赔偿。与不足额投保相反,有人明明手里是辆旧车,评估价值不过5万元,却偏偏要超额投保,保额18万元,以为多花点钱就可以在车辆出事后获得高额赔偿。实际上,保险公司只按汽车出险时的实际损失确定赔偿金额。如果您已经在一家保险公司足额投保,即便在另一家保险公司再投保,出险时也不可能拿到双份赔款。此外,索赔时也有窍门,如果车辆仅仅是一些剐蹭的小毛病,去修理厂修车也花不了多少钱,不妨自己花钱修理,因为在保险条例中有规定,第一年不出险的车辆在第二年续保时可以获得保险公司10%的投保优惠。因此,如果修理费用不太高,自己修比找保险公司更合算。"

听完陈东的讲述，小王仔细考虑后，最终从陈东的保险公司购买了交强险、第三者责任险和车辆损失险。

推销高手总是在推销顾客需要的产品，而不是自己所拥有的产品；不合格的营销人员总是希望将自己手中的产品立即塞给客户。本例中，陈东针对小王的实际情况进行分析后，根据小王的实际需求，为小王设计了适宜的保险产品，最终完成签约。一个理性的用户不会轻易被保险产品的收益所左右，只有产品和服务真正满足其心理需求时，才能让他作出选择。因此，保险营销人员如果不事先摸清顾客需要，则根本无法当场签约。

3.1.2 保险需求的特征

保险需求的产生、发展、变化及各种表现形式，常常有一定的规律性和普遍性，这就是保险需求的特征。保险需求是人们的一种较为复杂的心理活动，归纳起来保险需求的特征主要有以下几个方面。

1. 保险需求的客观性

保险需求源于人们转移风险的需要，而风险是客观存在并不以人们的意志为转移的，因而风险存在的客观性决定了保险需求的客观性。保险需求的客观性是指人们在一定的社会经济条件下必然产生一定的保险需求。它表明，无论人们是否意识或认识到，它都存在着。构成保险需求的客观条件有三个方面：①灾害事故是客观存在的，有风险才有保险；②风险的发生必然会造成较大的损害后果，从而使保险变得必要；③必须有同类的风险大量存在，从而使保险经营成为可能。但是现在经济生活中却常常出现以下情况：①没有意识到保险需求；②公民的保险心理障碍使客观的保险需求难以变成现实的保险需求；③人们已经意识到了保险需求，但由于保险公司的宣传工作做得不好，保险需求变不成投保行为。

2. 保险需求的层次性与渐进性

保险需求是有层次的，人们对保险商品的需求有缓有急、有强有弱、有低有高，呈现出层次性与渐进性。

就个人的人身保险需求而言，可以分为五个层次：①生理安全保险需求，含食物、衣物、住所等方面的保险需求；②劳动安全保险需求，含劳动工具、意外事故等方面的保险需求；③职业安全保险需求，含失业、职业责任等方面的保险需求；④经济安全保险需求，含医疗、财产、养老等方面的保险需求；⑤心理安全保险需求，包括社交、婚姻、教育等方面的保险需求。就企业而言，保险需求可分为四个层次：①财产安全保险需求，含固定资产、流动资产等方面的保险需求；②收益安全保险需求，含利润、股息、红利等方面的保险需求；③责任安全的保险需求，含公众责任、产品责任、雇主责任、职业责任等方面的保险需求；④信用安全保险需求，含出口、投资、履约保证等方面的保险需求。

当低层次需求满足后，就会向高层次需求发展，保险公司可以据此进行分层开发保险需求。

3. 保险需求的伸缩性

现实中,保险需求由于受投保人货币收入水平和保险商品价格变化的影响,具有很大的伸缩性。当投保人货币收入水平降低或保险商品价格降低,则会减少或增加保险需求;当投保人货币收入水平提高或保险商品价格提高,则会增加或减少保险需求。就是说,随着客观条件的变化,保险需求者的需求水平能升能降、可高可低,从而表现出保险市场的伸缩性。这就要求保险公司注意研究引起需求变化的条件,据此调整自身的营销计划。

4. 保险需求的多样性

由于危及人类的自然灾害、意外事故等风险具有多样性,所以保险需求也具有多样性。保险需求的多样性是指人们对保险的需求千差万别、丰富多彩。具体表现为:①不同保险需求者对保险商品的需求不同,如由于各自的收入水平、年龄、性别、职业等不同,对保险商品和服务的需求各不相同;②同一保险需求者对保险有多种需求,如甲某需要投保养老保险、医疗保险,乙某需要投保家庭财产保险、失业保险、意外伤害保险;③不同保险需求者投保标的不同,如人身保险以人的身体、生命或健康作为保险标的,财产保险以物或其他财产利益作为保险标的。

5. 保险需求的发展性

随着科学技术的进步、社会经济的不断发展和消费水平的不断提高,人们所面临的风险也愈加复杂。保险需求发展总的趋势是由低级向高级发展,由简单向复杂发展,保险需求的发展要求保险公司的经营具有时代感,以需求者的需求发展为标准,不断开发新的保险商品,扩大规模,使保险供给与保险需求相适应,更好地满足保险需求者不断发展变化的需求。

6. 保险需求的可诱导性

投保人决定购买什么保险商品、如何购买,一方面取决于自己的购买能力,另一方面又受周围环境和他人的影响,因而决定了保险需求的可诱导性。保险需求的可诱导性的实质是投保人的一个感知风险、认知风险、购买保险的过程。例如,某人看到周围的同事都已经购买了保险,自己也就引发投保动机,最后购买保险。又如,某人经过保险营销人员的热情接待、耐心劝说后购买了保险。针对这一保险需求的特点,保险公司可以通过自身成功而有效的市场营销工作,积极引导和激发投保人的需求,使保险的潜在需求变为现实需求,未来需求变为近期需求。

7. 保险需求的选择性

保险商品的买卖与其他商品一样,由买卖双方构成,但保险商品市场更表现为买方市场,保险客户对保险商品有充分选择。在保险需求中,客户的选择可以表现为:①保险公司的选择,如投保人可以选择甲保险公司,也可以选择乙保险公司;②保险商品品种的选择,如投保人可以选择养老保险,也可以投保医疗保险;③保险商品价格的选择,如投保人可以选择投保费率低的险种,而放弃投保费率高的险种;④保险商品购买数量的选择,如投保人可以根据自身实际情况购买单份保险，或者购买多份保险；⑤保险责任的选择，如投保人既担心万一自己遭遇不测会给家人带来痛苦和打击，又担心自己年老或丧失劳动能力后带来生活问题，单一的意外伤害保险或养老保险都不能满足其需要，而选择比较合适的生死两全保险或养老附加意外伤害保险。

当然，保险需求的选择性也可以表现为保险公司的选择，它表现为保险公司只选择符合投保条件的保险标的，而不接受不符合投保条件的保险标的。

根据保险需求的选择性特点，要求保险公司不断推出满足投保人需求的新险种，使投保人有更多的选择，从而扩大保险需求，同时使保险公司的自身规模不断得到发展壮大。

8. 保险需求的周期性

保险需求的周期性是指保险需求会随宏观经济形势的周期性变化而变化。宏观经济的好坏，对保险需求的波动有重要影响。宏观经济形势好，保险购买者多，则保险需求大；反之，保险需求小。

宏观经济形势是呈周期性波动的。一般地，一个经济周期分为复苏、繁荣、衰退、萧条四个阶段，保险需求也因此而上升、高涨、下降、低迷，呈周期性变化。在经济繁荣、物价波动较小的时期，保险需求增长很快；在经济萧条、物价急剧波动时期，保险需求呈现疲软状态。保险公司应注意经济形势变动情况，及时准确预测保险需求的变动趋势，制订好营销方案，确保公司经营的稳定。

9. 保险需求的环境性

保险需求源于投保人安全需要及满足这一需要的自然环境、经济环境、社会环境等客观环境。这些客观环境一方面可能促进保险需求，另一方面可能抑制保险需求。例如，在某些地区自然灾害频繁发生（如洪水灾害），给人们造成巨大损失，在沉痛教训面前容易激发人们接受保险，而一旦政府在这些地区加强防灾防损措施（如修建防洪、泄洪工程）后，减少或避免损失的发生，这种客观环境的转变致使人们减少了对保险的需求。因此，保险公司要抓住客观环境带来的机会，适时加大保险推销，这样才可以取得理想的营销绩效。

3.1.3 我国现实中保险需求的表现形态

在现实中，我国保险需求的表现形态归纳起来体现在以下几点。

1. 尚未意识到保险需求

尚未意识到保险需求的人，在我国的保险市场中所占的比例相对较高，这部分人要么根本不知道风险存在的客观性和风险发生的损失性，要么对保险的机制或制度不了解。以人身保险为例，几乎每一个人都有购买人身保险的需求，但有相当多的人意识不到，一份人身保险也没有购买。我国在 1990 年保险费收入、保险深度、保险密度分别是 178.5 亿元、0.96%、15.76 元，至 2003 年也分别只有 3 880 亿元、3.33%、280 元。直至 2022 年，我国总保费收入达到 4.7 万亿元，跃升为世界第二大保险国，但保险深度、保险密度仍低于世界平均水平。究其根源，在于很多人没有风险意识和保险意识。

阅读资料

客户说"我不需要"

客户:"我不需要。"

营销人员:"没关系,你现在不需要,我理解。但我从心里真诚地提醒您,保险是现代生活中的必需品。您很明白保险的意义,我也看出您并不是不需要,只是思想上不重视。追求优越舒适的生活是每个人的梦想,但追求优越舒适的生活就要从买保险开始。现在不买,眼前不需要;但如果哪天真的需要了,已经来不及了。人的生命只有一次,错过了就会遗憾终生。等到您年老力衰、无法工作时,暂且不说老年人易患的各种疾病,就说您没有商业保险的补充,退休后领取最低的养老金,到哪里争取额外的保障?寒冬腊月时,年轻人都要多补充蔬菜和水果,何况一个老年人?肯定更应该多吃水果和蔬菜。但是大雪纷飞时,蔬菜水果价格上涨,到时候,别人可以从口袋里取一点弥补,而您却舍不得吃,因为价格太贵了。"

世界上的任何需求都是创造出来的。保险营销的关键是让客户认识到自己的需求。客户说自己不需要保险,可能是客户没有认识与发现自己的需要,没有发现自己存在的问题,没有意识到需要改变目前的状态。因此,他们安于现状,固守原来的思维模式。营销人员对因为缺乏认识而认为不需要保险的客户,应通过深入的全面调查、了解后找出他们的需求;然后从关心和服务的角度出发,通过摆事实、讲道理,让客户认识到并发现自己的需求。

如果客户真的不需要购买保险,营销人员就该适时停止宣传介绍,不如给对方留下一个好印象,为下次拜访埋下伏笔。

2. 意识到保险需求但无货币支付能力

由于经济的原因,一部分人已经认识到风险存在的客观性、不稳定性和损失性,对保险产生了需求,但由于无货币支付能力,只能放弃对保险的需求,无法实现保险购买行为。

3. 意识到保险需求但对保险存在错误认识

我国公民的保险意识还不强,其中许多人对保险存在错误认识,表现在:①怕吃亏,认为保险公司的保险业务无非是赚钱的一种行为,购买保险占不了便宜;②抱侥幸心理,认为只要自己小心防范,风险就不会发生在自己身上;③认为保险公司不可靠,充满怀疑;④认为把钱存到银行比购买保险更划算;等等。因此,许多人把理应实现的保险需求,转化到其他诸如银行、家庭、自己承担等方面上去,未实现投保行为。

阅读资料

客户说"我不相信保险,那是骗人的"

客户:"保险是骗人的,不用说了。"

保险营销人员:"这是一个有趣的看法,您为何这么说呢?这种话是在保险业的初期,社会上某些人对保险的偏见。请问您被保险公司骗过吗?可能您是听别人讲的,但您不明白,不了解。有人买了一份寿险,没有买医疗或意外险,遇到一点皮外伤就要找保险公司理赔，这是不可能的。一个人总不可能买一条裤子就穿出短裤、长裤、裙子的各种效果吧？"

由于当前许多人对保险的认知度不够，使得保险营销人员的拜访工作阻力重重，经常是乘兴而去，扫兴而回。保险营销人员不同程度地遭到过客户的白眼、冷遇、闭门羹，态度恶劣的客户甚至直接将营销人员扫地出门。由于每个人认知不同，会产生有关政策与产品的异议。还有一些客户由于对保险缺乏认识，习惯于随大流，不能主动适应社会的变化去争取主动，自然会有这样或那样的疑议。对此，营销人员不仅应熟知产品，而且应掌握各种展示与讲解的方式，能以各种有效形式和深入浅出的语言向客户作介绍，还要对客户做细致的开导与说服工作，使客户接受保险并抓住有利的购买时机。

4. 意识到保险需求但保险公司营销活动不到位

保险需求的客体是一种特殊的商品——保险商品，表现为印有保险条款的保险合同，极其抽象，因此，动员顾客购买保险要比购买一般有形商品困难得多。由于保险公司的营销宣传、方式、策略等不到位，致使人们没能了解进而不接受保险产品。

5. 意识到保险需求并实现购买

这部分人意识到了风险的存在而产生了保险需求，在其他因素的影响下向保险公司购买了保险，实现了保险购买行为。这可以通过我国当前保险市场的需求总规模表现出来。随着我国经济社会不断向前发展，人们的收入增加，保险意识逐渐增强，这种保险需求所占的比重越来越大，于是我国保险业务将得到迅速发展。

3.2 影响保险需求的因素

英国 S. R. 戴康在其所编著的《保险经济学》中认为，决定保险需求的因素有两大类：一类是不受保险需求者个人控制的外因，如强制保险、税收、保险价格、其他商品价格、通货膨胀等；另一类是保险需求者能够施加一定影响的内因，如爱好与偏好、收入、财富、个人经济特点。下面重点分析影响保险需求的经济因素、社会因素和心理因素。

3.2.1 经济发展水平

经济发展水平对保险需求的影响极为重要，因为人们的投保需求在很大程度上受一个国家整体经济状况的影响。经济发展水平从两方面影响保险需求：一是经济发展引起了风险的增加，使人们对保险需求有所增加；二是经济发展水平提高增加了人们的收入，进而促进了保险需求。

1. 经济发展引起风险的增加，使人们对保险需求增加

经济发展引起风险的增加，保险需求也不断增加。因为随着经济进一步发展，产业结构日趋复杂，各种风险也就越大，灾害事故的种类日益增多，灾害事故发生的范围越来越大，频率越来越高，后果越来越严重，促使人们对保险的需求更加强烈。

2. 经济发展水平提高增加了人们的收入，进而促进了保险需求

经济发展水平和保险需求为正比例的关系。因为人们缴纳的保险费受其可支配收入的制约，企业缴纳的保险费受其税后利润的制约，而人们的货币收入和企业的税后利润又受到国民收入的制约，所以国民收入的高低决定着保险需求的大小。国民收入越多，人们的货币收入和企业的税后利润也就越多，社会有更多的剩余货币支付保险费，保险需求就会大增；反之亦然。而国民收入的高低又取决于经济发展水平的高低，二者是同步发展的。

西方国家居民的保险需求很大，与其国民收入水平高、经济发达有很大关系。在我国，随着改革开放的深入发展，经济发展很快，经济的年增长率都保持在7%以上，国民收入和居民可支配的货币收入都有了很大的提高，我国居民对保险的需求大幅增加，促进了我国保险业的迅速发展。

阅读资料

我国2012—2021年部分年度保险费收入表　　　　　　　　万亿元

年度	2012	2014	2016	2018	2019	2021
保费收入	1.549	2.023	3.096	3.802	4.265	4.490

对于单个家庭来说，实际收入的增加意味着生活水平的提高，而收入上升的结果将增加其支出和储蓄，其中绝大部分支出又用于购买耐用消费品，如房子、汽车等，因此为增加的财产提供保险的需求也会相应增加。当然，收入水平的提高，也会增加负债，因为他们现在比以前更有能力偿还必要的债务，如贷款购买住房。而为了保护自己，以免受可能发生的债务拖欠行为的损害，对保障性人寿保险的需求也会增加。对于一个企业来讲也是如此，经济效益提高，收入增加，就要扩大再生产，生产资料和劳动力就要相应增加，因此对财产保险、雇主责任保险的需求也会增加。

3.2.2 人口及其构成

1. 人口数量对保险需求的影响

消费者是保险经营的目标市场。因此，一个国家或地区的人口总规模是潜在的保险市场。在正常情况下，人口总规模与保险需求正相关，即人口多，保险需求大；人口少，保险需求小。2022年人均保费3 326美元，与世界平均水平相比，我国仍有差距。这种差距意味着我国的保险需求尤其是人身保险需求的潜力非常大。

2. 人口结构对保险需求的影响

人口结构包括人口的年龄结构、性别结构、文化结构、职业结构、地区结构，它们都在某一个方面对保险需求形成影响。

（1）人口的年龄结构对保险需求的影响。不同的年龄对保险需求会有所不同。年龄较大者处于老年时期，丧失劳动能力，体弱多病，更关心养老保险、重大疾病保险；年龄较轻者

处于生长发育期，关心儿童平安保险、意外伤害保险。分析人口结构，还要掌握各年龄组的人口在总人口中所占的比重，以便推测出各类保险的需求量。例如在日本，一方面平均寿命延长，人均寿命接近80岁；另一方面出生率下降。平均寿命的延长和出生率的下降，导致日本的人口结构急剧向老龄化发展。老龄化人口绝对数量加大，比重大幅度提高，于是对以长寿风险为保障内容的保险商品的需求大大增加了。

（2）人口的性别结构对保险需求的影响。性别差异决定生理上、特点上存在差异，从而引发保险需求内容的差异。例如，女性特有的妇科疾病（如乳腺癌、宫颈癌等）注定了它属于妇女的保险需求；男性就不存在这方面的保险需求。男性在投保决策上往往较为果断，决策时间短；女性则往往犹豫不决，决策时间长。

（3）人口的文化结构对保险需求的影响。文化是一定的社会成员所共同拥有的规范及其表现行为，如价值观、信仰、道德、习俗、生活方式等。文化对保险需求的影响主要表现为人们的投保意识、投保动机、投保态度等方面的差异。例如，在计划经济时期，由于国家和企业的"大包干"，人们的投保意识薄弱，对保险商品知之甚少。中国传统文化中"在家靠自己，出门靠朋友""远亲不如近邻"等思想也反映了人们缺乏保险意识，造成把投保看作一种储蓄而不是防范风险。有的地方由于宗教文化不同，把保险尤其是寿险看作一种不吉利的事情。

（4）人口的职业结构对保险需求的影响。任何一种职业都有自己的特殊风险，所以职业不同，对保险需求的种类和程度也不相同。从事风险性较高职业的人比从事风险性较低职业的人对某些保险险种的需求更大。例如，从事高空作业的建筑工人和电缆施工人员对意外伤害保险的需求远远超过在机关、事业单位的工作人员；工程师、设计师、律师、医生由于职业上的疏忽或过失行为为自己带来的风险远远高于其他职业，所以对职业责任保险的需求也远远高于其他职业。

（5）人口的地区结构对保险需求的影响。这一方面主要表现在人口的地区分布上。一般来说，人口集中的地区，保险需求量集中；反之，保险需求较为分散。在城镇地区，不仅人口集中，而且收入高，文化素质高，保险需求较大；在农村地区，人们收入相对较低，文化素质较低，保险需求则较小。

3.2.3 地区结构

1. 经济地带与保险需求

根据经济的发展水平程度不同，我国保险需求的经济地带大体上可以分为东部沿海发达地区、中部次发达地区和西部欠发达地区三部分。①东部沿海发达地区包括上海、北京、天津、江苏、广东、山东等，经济基础相对较好，经济技术发达程度高。加之多年的改革开放，坚持外向型经济，积极吸引外资，其综合经济实力得到进一步加强，工农业的生产总值占全国的比重最高。人们的收入水平高，文化素质高，保险意识强，保险需求相当集中，保险需求量极大。②中部次发达地区包括湖北、湖南、河南、安徽等省份，过去工业、农业发展落后，改革开放后国家加大了政府的投资力度，新建了一批大的重点骨干工矿企业，从而促进了该地区的经济发展。人们的收入水平有了提高，保险意识有所加强，保险需求有了大幅的提高。③西部欠发达地区包括新疆、青海、西藏、甘肃、内蒙古等西部内陆广大地区，该地区由于地理和历史原因，尽管地域辽阔，资源丰富，但人口稀少，交通不便，基础设施落后，生产力水平低下。近几年，尽管中央实施西部大开发，但要改变其贫穷落后的局面，尚需一些时日，所以西部地区保险需求远远低于全国平均水平。

2. 行政区划与保险需求

按行政区划分有省（直辖市）、市、县等。我国各地之间经济发展水平以及由此引发的保险需求差别甚大，省与省、市与市之间以及同一省区和各地区之间这种差别也很大。同属辽宁省，沈阳地区、大连地区同阜新地区、朝阳地区的保险需求相比，也绝非在同一等级线上。

3. 城乡与保险需求

我国政府虽然把消除城乡差别作为一项战略任务执行，但目前我国城乡差距依然很大，具体表现在三方面：①农民收入水平大大低于城市居民；②农民消费观念、消费方式陈旧落后，把许多钱花在造坟、建庙、丧葬嫁娶的灰色消费上；③农民保险意识淡薄，以烧香拜佛的方式祈求平安、借助朋友和邻居的互相帮助来解决意外事故，靠儿女养老。城乡的上述差别造成了他们保险需求量的差别，我国投保者绝大部分来源于城市。

3.2.4 社会保险

社会保险是指国家通过立法手段，在劳动者因年老、患病、工伤、失业、生育及死亡等原因，暂时或永久失去生活来源的时候，由社会给予一定物质帮助的社会保障制度。目前，我国的社会保险主要包括养老保险、失业保险、医疗保险、工伤保险、生育保险。

人们获得来自社会保险保障的收入或者可能享受的社会保险保障收入对其保险需求有替代影响。因为社会保险与商业保险中的人身保险的内容是基本一致的，可以把社会保险看作人身保险的替代品，社会保险的发展对人身保险的发展有一定的制约作用。因此一国实施社会保险制度的程度即社会保险的广度和深度，直接影响到个人人寿保险、医疗保险、人身意外伤害保险及第三者责任险保险的需求。由此可见，社会保险与人身保险是一种负相关的关系，社会保险的增加会导致人身保险的相对减少，抑制公众对人身保险的需求。

然而，现实中的社会保险对商业保险的影响毕竟是有限的。社会保险只为人们的最低生活需要提供保障，即使参加了社会保险的人们也有必要购买商业性保险，以使自己享受的保险保障更充分一些。例如，美国的社会医疗保障水平较低，居民购买医疗健康保险的需求就迫切。英国作为世界著名的福利国家，其平均退休金还不到原工资收入水平的四分之一，为了在退休后生活水平不至于严重下降，他们一般都从参加工作开始就为自己购买个人年金保险。我国的社会保险也存在着普及率低、保障程度低的情况，没有形成社会化，很多人尤其是广大的农民没有享受到社会保险的保障，购买商业性保险就成了他们必然的选择。

3.2.5 保险价格

保险价格即保险费率，保费＝保额×保险费率。同其他商品一样，保险产品自身的价格会影响人们对保险的需求，保险需求是保险价格的递减函数。就同一保险产品而言，价格越高，需求量就越小；反之，价格越低，需求量就越大。关于保险商品需求的价格决定现象，可以通过保险需求价格弹性系数来解释，其测定公式如下：

$$F=\frac{Q_1-Q_0}{Q_0} \Big/ \frac{P_1-P_0}{P_0}$$

式中：F——保险需求价格弹性系数；

Q_0——价格变动前的需求量；

Q_1——价格变动后的需求量；

P_0——变动前的价格；

P_1——变动后的价格。

决定保险需求价格弹性的因素有三个：①人们对保险商品的需求程度，需求程度越高，保险价格对保险需求量的影响就越小；②可替代保险职能的政府行为和商业行为，如社会福利、长期储蓄等，它们的发展与保险需求的价格弹性呈反向变化；③居民的货币收入水平，居民可能用于购买保险的货币量越多，则保险需求价格弹性系数越大。

保险需求价格弹性系数告诉我们，保险需求的价格弹性系数小于零，价格上升会引起需求减少，价格下降会引起需求增加；需求随价格的升高（降低）而减少（增加）的程度，视保险需求曲线的陡峭或平缓情况而定。但有两种特殊情况值得注意。

（1）完全缺乏弹性（即弹性系数为零），此时需求对价格反应呆滞。在保险市场上主要有三种表现形式：①政府强制保险不具有价格弹性；②保险完全由财政后备替代，财政后备产生于国有（或公有）财产概念和产品经济概念，其形式有核销冲账、税利减免、财政拨补等，如中国政府机关和事业单位财产损失补偿；③社会保障已完全满足需求，如中国大部分全民所有制劳动保险制度。

（2）完全弹性（即弹性系数无穷大），此时需求也对价格反应呆滞。这种情况主要发生在完全垄断型或寡头垄断型保险市场，特别是在完全垄断型保险市场，此时价格（垄断价格）一般比较稳定，不会因需求的变化而频繁调整。

就财产险而言，保费、保额及费率之间线性关系很明显，而寿险一般就不存在如此严格的线性关系。由于寿险保费中有相当部分是按货币储蓄方式来积存的，剔除这一部分后，其他部分应视为存在同样的线性关系。某些以储金形式缴纳保费的业务，其保费是储金的利息收入，这种利息与保额、费率之间是一种线性关系。对于寿险而言，其费率的决定因素中重要的是死亡率、利率和费用率等，其中利率对长期储蓄性的寿险业务影响尤为显著。

3.2.6 银行利率高低

保险与储蓄都是积累资金以解决以后的需要，特别是人身保险更具有储蓄功能。所以，保险与储蓄体现了一种可相互替代的关系。银行存款利率是储蓄本金到期计息取酬的尺度，是储蓄存款的价格。银行利率会直接影响保险需求，且两者呈反向变化：当银行存款利率提高时，利息增加，储蓄比保险划算，于是人们将钱存入银行，对保险需求减少；当银行存款利率降低时，利息减少，人们会减少储蓄而将资金用于购买保险或用于其他领域（如购买股票）。

综上所述，保险需求与银行利率的关系十分密切。这是因为人们的目标是一致的，那就是效用付出更少的成本，所以人们以既定的成本获取更大的效用，或者取得同样的效用付出更少的成本，所以人们总是在二者之间进行比较选择。由于保险与储蓄有极其相似的功能，二者可以互为替代，这样银行利率变化时人们就会拿保险和储蓄进行比较，作出或投保或储蓄的选择，从而影响保险需求。比如1996年连续两次调低利率，对中国寿险的发展和费率均有较大影响。当然，市场利率对非寿险业务费率也有重大影响。

3.3 准保户的保险需求

3.3.1 了解准保户最重视的需求

准保户最需要什么，每一位保险营销人员都想得到这个问题的答案。只有了解了准保户的需求，营销人员才能有的放矢地提出自己的建议，达到营销成功的目的。资深营销人员在销售保险时，销售的一定是准保户最需要的险种。

下面让我们看看美国资深人寿保险营销人员贝格成功营销的一个案例。这个案例告诉我们一个方法，那就是发现准保户最想要的东西，然后卖给他。

我（指美国超级人寿保险营销人员贝格，下同）有次去斯卡特公司求见斯卡特先生。他的儿子哈里问我："我父亲今天很忙，你是否事先约好了？"

"我没有事先约定，但他曾向敝公司函索一份资料，所以我亲自拜访。"

"喔，你选错了日子，现在已有三个人在他的办公室等着，而且……"这时斯卡特先生恰好经过我们身旁往仓库方向走去。

"爸！"他儿子叫他，"这位先生想要见你。"

"你想见我吗？年轻人。"老板回头望望我，就很快进仓库去了。

我跟进去，开始这场双方都站着的面谈：

我："斯卡特先生，我叫贝格，您向敝公司函索的资料，我现在给您带来了。"（我递给他一张表格，上面有他的签名。）

斯卡特（接过表格）："小伙子，我不想看什么资料，但我愿接受贵公司赠送的备忘录，你们写了几封信来，说受赠名单上有我的名字，所以我在表格上签名寄回给你们。"

我："斯卡特先生，这些小册子并没有带给我们什么生意，却使我们有机会跟别人讲述我们的经验。"

斯卡特："但我办公室还有三人等着我，我忙得很。何况，闲聊保险很浪费时间。我已经63岁了，几年以前就不再买保险了。我该尽的义务都尽了，孩子们也都长大自立，唯有太太和一个女儿跟我一块儿住，即使我有什么意外，她们也有足够的钱舒适地生活。"

我："斯卡特先生，像您这么成功的人，除了事业和家庭外，一定仍有其他的兴趣或抱负。也许是建一座医院，投入宗教工作，举办慈善活动，或其他有意义的事。您是否想过，万一您不在了，您的赞助也会随之停止？这不也意味着严重影响这些工作的进展，甚至因此终止？"

（他不回答，但我研究他的表情，确定我这一步棋走对了，他在等我说下去。）

（约20分钟之后，我被请进斯卡特先生的办公室。）

斯卡特："请再说一次你的名字。"

我："贝格。"

斯卡特："贝格先生，你刚才提到慈善事业。的确，我在国外建了三座教堂，我每年均投下巨资在这些我最重视的工作上。你刚才说到什么计划？它可以帮我支持这些工作，即使在我去世后。你又提到7年之后，我每年可以有5 000美元的收入，那我现在得花多少钱买保险呢？"

（我告诉他保险费后，他似乎吓了一跳。）

斯卡特："天哪！要那么多！"

我接着问他有关他在国外三座教堂的情况，他似乎津津乐道此事。我又问他是否亲自到该教堂参观过。他回答不曾去过，但他的一个儿子及儿媳负责尼加拉瓜的教堂工作，他打算今年秋天去探望他们。他还告诉我许多有关教堂的事情。

我仔细聆听，并问道："斯卡特先生，您到尼加拉瓜看您孩子的小家庭时，如果您告诉他们您已做了周详的安排，假如您遇到任何不测，他们每个月仍可收到一张支票以推进教堂工作，这么做您是不是很高兴？此外，写信告诉另外两个教堂同样的消息，不也非常快乐？"

他又提到保险费太高等令他犹豫的想法。我则提出更多问题引他思考，引导他谈其国外三座教堂未来的命运。他终于答应买保险，并立刻付了8 672美元的首期保费。

我走出办公室高兴异常。我把支票放在皮夹里，双手紧紧按住它，真担心回办公室前它会突然丢失。上帝，我有了这张价值8 672美元的支票。谁相信两年以前，我以为自己只配当船坞杂役呢？真的，这次交易是我生命中最大的鼓舞之一。我回到总公司后，才知道这笔生意竟是公司有史以来最大的一桩。

在这个例子中，贝格成功地营销了他所在公司有史以来最大的一笔保单。几周之后，贝格受邀请参加了波士顿举行的全国营销会议。下面是他在大会后的一段经历。

我在该会议中讲述完成这次交易的过程后，闻名全美的营销专家汉斯克先生前来与我握手，祝贺我这次的成功。他的年岁大我一倍，他告诉我的一些话正是与人交往的诀窍。

他说："我有点怀疑，不确定你是否真的明白自己为什么能做成这次买卖？"

我问他有何高见。

他的回答就是营销术的要诀："营销工作的秘诀就是发现别人想要什么，然后帮助他们实现愿望。你初与斯卡特先生面谈时，有点乱闯乱撞，恰好撞到他最渴望的事，接着谈及如何实现他的愿望，一再强调这点并问他许多这方面的问题，不让他忽略最想实现的事。如果你习惯运用这条法则，营销就变得很容易了。"

汉斯克先生说得对，我并没有明白自己为何做成那笔大交易。如果汉斯克先生没有分析给我听，我可能一直碰运气下去。我反复思索他的指点，才恍然大悟：以前拜访准保户时为什么不顺利，我似乎老在讨价还价，只做买卖，却忽略了准保户的愿望。

发现这以前从未注意过的要诀后，我恨不得立刻返回费城运用它。我更仔细地回顾与汉斯克的谈话内容和他的指点。

从上述例子中，我们可以得出这样的结论：发现准保户需要的商品，然后卖给他，这是保险营销成功的关键。

3.3.2 发现准保户最重视需求的方法

1. 经验无价

营销人员在营销的过程中，会遇到各种各样的人、各种各样的情形，营销人员在解决这些事情的同时，一个重要的工作就是要善于总结经验教训。让我们接着看看下面这个关于运用营销经验成功营销的案例。

在波士顿营销会议中得到汉斯克先生的指点，贝格受益匪浅，业绩确实大有提高，但仍碰到许多难以解决的问题。

第二年，贝格又去波士顿参加营销会议。他得到一位来自纽约市、名叫霍尔的资深营销专家的指点，贝格茅塞顿开。这位资深营销人员虽已退休多年，但是他的业绩依然保持最高，尚无人打破他保持的纪录。

霍尔先生的应对方式真是精彩至极，他以问问题的方式应接准保户的意见。他并不想说服反对者承认其错误，他不断地提出问题，累积准保户的对答，归纳出正确的结论。霍尔先生介绍说，他丝毫不想影响别人的想法或说服他人，他一连串的问题只为达到一个目的：帮助别人整理其愿望，并帮助他实现愿望。

下面是许多营销人员要求霍尔先生解决的问题，具体内容如下。

有位听众提出一个一般营销人员最难克服的问题："我还没法决定要不要买。"

霍尔先生回答："我的工作即在帮助准保户下决心，所以不会有'要不要''是不是'的问题……"他接着以问句方式总结这个问题。

"我需要考虑考虑再决定。"这是另一个棘手的推辞。

"我正在想你还需考虑……"霍尔先生回答，"你可不用再考虑……"霍尔先生绕过这推辞者的问题，以便帮助他找出还需再考虑什么因素。

贝格先生在听了霍尔的一些方法后就有过一次成功的尝试。下面是贝格先生的一段自述。

在听过霍尔先生的一席话后，没隔多久，有位朋友来电话通知我，有位纽约市的巨商打算购买25万美元的人寿保险，他问我是否有兴趣一试。

"我当然有兴趣，可否请你替我安排会面的机会？"后来他告诉我，时间定在第二天上午10:45。

我先坐在桌前思索如何着手，霍尔先生的话犹在耳畔，于是我准备了一连串的问题。起初半个小时，我的思绪绕不出来，但逐渐地，有些问题油然而生。这些疑问可帮助这位巨商具体化他的愿望，也可帮助他做决定。我总共花了两个多小时，后来一共写下14个问题，我依顺序排列它们。

第二天早上，我搭火车前往纽约市，在车上我反复审视这些问题，我想好好把握这个机会。面谈之前，我打电话给纽约市最有名的医疗保健师，替这位潜在保户预约到他那儿做医疗检查。

我到准保户的办公室门外时，听见他的秘书通报："布斯先生，有位贝格先生从费城来访，他说你们约好在上午10:45见面。"

布斯："是的，请他进来。"

我："布斯先生，您好。"

布斯："你好，贝格先生，请坐。（布斯和我都在等对方先开口）贝格先生，恐怕你会浪费时间而无结果。"

我："为什么？"

布斯（指着他桌上一叠保险计划书）："我已打算购买纽约三大保险公司之一的保险。这三家公司的经理都是我的朋友，其中有一位和我的私交非常好，另一位是我每周一的高尔夫球友，他经营的是纽约人寿保险公司，你一定听过这家公司的大名吧！"

我："的确是世界一流的公司。"

布斯："既然如此，贝格先生，如果你仍想介绍贵公司的服务，替我这46岁的男子做保险以达成25万美元的交易，就留下你的保险计划书。也许两三个星期后，我才决定投保哪一家公司。如果贵公司的计划最合我意，费用最低廉，我会考虑的。但坦白地说，我想你不必浪费时间了。"

我："布斯先生，如果您是我的兄弟，我很想告诉您一些重要的话。"

布斯："什么话？"

我："我对保险这一行颇熟悉，所以如果您是我的兄弟，我建议您把这些计划书都丢到废纸篓去。"

我："拟一份保险计划书，必须由专业的保险精算师处理。而培养一位专业保险精算师，需7年的时间。现在您即使选了一家收费最低廉的公司，5年之后，这家公司也必然会在高收费公司之列。的确，您现在考虑的保险公司都属于世界一流的。您可以把他们提供的计划书摊放在桌上，闭眼随便一指，挑中的公司跟您考虑两三周后而选出的公司都差不多。我的工作是帮您做决定，所以想先问几个问题，可以吗？"

布斯："请说。"

我："据我所知，贵公司正准备扩大营业，所以打算贷款25万美元。但若贷款，资方希望您投保25万美元的人寿保险，对不对？"

布斯："没错。"

我："换句话说，布斯先生，只要您健在，资方对您信心十足；但如果没有您，他们无法相信您的公司能维持下去，是不是？"

布斯："是的。"

我："所以您应立刻投保人寿保险，把风险转由保险公司承担是刻不容缓的事情。想想看，如果您半夜醒来，突然想到您的工厂的火险已于昨天到期，您会不会忐忑不安，担心工厂若发生意外火灾怎么办？也许接下来的夜晚，您都无法入眠。第二天一早，您就急着打电话给经纪人，请他立刻保护您的财产，对不对？"

布斯："的确。"

我："您投保人寿保险一事，恰如您重视工厂投保火险一样。既然人有旦夕祸福，而您还未投保，资方可能因此减少或拒绝贷款给贵公司。"

布斯："这我不知道，但很有可能。"

我："我今早已替您想到这些，其他人没办法在今早替您安排好。布斯先生，立刻接受健康检查对您非常重要。假如您下午打电话给其他保险公司的经纪人，要他们立刻着手安排，他们所做的第一件事是打电话给老朋友，而他也许只是普通的检验师，然后被请到您的办公室替您做健康检查，当晚您的健康报告即可寄出去给资方参考。然而，投资公司的指导师绝不会敷衍核准,因事关 25 万美元的风险,他必然要求更精确的检验。这么一来,延缓了集资的速度。您愿意浪费这些时间吗?"

布斯:"我身体还蛮健康呀。"

我:"如果您有天早晨醒来,忽然发觉喉咙有点痛哑,想休息几周,这时您提到的几家保险公司会这么说:'布斯先生,您很快就会康复,只不过您目前的病症有新的发展,所以我们得请您暂停投保三四个月,直到确定您的病是暂时性或长期性的。'届时您不得不向您的资方坦白您的保险暂停一事,而他们很可能也停止其投资,是不是?"

布斯:"很有可能。"

我(看着手表):"布斯先生,现在是 11:10,如果我们即刻出发,就能在 11:30 抵达卡立医生的诊所。布斯先生,您看起来精神非常好,如果您的身体恰和外表一般健康,您何不在 48 小时内决定购买这个保险?您会觉得很好吧!"

布斯:"是的,我觉得很好。"

我:"那为何不现在就去做个检查,做好保健维持下去?"

布斯:"贝格先生,你代表谁呀?"

我:"代表您。"

布斯(陷入沉思。点燃香烟,几秒后他从椅子上站起来,走向窗旁,再走到帽架旁拿下帽子,转身望着我):"走吧。"

我走出医生的诊所,检验结果尽如人意,布斯先生成了我的好友,他坚持请我吃午饭。正在用餐时,他注视着我,开始笑起来:"对了,你到底代表哪一家保险公司?"

我针对这几个要点开展谈话,因此才击败其他几大保险公司,赢得这场竞争。各位不妨听那天午餐时布斯先生说的话。

"我那几个保险公司的朋友一定会非常诧异。他们已经催促我好几周了,但他们只会互相贬低其他公司,强调自己公司的保险费用最低廉,你却从未批评其他公司。而且,从你这儿,我了解到我若犹豫下去的后果。"他笑了笑,继续说:"实际上,想到可能失掉那笔投资金额时,我简直吓呆了,所以决定先做好身体检查再去吃午餐。"

2. 摸清准保户最重视需求的具体方法

了解准保户,首先要从相貌、职业、性格着手,其次具体了解准保户的所有信息,因此摸清准保户最重视需求的具体方法是营销人员一系列方法的综合运用。它是营销人员成功营销的重要因素,也是营销成功与否的前提条件。下面让我们看看贝格先生的具体做法。

(1) 事前充分准备。
(2) 精心设计问题。
(3) 引起准保户的注意。
(4) 利用恐惧心理。
(5) 使准保户产生信任。
(6) 对竞争对手的赞美。
(7) 对准保户的赞美。
(8) 多使用敬语。
(9) 活学活用。

了解准保户需求的方法很多，在使用时要做到活学活用。举例如下。

某天，有位青商会的学员罗塞尔跑来告诉弗兰克："弗兰克先生，我从你那儿学来一句精短的答语，昨天这句话帮我销售了一货车的石油。"弗兰克请他说出事情始末。

昨天，罗塞尔打电话给他的一位客户，说道："今早我提供您特别的服务，这是其他人无法替您设想到的。"

"什么服务？"这位客户很诧异地问。

"我可供应您一货车的石油。"

"不必。"

"为什么？"

"我没有地方放呀。"

"杜先生，假如您是我的兄弟，我很想告诉您一些重要的话。"

"现在就买下这些石油。因货源即将短缺，到时您可能就无法买到您所需要的油料，何况不久它的价钱将暴涨。"

"不用，的确没地方储藏。"

"何不租个仓库？"罗塞尔建议。

"不，我看算了吧。"那天稍晚，罗塞尔回到办公室时，办公桌上有张留言条请他回电话给一位杜先生。于是，罗塞尔拿起听筒打电话，听到对方说："我已租旧车库，用以储存石油，请你送一货车的石油。"

3.3.3 引导准保户发现自己的需求

仅仅了解了准保户的需求并不一定能达到营销成功的目的。作为训练有素的保险营销人员，在了解了准保户的需求后，就应当将工作重点放在让准保户清楚地意识到自己的需求从而产生购买相关保险的动机，即帮助准保户发现自己的需要。

投保人对保险需求的认识是通过外界和内在的刺激完成的。如一个企业目睹了另一个企业遭受火灾后的损失以及火灾对其生产所造成的一系列恶果，便会产生期望自身企业能够得到完全保障的需求或使企业在受损后得到经济补偿的需求。这就是该企业在外界刺激下所产生的需求。又如，一个个体劳动者，他会面临年老丧失劳动力后失去经济来源的风险，因此，他会有使自己的养老问题得以解决的需求。这就是人们在内在的刺激下而产生的需求。

一般情况下，可以采用提问题的方式帮投保人认识到自己的需求，具体分三步进行。

1. 运用事实问句发现问题

运用事实问句时，所使用的事实问句越明确越好，并且注意礼貌。通常越客气地请教越容易得到真相。

（1）提出准保户自己尚未察觉的问题（家庭生活费、医疗费、养老金……）。

（2）提出问题产生后必要的费用（依其需求，算出数字）。

（3）提出问题产生的真相。

（4）提出问题产生后需要的详细费用。

2. 运用感觉问句引导问题

运用感觉问句时，注意在准保户陈述时，要试着去理解他的想法，用他的情绪体会他的现状，以同准保户相同的心态来回答。

(1) 提请准保户注意"这是个该着手解决的问题"。
(2) 询问准保户对这些问题的看法。
(3) 询问准保户对这些问题的感觉。

3. 导入需求，解决问题

(1) 询问准保户针对这些问题的解决办法。
(2) 询问准保户是否规划了解决方案。
(3) 询问准保户是否满足了他的需求。
(4) 询问准保户所能付出的费用。
(5) 询问准保户是否能够独立解决问题。

> **情景演练**
>
> ### 如何询问客户的投保需求
>
> **情景解析**
>
> 保险营销人员的工作目的是给客户推销最适合的保险。所谓最适合的保险，是指能够满足客户最迫切的需求的保险。因此，要想达成签单目标，保险营销人员就要发掘客户最迫切的需求，积极发挥主动性，引导客户说出自己的需求，并深入了解客户的经济情况。
>
> 在这一方面，保险营销人员要帮助客户分析，一个家庭要想稳定地维持下去，需要维持哪些近期保障和远期保障，通过客户对这些保障的态度和反应，判断客户的需求。
>
> 保险是为了解决风险而存在的，因此保险营销人员要找出客户在风险方面的症结，从而制订出相应的方案。保险营销人员要通过提问让客户知道，没有保险就意味着在遇到意外情况时失去了保障，通过这种方法让客户产生忧患意识，从而引导其寻求解决方案，这样保险营销人员就抓住了推销保险的机会。
>
> 引导客户的保险需求有着"起、承、转、合"四个过程。保险营销人员只要依用这四个过程，保险的销售会顺利很多。
>
> 起——从客户现状出发，进行有目的的提问，问题尽量明确、易答。
>
> 承——发现客户现状、存在或者尚未察觉与思考的问题，并提出这些问题导致的费用。
>
> 转——询问客户是否已经规划好解决问题的方案，引导客户分析问题以及发现后果，激发客户本能购买欲望。
>
> 合——提出解决问题的方案，切入保险方案。
>
> 处于不同的人生阶段，客户对保险需求的侧重点也不同。保险营销人员应该按照客户群体的年龄及需求来设计保险产品，参考相应年龄层客户普遍适应的险种，从而为客户提供合理科学的投保建议。

实战强化训练

保险营销人员:"张先生,您能否告诉我每月的支出是多少?"

客户:"差不多一个月花费 4 000 元。"

保险营销人员:"照您目前的花费来看,您每月的工资还有很大的结余,是吧?"

客户:"是的。"

保险营销人员:"您现在对自己购买保险意愿不足,我想很大可能是因为不担心自己应对危机的能力,是吗?"

客户:"对啊,以我目前的收入水平,一般不用担心出什么事。"

保险营销人员:"我十分佩服您的勇气和自信。不过,与其自己去应对困境,倒不如让保险公司帮助您应对困境。按您现在的年龄,您的父母已经高龄,再过一两年,等您的孩子出生,那个时候您的经济压力会变大。如果那个时候再想买保险,可能买保险的钱已经被用于其他用途了。万一有什么意外情况发生,那应对起来就困难多了。"

客户:"这……"

保险营销人员:"不怕一万,就怕万一。风险发生的概率是很小,但一旦发生,结果真的超乎我们的想象。您现在已经成家立业,是时候购买保险了。您应当为即将出生的孩子和您的父母准备好保障。您要知道,您投保的钱不仅不会贬值,还会不断增值,让您获得更多收益,您觉得怎么样?"

客户:"你说得倒是不错,我是该为孩子和父母的保障做准备,但我不知道该如何做。"

保险营销人员:"我觉得您应该为自己投保一份终身寿险,为孩子购买一份教育基金。等到了一定时间,就可以享受保险带来的收益了;如果发生什么不测,父母和孩子的生活也会有经济补偿。您看如何呢?"

客户:"还是不错的。这样就相当于你们公司为我制订了一个财务计划,以后不会因为意外事件而耽误孩子和父母的生活了。"

保险营销人员:"对啊,我们的保险产品就是出于这样的设想。"

金牌技巧点拨

在掌握客户的收支情况后,保险营销人员要引导客户认识到当下的保险需求,更多地思考未来时间内自己应该如何规划生活,如何才能确保无后顾之忧。

复习思考题

一、概念题

需求 潜在需求 保险需求的周期性

二、选择题

1. 投保人可以选择甲保险公司,也可以选择乙保险公司,这属于(   )。

   A. 保险公司的选择

   B. 保险商品品种的选择

   C. 保险商品价格的选择

D. 保险商品购买数量的选择
2. 构成保险需求的客观条件有三个方面，即（　　）。
   A. 灾害事故是客观存在的，有风险才有保
   B. 风险的发生必然会造成较大的损害后果，从而使保险变得必要
   C. 必须有同类的风险大量存在，从而使保险经营成为可能
   D. 保险心理障碍使客观的保险需求难以变成现实的保险需求
3. 利润、股息、红利等保险需求属于（　　）。
   A. 财产安全保险需求
   B. 收益安全保险需求
   C. 责任安全保险需求
   D. 信用安全保险需求
4. 我国公民的保险意识还不强，其中许多人对保险存在错误认识，表现在（　　）。
   A. 认为保险公司的保险业务无非是赚钱的一种行为，购买保险占不了便宜
   B. 抱侥幸心理，认为只要自己小心防范，风险就不会发生在自己身上
   C. 认为保险公司不可靠，对其充满怀疑
   D. 认为把钱存到银行比购买保险更划算等

三、简答题
1. 简述我国现实中保险需求的表现形态。
2. 简述保险需求的特征。
3. 简述如何采用提问题的方式帮投保人认识到自己保险需求的步骤。
4. 简述营销保险需求的因素。
5. 简述保险需求的层次。
6. 简述人口结构对保险需求的影响。

第4章 准保户的开发与管理

思政目标：
学习党的二十大报告中"健全覆盖全民、统筹城乡、公平统一、安全规范、可持续的多层次社会保障体系"，做好准保户的开发与管理，为建设多层次的社会保障体系贡献力量。

学习目标：
1. 了解准保户的含义和准保户的开发方法；
2. 掌握准保户的促成技巧；
3. 通晓应对顾客拒绝的方法。

4.1 准保户开发

4.1.1 准保户的含义

寻找准保户是保险营销的第一个环节，也是营销工作的关键和基础。因为准保户就是营销的对象。准保户的质量高低与数量多少，直接影响营销人员的个人业绩与自身收入，也会间接影响到保险业的发展速度。因此，每个营销人员都要重视并随时开展寻找准保户的工作，并建立一支庞大的准保户队伍。

在保险营销活动中，保户、准保户、顾客是我们必须明确和掌握的三个名词概念。

保户通常也称为客户，是指已购买保险商品并享受保险公司服务的单位或个人。保户既是保险公司经营的基础，也是提供服务的对象。

准保户通常也叫准客户，是指具有投保条件但尚未购买保险的单位或个人。准保户是营销人员寻找和推销保险的工作对象，也是大力发展保险事业的潜力所在、希望所在。

顾客则是指与保险公司、保险代理人或营销人员有业务往来或者联系的单位与个人。也就是说，顾客既可能是保户，也可能是准保户或非准保户，但大多数是指准保户。

合格的准保户应同时具备以下三个基本条件和三个辅助条件，否则为不合格准保户，有待以后培养考察。

1. 三个基本条件

1) 有保险需求

一般来说，绝大多数人都有潜在的保险需求，只不过没有觉察到保险的紧迫性罢了。只要营销人员能及时加以宣传引导，指出其面临的风险，就能引发其兴趣，进而产生保险需求。而有了风险意识和保险需求欲望，就会产生购买动机，给保险企业带来营销机会；否则，再好的产品他也不会买。

一般而言，有保险需求的人都可以成为保户，大体有以下几类。

（1）经商者。这类人有着丰厚的收入，但不能保证日后仍然是财源滚滚。他们可能会在年轻力壮能挣大钱的时候购买保险，以便为家人保存资产。

（2）年逾40岁者。这类人可能购买保险，以筹措养老资金，或者保障家人在主要财务来源者身故后能维持生活。

（3）新婚夫妇。这类人可能需要购买保险，以便万一自己遭遇不幸时能保障心爱之人的幸福生活。

（4）初为父母。这类人有可能需要购买保险，可以给孩子一份永恒的爱心，为孩子的将来铺路架桥，留下一笔可观的教育费、婚嫁费。

上面介绍的是一般情况，其实保险是回报大于投资的事，只要观念上能够接受，任何人都应该拥有它。

2）有投保的资格

这是指准保户及其投保的财产或者人身必须符合保险投保的有关条件。投保条件通常因投保险种不同而略有不同。在投保财产保险时，最根本的条件就是投保人必须对投保财产具有一定的经济利益。在投保人身保险时，不仅要求投保人对被保险人有经济利害关系（即保险利益），而且要求被保险人身体健康。此外，在不同险种中，对投保资格还有一些具体规定。一个理想的准保户，应当符合有关险种规定的投保资格。

3）经济条件较好，有缴付保费的能力

保险是一种比较昂贵的特殊商品，要购买它就需要有较好的经济条件，要有购买能力，即要有一次缴清或者连续缴付保险费的能力。如果单位或个人的经济基础差，没有缴付保险费的能力，营销人员再努力也不会成交。因此，作为保险消费主体的准保户，应是经济条件较好的单位及收入比较稳定的个人。

基本条件是准保户必须具备的根本条件，三个条件缺一不可，否则即为不合格保户。辅助条件则是依附于基本条件的非原则性条件，且随时可能发生变化。但辅助条件会直接影响到准保户能否转化为保户，即关系到推销工作的成败及效率。

2. 三个辅助条件

1）有投保决策权

在营销中应注意寻找有决策权的准保户，这样会少走弯路，提高营销效率。应该说，每个人都需要保险，特别是人寿保险。但并不是每个人都会购买人寿保险，除了有购买人寿保险的需要，他必须是有决定权的人。观察一下保险购买过程，就不难发现常常会有这种现象：保险的决策者、购买者、使用者、影响决策者往往不是同一人。

以少儿保险为例，爸爸可能是决策者，妈妈可能是购买者，儿子是保险的受益者。这里的爸爸是决策者,是有决定权的人,也正是营销人员要找的对象。

2) 有责任感

购买保险是社会责任感和家庭责任感的一种表现。准保户若有社会责任感或家庭责任感,必然会有购买保险的兴趣,进而达成交易;反之,一个对单位及家庭没一点责任感的决策者,必然会拒绝购买保险,营销人员应寻找适当时机启发引导之。

3) 有接洽的机会

保险营销是在与顾客接触洽谈中开始的。即使有些顾客具备了上述的几个条件,但若无法拜访、接近,就不可能有收获。因此,一个完全合格的准保户还应有接洽的机会。

阅读资料

找对了顾客,推销就成功了一半

一位保险营销人员去拜访一家顾客,这家太太对他说:"我经常有100万美元左右可以自由使用,我先生忙于外事,无暇顾及家中理财事宜,便由我来做主购买一份可以有丰厚回报的理财保险。"这位保险营销人员一听喜上眉梢,便三番五次地前来拜访。一次他们正在谈话,有人敲门要收购酒瓶,这位太太便搬出了一大堆空酒瓶,保险营销人员却发现尽是一些普通的酒瓶,不禁心中生疑。既然他家这么有钱,怎么总是喝普通的酒呢?果然,偶碰其夫,当保险营销人员谈及保险时,其夫很是惊讶:"哪有这事,我们刚刚解决温饱问题,哪有闲钱买什么理财保险啊!"

这位保险营销人员就是没有找对客户,如果不是男主人点醒他,那么他再跑一年也不会推销成功。一位推销大师说:"找到了顾客,推销就成功了一半。"实践证明,能否正确选择推销对象,直接决定着营销人员的成败。

4.1.2 准保户的开发

寻找和开发准保户是一项重要而艰巨的工作。

推销保险商品的一项基础性工作是寻找和接近准保户。准保户就是与营销人员建立了联系并有可能参加保险的顾客。一般符合以下几个条件的人才能成为准保户:存在保险需求,有比较满意的职业和收入,能够支付保险费,身体健康状况符合承保的条件,对亲人有爱心,对家庭有责任感,比较易于接近。

一般而言,开拓准保户的途径有以下几个方面。

1. 介绍开拓

就是请已经投保的客户用口头或书面的形式介绍新顾客。由于是朋友或熟人介绍,被当面拒绝的可能性小,可以争取更多的签单机会。

阅读资料

让你的客户帮你介绍客户

保险营销人员:石先生,我在保险行业已经工作了许多年,您是我非常重要的客户之一。这些年我的客户已经累计有500多名了，刚开始客户比较少的时候，我常常亲自去做陌生拜访，包括您，当初也是我陌生拜访时认识的，现在想起来真是有缘分。

石先生：是啊！当初要不是你执着地让我买保险，恐怕到现在我也没有那么多保障啊。这些年还要多谢谢你经常关心我。你刚才说你已经有500多位客户，了不起啊！不过，如果为这500多位客户服务，都像对我这样，你也太辛苦了。

保险营销人员：辛苦一点是应该的，只是时间有些不够用。我要是回访老客户，就会影响新客户的开拓。不过也没有关系，我回访老客户的过程中，老客户经常会给我介绍他们的朋友让我认识。很多人都需要保险，只是不知道找什么样的人咨询，正好我可以帮助他们，一来是朋友介绍的，他们都放心；二来我见他们第一句话就说我是来给朋友帮忙的，买不买保险自己决定，这样，对方就没有任何压力了。石先生，如果您有朋友也可以介绍给我，我一定会像对您一样，为您的朋友提供服务，也算您对我工作的支持。

石先生：明天你来一趟，今天晚上我给你推广一下。明天或许给你提供几个朋友的电话和名单，你去找他们谈谈。

保险营销人员：谢谢石先生。

成功的营销人员都有成功的秘诀，那就是不断向客户寻求转介绍业务。有人说，做保险营销只要有前10个客户，再做好服务，业务渠道就算打开了。这句话不完全对。客户感激营销人员的售后服务，可以有多种表达方式。帮忙推荐客户算是一种，但是关键还要看营销人员如何引导，有时对方可能根本没有介绍客户的意识。因此，营销人员应该主动寻求客户介绍业务，并把它作为一项重要工作来做。

如何向客户寻求转介绍业务呢？通常可以用"请您给我介绍几个熟悉的朋友"或"能否给我介绍一下×××先生"。一旦与被介绍人成功见面后，就要对介绍人表示感谢，无论推销是否成功都应该做到这一点。如果推销成功后，一定给介绍人送些小礼品，以便于再次请求对方的帮助。

请求客户转介绍也要掌握好时机，才能水到渠成。通常有以下几种情况可以顺利达成。

（1）促成保单之后，客户在处于营销人员所营造的兴奋气氛中，只要顺其自然地要求转介绍，客户一般都会把朋友介绍过来。

（2）递交保单时，已经成功地做了一份业务，此时客户对营销人员的信任度很高。

（3）送理赔金时，是营销人员兑现诺言的实际表现，相信这时候客户也很满意，所以千万不要错过这个有利的机会。

（4）计划书送出后，说明客户对保险并不是十分反感，只是还有一些客观问题影响而已。如果营销人员从头到尾的服务都很好，客户会觉得有些对不起，这时候要求转介绍，成功率也很高。

（5）销售面谈不成功的时候，向客户要求转介绍，不但能检测客户是否满意自己的服务，而且也是实现自己劳动价值的另外一种方式。

2. 直接开拓

直接开拓也就是陌生拜访，保险营销人员为扩展新的顾客，还要敢于挑战自我，勇敢地直接向陌生人推销保险。可以采取比较策略的方法，如资料查阅法；保险营销人员可以通过报纸上的人物专访、企业家名录、同学会、同乡会等，查阅准保户的有关信息；保险营销人员也可以直接对商铺挨家挨户地拜访，凭借个人敏锐的观察力，收集交通工具上、娱乐场所中的一切线索，开拓准保户。

阅读资料

在日常生活中发现准保户

一年夏天，齐藤竹之助参加了公司组织的旅游活动，乘火车前往上山田温泉。上火车后，他发现对面坐着一位三十几岁的女士，带着两个小孩，大的有五六岁，小的约三岁。

职业习惯让齐藤竹之助判断，这位女士一定是位家庭妇女。他心里想，今天真是太幸运了，从小孩到大人的保险都有做成的希望。

由于座位挨在一起，齐藤竹之助趁火车在熊谷站停靠之机，买了熊谷特产"五家宝"，很礼貌地赠送给这位女士。以此为契机，齐藤竹之助与她聊起了家常，谈到小孩的学费和她先生的工作等。

女士对齐藤竹之助说："我们打算在轻井车站住一晚，第二天再乘轻铁去草津。"由于话题是避暑胜地，现在又是盛夏，自然而然地聊到度假的人特别多，各家旅店都是人满为患。齐藤竹之助说："我比较熟悉轻井，如果你不介意的话，我可以帮助你找个旅馆。"

女士听后十分高兴，非常感谢齐藤竹之助，她把家里的地址和先生的姓名都告诉了齐藤竹之助，希望他有空到家里做客。

两周后，齐藤竹之助主动登门拜访。女士的先生十分感谢齐藤竹之助的帮助，并且与齐藤竹之助成了好朋友。最后，他们全家都成了齐藤竹之助的客户。

注：齐藤竹之助在1919年毕业于日本庆应大学经济系，同年进入日本三井物产公司，后任三井总公司参事，1950年退休。1951年，57岁的齐藤竹之助为了偿还重债，成为朝日生命保险公司的营销人员。1959年7月，是朝日保险公司的成立纪念日，齐藤竹之助全力以赴，第一次实现了1.4亿日元的月销售额。其后，当年11月又创造了2.8亿日元的新纪录，也是在这一年，他登上日本第一营销额的宝座，成为日本首席营销人员。1963年，他的推销额高达12.26亿日元，成为美国MDRT（the million dollar round table，百万圆桌协会）协会的会员。随后四年中，他作为唯一的亚洲代表，连续四次出席MDRT协会举办的例会，并被该协会认定为终身会员。1965年，他完成了4 988份合同的签订任务，终于成了世界首席营销人员。这一年，他已72岁高龄。他认为，"只要干，就能成功。"靠坚定信念而焕发斗志，动脑筋，想办法，不断创新，顽强地使推销获得成功，就一定能成为优秀的保险营销人员。

3. 缘故开拓

从熟悉的人开始，利用人际关系寻找准保户。熟悉的人容易产生信任感，容易就保险内容进行沟通。可以利用亲属关系、老师同学、挚交好友、复员战友、街坊邻居、生意伙伴、以前的同事等，广泛开拓准保户。

阅读资料

建立影响力中心拓展客户

小兰是一位寿险代理人，最近客户拓展工作处于停滞状态，她非常苦恼。后来经好朋友介绍,认识了一家知名外企搞预算的准保户王大姐,她收入颇丰,为人爽快,善于交际,朋友有什么难事都爱找她帮忙。于是,小兰有意识地接近她,并成功地使她成为客户。

后来,通过她介绍,小兰认识了另外五位高收入的客户,这些人又都是某公司的骨干力量。小兰的工作重新回到了良性循环的轨道上,业务越做越好,被评为当年的"五星级业务能手"。

4. 建立影响力中心

通过转介绍,既可以避免陌生拜访带来的心理压力和受挫体验,又能积累新客户。转介绍来的客户再介绍新客户,周而复始,准保户源源不断,就可以无限发展下去。如何建立影响力中心呢?

首先,要赢得自己亲朋好友的认同,让他们先成为自己的客户。亲戚朋友是最亲近的人,相互之间的信任无可替代。但是要注意用专业素质和良好技巧赢得他们的认同;否则即使他们成为客户,也不能成为影响力中心,也不会进行转介绍。

其次,影响力中心可以提供大量的潜在客户资源,所以要在客户群众中建立口碑。客户是最优秀的宣传员,他们购买了推荐的险种和组合,就是认同管理保险公司和保险营销人员。碰到有投保意向的亲戚朋友,他们就会进行推荐。

最后,要寻找特征客户。

(1) 精打细算的人。与他们保持联络,提供优质服务,他们便成了影响力中心。而由他们向周围的人谈起保险,就非常有说服力。

(2) 有主见、有威信、有诚信的人。他们购买保险能起到非常好的广告效应。

(3) 人缘好、善于交际、朋友较多的客户。通过这类客户,可以认识更多的准保户。

(4) 街道居委会、生活小区的物业管理机构。他们和居住区内的家家户户都有着联系,通过他们可以接近希望拜访的准保户,甚至可以说服他们向辖区住户做宣传。

保险营销人员的业绩取决于准保户的多少。一个欲成大业的营销人员,必须长期建立和保持一支稳定增长的准保户队伍,否则其营销事业就不会兴旺发达。可采取如下方法达到准保户队伍的稳定增长。

(1) 制定准保户增长的长期目标,并及时落到实处。凡事应有计划、有目标,开发准保户也是一样,应事先制订寻找计划与目标。保险营销人员每天除了按时拜访准保户外,还应按计划目标,通过各种渠道获得一定量的准保户名单。

(2) 不断培养寻找、发掘准保户的能力。寻找、发掘准保户是保险营销人员应学习的基本功。不但要找准路子,注意方法和侧重点,还须经常学习和借鉴好的方法、经验,不断培养各种兴趣、爱好,提高寻找发掘准保户的观察能力。这种观察鉴别力是多年经验的积累,是不断培养锻炼的结果。实践证明,保险营销人员与顾客的共同点越多,对保险达成共识的可能性就越大。只有搞好调查研究,提高观察力,才能根据顾客的想法和动机,寻到更多的准保户,进而对号推销,取得最佳效果。

(3) 保持热情,养成随时寻找准保户的习惯。在日常生活中,准保户无时不在、无处不有。只要营销人员能始终保持旺盛的热情,随时观察,处处留意,就会发现许多准保户,取得很多推销机会。正如"推销之神"原一平所述的:"营销人员必须随时处于战备状态中。

就像一座灵敏度极高的雷达,不论走路、搭车、驾车、购物、读书,还是交谈时,都应随时随地注意别人的一举一动,仔细聆听别人的谈话。有时在电车内,坐在你身旁的人可能是绝好的准保户;有时在理发厅内,会听到一句珍贵的线索;有时在与别人的交谈中,会获得宝贵的调查资料。"

4.2 促成技巧

4.2.1 创造促成的条件

简单地说,促成就是促使顾客接受保险营销人员的投保建议,在投保书上签上名。这是整个推销环节的最后一刻,此前保险营销人员的种种努力包括寻找客户、不断接触、说明、处理拒绝等,都是为了这一刻的早日到来。

4.2.2 识别顾客的购买信号

很多时候,即使保险营销人员的营销工作让顾客很满意,顾客也往往不会主动明确地提出成交要求。出于对付费的敏感和对无形的保险产品购买风险的压力,顾客往往会"隐瞒"其购买想法,购买意愿也往往会透过不经意间的一些动作表现出来,此时是运用促成技巧非常适宜的时机。这就需要保险营销人员细心观察、用心捕捉这种时刻,在交流过程中不仅要听其言,还要观其行。

1. 语言购买信号

顾客询问产品的相关问题或者是对产品挑剔、讨价还价都是发出的购买信号。在购买保险时顾客常问的问题主要有购买方式、可靠性、公司实力等。具体包括以下这些情况。

(1) 顾客询问保险交费金额、交费办法、保障内容、售后服务等问题。
(2) 顾客要与其他公司做比较时。
(3) 顾客询问佣金时。
(4) 顾客就费用问题讨价还价时。
(5) 顾客询问体检方法时。
(6) 顾客询问住址变更方法时。
(7) 顾客询问别人的投保情形的时候。

2. 肢体语言购买信号

姿态和动作语言所传递的信息是真实可信的。古人说过"此时无声胜有声",人们通过姿势、动作等无声的语言传递的信息,有时可以代替甚至超过有声语言所起的作用。

肢体语言包括身体动作、手势、面部表情等。

1）顾客的眼神有所变化

"眼睛是心灵的窗口",眼神可以传递人内心的想法。"人的眼睛和舌头所说的话一样多,不需要词典,却能从眼睛的语言中了解整个世界。"这是爱默生①关于眼睛的一段精辟论述。眼睛具有反映人们深层心理的功能,其动作、神情、状态是最明确的情感表现。眼睛传递的信息既有积极的也有消极的,保险营销人员需要观察顾客的眼神及其变化,从中捕捉购买信号。

（1）当谈话很投机时,顾客的眼神会闪闪发光。
（2）顾客觉得谈话索然无味时,眼神会呆滞黯淡。
（3）顾客三心二意时,眼神会飘忽不定。
（4）顾客不耐烦时,眼神心不在焉。
（5）顾客沉思时,眼神会凝住不动。
（6）顾客作出某一决定时,眼神会坚定不移。

另外,随着顾客的眼神变化,谈话也会跟着变化,如声音的高低、快慢、语调等。这些也能透露客户的购买意愿。

2）顾客态度行为有所改变

顾客的行为有以下变化时可以及时地促成交易。
（1）顾客非常专心地听保险营销人员解说时。
（2）顾客仔细看产品介绍或其他宣传资料时。
（3）顾客点头对保险营销人员的意见表示赞同时。
（4）顾客表情开始认真起来时。
（5）顾客沉默思考时。
（6）顾客自己计算保险费时。
（7）顾客称赞保险营销人员的专业能力时。
（8）顾客高兴时。

顾客做购买决策往往面临欲望的满足与购买风险的双重力量博弈,这是件困难甚至痛苦的事。有时候顾客的心态就像站在十字路口,保险营销人员不能袖手旁观,而要帮助他作出抉择。

除了这些购买信号,在排除重大异议和顾客认同重大利益时也是促成的良好时机。

4.2.3 抓住成交机会

成交机会往往不仅隐蔽而且短暂,善于捕捉成交信号并运用有效的方法乘胜前进,才能提高营销的效率。

1. 常用的促成方法

抓住促成的良好时机是促成的前提,但促成方法得当才是制胜的关键。以下介绍常用的

---

① 爱默生,美国思想家、文学家、诗人,确立美国文化精神的代表人物,林肯称他为"美国文明之父",代表作有《代表人物》《英国人的特性》《诗集》《五日节及其他诗》。

几种促成方法。

1）推定同意法

最简单的方法就是推定同意法。就是假定顾客已经认同购买保险了，直接让其签约。在推销访谈的尾声，顾客对保险计划已经基本认同，保险营销人员发现了顾客的购买信号。此时，保险营销人员要勇敢地认为顾客已经同意投保，就等你开口要求签约了。这时保险营销人员应拿着投保书，请顾客立即签字。比如可以采用："我现在就把投保单填好，向公司提出申请，请把身份证给我吧！"也可以拿出投保书询问顾客的出生年月、住址等简单问题，客户若回答，保险营销人员边问边填写保单，促成就成功了。此方法的运用关键就是抓住时机积极勇敢地要求顾客填投保书，并且要简明扼要地用一句话描述客户的利益。例如：

通过保险营销人员对保险计划的说明，刘先生很感兴趣，看着计划书并询问交费方法。保险营销人员此时就应该这样积极促成：

"刘先生这份保单的保障很完整！您送给嫂夫人这份体贴的生日礼物，她一定会很感动的！"

"刘先生，这是投保书，请您填写！"

"刘先生，看这份投保书，上面有些内容要您填写。请把您的身份证给我，我可以帮您填。"

"刘先生，您看这份计划书，我来帮您安排体检。"

"刘先生，请问您的出生年月？……"边问边写。

2）"二择一法"——决策选择法

在推销访谈的尾声，顾客对保险计划已经基本认同。这时保险营销人员要有意识地设计选择性问题，让顾客从中选择，使其在不知不觉中成为签约的客户。要注意，问题的答案都要有利于成交，无论顾客选择哪个都会签约。例如：

通过保险营销人员对保险计划的说明，张先生对儿童教育金保险很感兴趣，看着计划书并询问交费方法。保险营销人员此时就应该这样积极促成：

"张先生，要给孩子存教育保险的投保人是您还是您太太？"

"张先生，您打算给孩子存五份还是十份？"

"您的联系地址是家里还是办公室？"

3）请求成交法

这是最直接的促成方法。保险营销人员积极提示，主动向顾客明确提出成交要求。如："你还有疑问吗？如果没有，我们来填投保书吧！"

4）让顾客说"是"

让顾客说"是"是一个很巧妙的促成方法。心理学研究表明，人们连续的肯定态度会导致对下一个问题的积极认同。所以，从简单的问题入手让顾客多次认同，就会使顾客在不经意中认同购买行为。这种方法的操作要点就是要设计几个让顾客回答"是"

的提问。例如：

对方已出现在门口，你就递上名片，表明自己的身份，同时说："在拜访您之前，我已看过您的客户资料，您的养老保险是5年前在我们公司买的，对吧？"只要你说的是事实，对方必然不会否认，而只要对方不否认，自然也就会说"是"了。

就这样，你已顺利地得到了对方的第一句"是"。这句本身，虽然不具有太大意义，但却是整个销售过程的关键。

"那您一定知道，我们公司又推出不少新险种？"除非对方存心和你过不去；否则，他必然会同意你的看法。这么一来，你不就得到第二句"是"了吗？

如果对方真的要拒绝，那不仅仅是口头上的一声"不"，同时，他（她）所有的生理机能也都会进入拒绝的状态。然而，一句"是"却会使整个情况为之改善。所以，优秀的保险营销人员必须明白，比"如何使对方的拒绝变为接受"更为重要的是：如何使对方不拒绝。

5）默许法

在谈话过程中把投保书准备好，当顾客表现出积极购买信号时，拿起投保书即可填写，无须特别征求顾客意见。可以做间接的征询以试探，如"我可以借用您的桌子吗？"然后就自顾填写。只要顾客不反对，也不中途插话，基本就可以成功了。采用此法一定要掌握顾客充分的购买信号，否则可能表现出急功近利，让顾客反感。

6）代替顾客作决定

一般人在作决定时都会犹豫片刻，保险营销人员要积极把握促成时机，预见对方犹豫的原因，猜想顾客最有可能接受的意见，代顾客作决定，否则有可能贻误良机。比如：关于受益人是谁，顾客可能要在妻子和孩子之间犹豫不定，这时保险营销人员可以代作决定："投保后受益人写您的妻子好吗？"再如：关于交费期限的长短选择，顾客常常犹豫不决。这时营销人员可以代作决定："选择20年交费吧，这样投资回报时间长，您的经济利益更大。"并力争让顾客说"是"。

7）利益罗列法

这是通过进一步强调保险利益促成顾客立即签约的方法。通常强调保障利益、保险计划、弥补风险、及早投保获得优惠等内容。比如强调"免体检""小礼品""投保年龄越小费用越低"等。

8）风险分析法

这种方法主要是运用生活中的保险故事或有关的新闻报道为例，让顾客体会到不投保的危险和损失，从而激发顾客购买的紧迫感。例如：在推销访谈的最后阶段，保险营销人员可以概括强调："其实我们每个人都不知自己的明天会怎样，许多被诊断癌症晚期的患者都不相信自己得癌，如果有一天昨天还活生生的人今天就已经远离我们了，他的家人、孩子又由谁来照顾呢？"顾客可能被保险营销人员的话震撼，感受到风险的可怕。保险营销人员适时拿出投保单缓和气氛，让其相信这是唯一可以降低风险和损失的措施。

9) 异议转化法

利用处理顾客异议的机会，提出方法，成功地解决异议，进而直接提出成交。常用的话语是："这个问题就这么解决了，那么，我们就这么定了。"

10) 欲擒故纵法

保险营销人员故意表现出成不成交无所谓的态度，以期引发顾客的好奇心和虚荣心，促成交易达成。例如：

保险营销人员在对张先生就保险计划进行说明后，张先生点头认同，但还犹豫不决。保险营销人员抓住这个机会可以这样说："张先生，您知道吗，人寿保险并不是人人都能随便加入的。"顾客会立刻注意聆听，然后保险营销人员再说："只有那些有一定经济能力而且身体健康的人，才能通过公司的审核。"张先生自然不愿归于另类，就开始附和。保险营销人员乘机要求："让我们来填好投保单向公司申请，希望您能顺利通过。"

上述是常用的几种促成方法，在实际工作中可以综合使用。一般保险营销人员可以用"推定承诺法"结合"二择一法"提出成交要求，如顾客配合则自然成交。若顾客提出异议则保险营销人员还要进行拒绝处理，处理完毕后，往往会再次强调风险的威胁（风险分析法），或者强调顾客的主要保险利益（利益陈述法），进行再次成交要求。

2. 促成的动作细节

运用适当的促成方法取得顾客成交许可后，保险营销人员需要采取一些具体的动作来完成这次签约。这些动作主要包括以下几种。

1) 适时取出投保单

投保单一般会随着建议书一起从公文包里取出，当建议书讲解完成后，就可以很方便地用投保单进行推定承诺法促成了。

有些保险营销人员很害怕把投保书和单据拿出来，认为这样会吓跑顾客，事实上，保险营销人员与顾客谈话时就应该把资料都按顺序摆在顾客面前，抓住机会用投保书进行试探，不要等到顾客决定签约了才手忙脚乱地翻投保书、找单据，给顾客一种很不专业的印象。

2) 让顾客申请

在填写投保单前跟顾客讲："保险公司对投保的资格审查很严格，并不是每个人都能获得保单的。你可以先填写一张申请表（就是指投保单），看看自己是否符合承保条件。"

很多时候人们对通过争取得到的东西倍感珍惜。"申请投保"不仅让顾客会珍惜拥有保单的资格，同时也为签约后可能出现的体检、加费等问题的解决做好铺垫。

3) 请顾客出示身份证

这是最常用的开始投保单填写的方法。

4）请顾客确定受益人

通常从投保书上最简单的内容开始填写。当问到受益人这个问题时最好这样问："这笔现金要给谁？全部吗？"不要直接问："请问受益人是谁？"这样马上就可以凸显保险的功用。

保险泰斗班·费德文[①]谈道："保险的基本目的就是创造现金。"世界上没有一个人可以和上帝订租，哪一天走没人能知道，而通常这一天来得不是时候，子女的教育费、家人的生活保障还没有准备好。但是若拥有保险，保险公司会瞬间为你创造一笔现金。

5）自己先签名，并引导顾客签名

一定要自己先签名，顾客会很在意他的保险营销服务人员是谁。自己先签名，同时给顾客一个明确的承诺。然后把投保单放到需要顾客签名的地方，指给他看并认真地说："您需要在这里签名。"

应该注意一点，顾客签名应该在投保单的全部或者绝大部分内容填写完毕以后进行，签空白投保单会增加顾客的疑虑和担心。

6）安排交费

安排交费需要填写票据或协议书。填写过程一定要沉着冷静，保证百分之百的准确；同时，这个过程为了避免和顾客冷场，可根据情况一边填一边对顾客说一句："我会尽快把这份投保单交公司生效，今后就是我为您服务了。"如果要收取现金一定要当面清点，妥善保存，顾客的保费不要收入自己的口袋，应装入一个空白信封，在信封的正面写上顾客的名字和实收金额，不要给顾客一种钱是被装进营销人员口袋的感觉。

7）签约后的动作

签约后不宜在顾客那里长时间逗留，用简单的语言对顾客表示祝贺，恭喜他（她）为家庭规划了这样的保障，同时对顾客的信任表示适度感谢，接下来就应该告辞了。

8）促成动作细节

（1）坐在顾客的右边。在右边可以方便地书写和解释，顾客可以看得更清楚。

（2）多请顾客帮忙。若有需要计算的内容可以请顾客帮忙，增强顾客的参与感与认同感。

（3）快速签单。白纸黑字，往往会让人感到事情已定。因此，娴熟地签单会让顾客更容易默认。

（4）所有手续一次完成。填写投保书、相关票据及安排体检尽量一次完成，以免节外生枝。

---

① 班·费德文（Ben Feldman），一位保险界的传奇人物。这位在其居住的一个只有1.7万人口的东利物浦小镇中推销保险的纽约人寿经纪人，曾创下在一天中售出2 500万美元的保单、一年售出超过1亿美元的保单的纪录。而他一生销售出超过10亿美元的保单，这个金额比起全美国80%保险公司的销售总额还要高。他从业近50年，每年的销售额平均为300万美元。1984年他获得强·纽顿·罗素纪念奖，此为保险业最高荣誉。

(5) 办理投保时要集中精力，不要涉及其他话题，以免干扰顾客思路。

促成过程中的这些动作一方面是为了方便顾客填写投保单完成签约，另一方面能增加顾客的信心。别小看这些细枝末节，很多时候若做得不到位会引起顾客疑虑，导致前功尽弃。

3. 顾客促成的技巧

促成顾客签约是保险营销的一个关键性环节。在这个阶段顾客往往要克服较大的心理压力才能作出购买决定，这需要保险营销人员帮助他们增强购买信心，战胜心理压力。如何帮助顾客下决心呢？这不仅需要科学的方法还要有一定的技巧，这里我们介绍一些顾客促成的技巧。

1) 顺其自然

促成的过程是有一定规律的，营销人员应保持平常心态一步一步地创造条件，让顾客信赖保险产品及其所属公司，充分认识保险产品带来的价值，认同甚至喜欢保险，从而激发购买欲望作出购买行为。

2) 利用情感

一般来说，保险推销前几个阶段的主要任务是引导顾客认识保险价值，变消极情感为积极情感。但到了促成阶段保险营销人员还要努力使顾客的积极情感升温，即通过各种办法使顾客对保险产品及保险营销人员的情感达到热烈的程度。一旦顾客处于这种心理状态，促成便是轻而易举的事。利用情感技巧，保险营销人员应该做好以下几方面。一是保险营销人员必须用坦诚和真挚的人格赢得顾客的信赖。只有顾客信赖你，才可能与顾客建立起超越商业关系的"友谊大厦"。二是保险营销人员必须对顾客报以无比的热忱，人的感情交流往往是相互的，你对顾客多一分热忱，顾客对你的喜爱就增加一份，你们之间的友谊就更深一层。三是保险营销人员必须具备较强的专业能力，对顾客做到动之以情，晓之以理。四是将顾客利益看得高于一切，关心其处境，当好顾客的参谋。

3) 利用顾客的从众心理

中国消费者普遍具有从众心理。为了简化购买决策，降低购买风险，人们喜欢用大众的行为特点来权衡自己的行为。利用顾客的从众心理不仅可以增强顾客的安全感，还可以增加购买的紧迫感——别人都买了，我再不买就落后了。一般来说，顾客不仅关心有多少人购买，更关心有谁购买，顾客的熟人、权威人士对顾客的影响力更大。

4) 趁热打铁

趁热打铁是指当解除顾客异议后应及时请求顾客作出购买决策。因为凡是顾客提出的问题一般都被认为是重要的，大多是购买的主要障碍。一旦处理完毕，顾客的疑虑骤减，立即请求成交往往会收到很好的效果。运用这个技巧时保险营销人员必须注意这些问题：确切分析顾客的异议，确定异议处理完毕才能提出成交的要求；要充分考虑顾客的个性特征，对性格内向、敏感多疑的顾客表达请求时要循序渐进，不能太突然，以免他们心理压力过大，出现相反的结果。

5）反复激发顾客的购买动机

反复激发顾客的购买动机是指保险营销人员在顾客产生购买兴趣有购买动机的基础上，再次激发其购买动机并使之更稳定和强烈。经验证明，准顾客在对营销人员的宣传说明、化解拒绝时产生的购买动机，多来自情绪，这种动机可能稍纵即逝。所以在促成阶段必须进一步激发顾客的购买动机，使其成为促成购买的强劲动力。

4.3　正确面对顾客拒绝

当你逛街购物时，有过被推销的情景吗？大多数时候我们都会不假思索地拒绝。在营销过程中遭遇拒绝是一件很普通、很平常的事情。拒绝是成功的开始，处理顾客拒绝成为营销流程的重要环节，越是复杂的产品，越会遭遇更多的拒绝。由于人寿保险商品的特殊性，在营销过程中顾客往往无法很快体会到人寿保险的好处，常常提出一些异议，构成对保险商品的拒绝。顾客为什么要拒绝？拒绝的真实意图是什么？拒绝是否意味对人寿保险的不接受？如果不弄清这些问题，保险营销人员在销售前就会产生心理障碍，害怕被拒绝，当遭遇拒绝时就会手足无措，无法应对，使销售失败。所以，正确解读"顾客拒绝"是走向成功的基础。

4.3.1　顾客"拒绝"的含义

什么是"拒绝"？许多现代营销专家认为：拒绝是成功的开始，销售是从拒绝开始的。营销人员的工作就是破解拒绝的真相并不断地说服顾客。

在营销实践中，保险营销人员常会遇到这样的情景，当你满怀期望再一次接触顾客，准备促成交易时，得到的回答却是："我家人不同意，我们不打算投保了。"问及原因，顾客往往会列出保险的种种"缺点"，例如："算了，保险还不如存银行合适。""保险缴费期这么长，想用钱拿不出来。""保险要等人死了再拿钱，没有意思。"……这令你万分失望，因为你真认为顾客不接受人寿保险。实践证明，顾客的拒绝往往不是不接受。在营销过程中顾客拒绝的真正含义主要有以下四种。

1. 拒绝是人的习惯行为

这种习惯性拒绝的原因是人们面对营销人员大都会产生防御心理，他们会尽量推脱、拒绝，甚至说谎来应付营销人员，久而久之，形成一种习惯。当一个营销人员出现时他们习惯性地把自己武装起来，并且很快提出异议。例如：当你走在大街上经常会遇到有人推销化妆品、美食等，或者是递上来各种推销名片，通常人们都会说"不"，有时甚至还没看究竟是什么，几乎是条件反射地拒绝别人，虽然这时人们还意识不到这已经进行了拒绝。因此，拒绝是顾客防卫心理的习惯性表现。

2. 拒绝是疑问

顾客拒绝的另一个主要原因是他们认为营销人员还没有完全解决他们的问题。因此，拒绝是顾客向营销人员索要更多信息的信号。这其中的原因有两个方面：一是在与顾客沟通中，保险营销人员可能忽略了顾客某些信息，这些信息盲点会造成顾客以后产生反对意见；二是在前面的营销活动中，营销人员已与顾客交流，帮助顾客明确了保险的意义和自己的需求，同时围绕这些需求顾客还会有一些新的想法，有的可能是营销人员忽视的，因此顾客对保险商品或保险方案存有疑虑或误解。所以，保险营销人员要不断地化解异议。

3. 拒绝是成交的开始

顾客的拒绝具有两面性：既是成交的障碍，又是成交的信号。有一句经商格言"褒贬是买主，喝彩是闲人"即说明了这个道理。异议表明顾客对产品感兴趣，包含成交的希望，营销人员通过对顾客异议的答复，可以达到说服顾客购买的目的。还可以通过顾客异议了解顾客心理，有针对性地化解顾客疑虑，对症下药取得成功。

4. 多次拒绝＋最后促成＝成功

顾客拒绝是营销过程的必然现象。对于销售而言，可怕的不是异议而是没有异议。不提出异议的人常常是最令人担心的顾客，因为很难了解顾客的心理，因此在销售过程中面对顾客拒绝或顾客提出问题时营销人员不应感到沮丧，相反应感到高兴，因为这预示着成功。通过顾客的拒绝，可以抓住顾客心理，发现顾客问题，顺藤摸瓜，在化解问题的过程中促成签约。拒绝往往并不是坏事，只要你能化解顾客异议，拒绝就是走向成功的开始。所以，面对拒绝，保险营销人员不要沮丧。但要想很好地化解顾客异议，处理顾客拒绝，保险营销人员还要认清：顾客到底在拒绝什么？为什么会拒绝？

4.3.2 顾客拒绝心理产生的原因及其表现

1. 顾客拒绝心理产生的原因

顾客为什么拒绝？对顾客拒绝原因的调查表明，顾客拒绝的心理原因有以下四种。

1）不信任

保险营销人员的威信低，导致顾客产生不信任心理。在宣传和推销过程中，如果顾客发现保险营销人员的思想素质、文化修养或业务水平低，就会产生疑惑感，对其宣传动机及所宣传的保险产品持怀疑态度。于是对保险的反应要么不置可否，要么"顾左右而言他"，甚至不屑一顾。另外，保险宣传或营销方法不当也是导致顾客对抗心理的一个重要原因。例如：保险营销人员在进行保险宣传营销时，表现的目的很明确——就是试图促使顾客产生购买行为。这种意图过于强烈、明显、急切，顾客就可能会因自主性受到威胁而产生拒绝心理，关闭心灵的大门。

2）不适合

保险营销人员在营销过程中没有很好地了解顾客需求，为顾客设计的保险计划不能满足顾客的需要，顾客也会产生抵触心理而拒绝。例如，保险营销人员设计的保险计划交费超出顾客的支付能力，顾客负担不起，但为了保全自己的面子，不伤害营销人员的情感，只好利用种种借口，予以拒绝。

3) 不需要

需要是顾客购买行为的动力源泉。如果顾客不清楚自己的保险需求，营销人员又不能帮助顾客明确自身保险需求，顾客就不会产生购买欲望。就保险产品而言，由于顾客风险意识淡漠，常常保险需求不明确，保险营销人员如果不能先帮助顾客明确保险需求，就会遭到拒绝。

4) 不急迫

人们不愿意接受改变，是因为他们认为改变会破坏现状，会威胁到他们的安全，所以让一个人接受新思想是件困难的事情，因为他如果接受就表示他必须改变原有的习惯想法。对保险这种新生事物，人们要接受还要有一个转变过程。在这个过程中顾客会因为"不急迫"而拒绝。要注意，这种顾客并不是在拒绝你或你的保险产品，而只是在拒绝改变现状。这个时候，要让他了解改变现状的好处，促使顾客接受。根据上述心理，顾客拒绝的表现行为主要有以下三种，遇到这些情况，保险营销人员应该针对性地分析拒绝的原因，以便采取有效方法处理拒绝。

2. 顾客拒绝的表现

1) 回避

顾客采取回避的方式消极抵抗。如对不想听但又不得不听的宣传置之不理，你说你的，我做我的，不参与沟通交流，初衷不改。

2) 低度顺应

许多情况下有些顾客对保险宣传虽作出了一定的态度顺应，但离保险营销人员预期目标还相差很远。主要表现在信任折扣和信息同化两个方面。

3) 逆反行为

顾客面对保险宣传的观点时，不但不接受，反而对着干。在顾客处于逆反行为倾向下，不但难以接受保险宣传引导，反而会引发对保险宣传的贬低、诋毁、语言攻击等，以维护自己的"自信"和"自尊"。

4.3.3 顾客拒绝的种类及其分辨

1. 顾客拒绝的种类

在实际的营销工作中，顾客的拒绝有很多含义。不同的心理、不同的表现形式构成形形色色的拒绝理由。但概括起来，顾客拒绝的种类主要有两种：真实拒绝和虚假拒绝。保险营销人员准确判断拒绝的种类，对化解拒绝具有至关重要的作用。

1) 真实拒绝

拒绝的理由是顾客的真实想法。例如：当顾客没有保险需求时，必然会拒绝购买保险。

真正的拒绝理由一般有以下几种：
① 没钱买保险；
② 有钱，但舍不得花；
③ 无权作出预算之外的决定；
④ 另有打算；
⑤ 目前觉得自己不需要；
⑥ 不信任保险营销人员、保险产品或保险公司。

2）虚假拒绝

虚假的拒绝就是顾客回避的借口，主要有以下几种情况：
① 自然防范；
② 缓兵之计；
③ 经验判断；
④ 对保险营销人员的不满或误解。

2. 分辨拒绝的真假

在实际的营销工作中，保险营销人员可以从以下几点来识别顾客拒绝的真假。

1）仔细听

如果是真正的拒绝，顾客通常会重复多次，一再强调，仔细聆听就会发现。

2）再确认

假如你还不能肯定，可以发问"您说真的……"或"您说……我想您一定有什么意见吧?""按照我的经验，很多人对我这么说，只是对保险份数不满意，您也是这样吗?"通过发问让顾客说出拒绝的原因。也可以换个方式再问一遍以获得确认，如这样说："换句话说，如果不……，您就会购买吗?"

3）以一个假设解决的方式回复顾客

比如说："能帮您解决这个问题……您是不是就能决定下来?"或"这件事我能办到，但我要先回公司查一下资料，如果我这边没问题是否就这么定下来了?"如果顾客同意你的安排，说明其拒绝是真的，否则是另有原因。

3. 拒绝的种种理由

(1) 保险呀，我没兴趣。
(2) 我现在不想投保，等等再说。
(3) 保险都是骗人的。
(4) 儿孙自有儿孙福，买不买保险无所谓。
(5) 我有朋友在保险公司上班。
(6) 我已经买过保险了。

(7) 我已经有劳保了。
(8) 我要回去跟家人商量。
(9) 等我考虑考虑再说。
(10) 我很忙,现在没时间谈保险。
(11) 我身体很健康,而且平时很小心。
(12) 你何必干保险这一行呢?(和保险营销人员转换话题)
(13) 以前我干过保险这行,你们那一套我最清楚了。
(14) 有没有婚姻保险?跳槽保险?有的话我就保。
(15) 可不可以只买医疗部分?
(16) 保险死了才赔,有什么用?
(17) 买了保险还是会死,死了什么都没用!
(18) 钱生不带来死不带去,要那么多有什么用?
(19) 我又没有老婆,买保险干吗!一人吃饱全家不饿。
(20) 我哪有能力买保险?
(21) 等我……再说。
(22) 有钱宁愿去投资炒股,利润大。
(23) 有钱宁愿放银行,想用就可以拿。(灵活性好)
(24) 保险期限太长,几十年后也不知道会是什么样?
(25) 几十年后领这些钱,搞不好只能买支扫把。
(26) 先比较别家公司再做决定。
(27) 无论怎么样保险公司都会盈利的,法律条款都有利于他们。
(28) 我拿钱给你们赚利息,钱都让你们赚走了。
(29) 保险公司都会说好听的,到时候赔不赔都难说。
(30) 保险公司理赔手续太麻烦!
(31) 买保险还要体检,真麻烦!
(32) 我怎么知道你在这家公司待多久!
(33) 保险太贵了,等降价我再买!
(34) 听说外国保险公司好,等外国保险公司来我再买!买多了有交费压力。
(35) 我家里有钱不需要买保险。

对拒绝的原因做了透彻分析后,保险营销人员就应该树立正确的心态和积极的措施,来处理顾客的拒绝。

4.3.4 处理顾客拒绝的方法

处理顾客拒绝的方法很多,下面介绍一些常用方法。

1. 直接法

针对问题直接解说,此方法多用于专业问题的解答。例如,有顾客会担心保险公司倒闭,可以用《中华人民共和国保险法》相关条款直接解说。

2. 询问法

无法明确的问题或者一时无法回答的问题可以向对方发问。针对顾客的"理由"询问"为什么",让顾客进一步说明理由;得到顾客的回答后,继续询问"还有没有其他原因?"或"如果不是这样你就会买保险,对吗?"这样可以使顾客透露更多的信息,帮助保险营销人员判断拒绝的真实原因。例如:

顾客:"我对保险不感兴趣。"

保险营销人员:"王先生,您能告诉我为什么您对保险不感兴趣呢?"

顾客:"投保期限太长。"

保险营销人员:"为什么您觉得投保期限太长对您不利呢?"

顾客:"我单身一人,不用投保。"

保险营销人员:"您觉得单身一人就不用投保?您还有没有其他原因?"

3. 虚应反击法

虚应反击法就是"缓和反击法",即先认同顾客观点,再予以解说。例如:

顾客:"我对保险没兴趣。"

保险营销人员:"您说的有道理,谁会对关于生老病死这类躲都躲不及的事情有兴趣呢?我也没有兴趣,但是我们都会对如何让家人过得更好、让孩子接受良好的教育有兴趣。生老病死谁都难以避免,所以我们要谈的是万一这类事情发生时,我们该怎么办?与其被动地受这些事情困扰,不如防患于未然。"

4. 转移法

不给予正面回答,转移顾客的话题。

常用句式:是的……(赞同)……是否想到……(其他想法、问题)

例如:

顾客:"我太太不同意。"

保险营销人员:"您太太不同意吗?那您太太一定是为了家庭着想,怕您的负担太重,真是个好妻子。可是根据统计,中国女性的平均寿命要比男性长6岁,也就是说您太太可能要一人独居6年。您很爱您太太的,您不会不为她的晚年着想吧?"

5. 实例分析法

用生活实例强调保险的重要性。

常用句式:当然(赞同)……但是(举例)……再说……

顾客认为不需要时可以举生活中的一些实例,再用一些家庭必备工具如雨伞、雨鞋及大厦里的灭火器、汽车上的备用轮胎等作比喻。这些东西都是为了以防万一,保险也是如此,宁可一日不用,不可一日不备。例如:

顾客:"我觉得现在还年轻,不着急办保险。"

保险营销人员："我能理解您的想法，但是生活中的许多实例让我有了新的认识。我有一个很要好的大学同学，他也想买保险，却一直在说等一等，结果不久前不幸发生了车祸，抛下了一个未满一岁的孩子没人照顾。所以××先生，爱我们的家人是要立刻付诸行动的！保险就好比汽车上的备用轮胎，宁可一日不用，不可一日不备，您说呢？"

6. 间接否定法

间接否定法也被称为迂回否定法。

常用句式：是的（没错）……但是（不过）……

首先用疑问的口气同意顾客的意见，然后话锋一转，以"但是"开头提出自己的观点。任何人都讨厌别人对自己直接反驳，营销过程中的顾客尤其如此。无论顾客意见多么幼稚、偏激，保险营销人员都不应该直接地反驳，否则很容易变成激烈的争论。用间接否定法委婉地否定顾客，顾客比较容易接受。

营销中的常用语有：

"对，您讲的一点都不假，但这种情况有点特殊……"

"您讲得很正确，但不知您可注意到另外一层意思……"

"您这样想我很能理解，当初我也是这么想的，但仔细分析后才发现……"

7. 优点补偿法

当顾客忽视了保险产品的其他优点而提出异议时，可以用这种方法处理。告诉顾客任何产品都不是十全十美的，虽有这样的缺点，但也有那样的优点。如果顾客说"保险要到死时才能赔所以我不要"，保险营销人员可以用"如果活着也能获利，您要不要？"来应对。

8. 矛盾法

用矛盾法可以把顾客的异议又抛回其手中，以子之矛攻子之盾。比如，有顾客说"我可没钱投保"，保险营销人员可以回答："假如你现在身强力壮努力工作仍支付不了保费的话，那等您将来失去工作能力时，您的家人又怎能负担高昂的生活费呢？"

总之，拒绝是必然存在的，保险营销人员在销售中所有的努力都是为了成交，成交就是多次拒绝加上最后一次的促成。在营销过程中，谁先放弃，谁就失去机会，只有坚持才会成功。

4.3.5 处理顾客拒绝的基本步骤

处理顾客拒绝需要一个工作过程，不能简单地对顾客的观点予以直接反驳。在每次处理顾客拒绝时可采取以下步骤。

1. 认真听取，探明真相

保险营销人员认真听取顾客的异议，在言语上对顾客的异议表现出兴趣，不急于插话，让顾客把话说完，可以适时发问、作出反应，帮助顾客理出头绪，鼓励顾客讲出心中全部疑问，集中精力探明顾客拒绝的真相，了解顾客的需求。

2. 复述顾客提出的异议

复述顾客异议一方面有利于弄清真相，另一方面也可表示出对顾客的尊重。

3. 回答顾客之前应有短暂停顿

不急于回答或辩解，回答问题前略做停顿。让顾客感觉到保险营销人员是经过慎重考虑才作出回答的，是负责的，而不是随意敷衍、花言巧语的；同时也给自己赢得思考的时间。

4. 回答顾客提出的异议

从消费心理看，顾客希望保险营销人员能认真听取并尊重自己的意见，并及时作出令人满意的回答。保险营销人员应在赢得顾客信任的基础上，通过回答问题让顾客需求明朗。

上述四个步骤应该环环相扣，逐次递进。在遇到顾客拒绝时，切不要盲目回答或反驳顾客。在实际工作中遇到顾客拒绝时，围绕以下四个步骤处理。

（1）与顾客聊其他的保险产品或先谈一些与保险无关的话题，以缓和气氛。

（2）提问："您为什么拒绝，有什么原因？"立即弄清这个反对意见是否有根据，这是否是顾客的一个借口。

（3）如果这个反对意见符合实情，就要鼓励顾客说出来。

（4）如果顾客不愿意谈，就用他愿意的方法，沿着他希望的思路重复一遍反对意见。当顾客态度一时难以改变时，可以要求互换名片或留下联系方式，争取下一次的拜访。

（5）用"那么，这就是真正的原因。"或"喔，是这样吗？"等套话使面谈转入正题。

情景演练

客户一听卖保险就说"没兴趣"

情景解析

客户接通电话就说"没兴趣"一般是借口，并非真的没兴趣，更多的是对保险不了解或者对保险存在误解和偏见。

有些保险公司在运营和管理方面存在不规范的现象，加之有些保险营销人员职业素质不高，使人们对保险这一惠及生活的产品产生了误解：保险没有用，保险不吉利，保险是骗钱的，等等。这样一来，客户自然对保险提不起兴趣，对保险营销人员避而远之。

这个时候，保险营销人员的目标就是让这通电话不要被挂断，先表示理解对方的想法，然后询问客户产生误解的原因，并以此来阐述保险能够带给客户哪些利益和好处，改变客户对保险的偏见。

为了提高成功率，最好主动为自己设定一个时间限制，告诉客户不是要强迫他购买保险，只是想让他多了解一些保险方面的相关知识；至于买不买，决定权在客户手里。

实战强化训练

客户："我对保险没兴趣。"

保险营销人员："我能占用您三分钟时间跟您谈一下吗？我保证，如果谈完之后您还是不感兴趣的话，我会马上挂断电话的。"

客户："好吧，你说。"

保险营销人员:"您对保险不感兴趣,有这种想法我很理解。老实说,在我从事保险行业之前,也对保险不感兴趣,但自从从事保险行业后,我发觉保险其实是人人必备的。"

客户:"是吗?"

保险营销人员:"是啊,很多人未了解保险之前都对它没什么兴趣,但买不买保险不是由兴趣决定的,而是由需求决定的。就像有人对油价上涨不感兴趣,但汽油不买不行啊,否则就无法开车。我们每个人就好比一辆汽车,保险就是油箱里的油,它保障我们在人生道路上正常行驶,您说呢?"

客户:"有点儿道理。"

保险营销人员:"您不太了解保险是吗?"

客户:"对。"

保险营销人员:"所以,我觉得您应该听听,了解一下保险的意义和价值,我给您介绍一下吧。"

客户:"改天吧。"

保险营销人员:"我知道您很忙,您能不能给我10分钟,我把我们最新的财务保障计划给您讲讲。您听了觉得有需要我再进一步给您分析;如果没有这方面需求,就当了解一些财务保障方面的知识,您看行吗?"

客户:"行,你说吧。"

保险营销人员:"谢谢。"

金牌技巧点拨

客户说"没兴趣"且态度坚定时,此时的当务之急是拖延这个电话不被挂断。保险营销人员的"我保证,如果谈完之后您还是不感兴趣的话,我会马上挂断电话的"干脆而直接,让人听起来很舒服,当然也很容易接受,适用于干脆利落、没有废话的客户。

复习思考题

一、概念题

保户　准保户　顾客　促成

二、选择题

1. 合格的准保户应同时具备以下三个基本条件(　　)。

   A. 有保险需求　　B. 有投保的资格　　C. 经济条件较好　　D. 有投保决策权
   E. 有责任感　　　F. 有接洽的机会

2. 下列属于利用缘故开拓准保户的是(　　)。

   A. 挚交好友　　　　　　　　　B. 复员战友
   C. 报纸上的人物专访　　　　　D. 街坊邻居
   E. 企业家名录　　　　　　　　F. 同乡会

3. 在营销过程中顾客拒绝的真正含义主要有(　　)。

   A. 拒绝是人的习惯行为　　　　B. 拒绝是疑问
   C. 拒绝是成交的开始　　　　　D. 多次拒绝＋最后促成＝成功

E. 不信任　　　　　　　　F. 不需要
4. 虚假的拒绝理由一般有（　　）。
　　A. 自然防范　　B. 不信任保险营销人员、保险产品或保险公司
　　C. 缓兵之计　　D. 经验判断
　　E. 没钱买保险　F. 对保险营销人员的不满或误解
5. 先认同顾客观点，再予以解说属于（　　）。
　　A. 虚应反击法　B. 转移法　　C. 直接法　　D. 询问法
　　E. 间接否定法　F. 矛盾法
6. 顾客拒绝的心理原因有（　　）。
　　A. 不信任　　B. 不适合　　C. 不需要　　D. 不急
　　E. 回避　　　F. 逆反行为

三、简答题
1. 简述合格的准保户应同时具备的条件。
2. 简述开拓准保户的途径。
3. 简述达成准保户队伍的稳定增长的方法。
4. 简述如何识别顾客的购买信号。
5. 简述常用的促销方法。
6. 简述在营销过程中顾客拒绝的真正含义。
7. 简述顾客真正的拒绝理由。
8. 简述处理顾客拒绝的方法。
9. 简述处理顾客拒绝的基本步骤。

第5章 保险产品建议书的设计与说明

思政目标：

学习党的二十大报告中民生保障和共同富裕的一系列新论断、新部署，用新思想进行保险产品建议书的设计。

学习目标：

1. 进一步提高营销技能；

2. 要求读者能根据某一准保户的需求将公司提供的保险产品进行一个组合并制作一份最适合他的保险建议书，以此向客户说明和展示保险公司推荐的保险产品。

5.1 保险产品建议书的制作要点

5.1.1 设计保险产品建议书的目的

1. 保险产品建议书的概念

简单地说，保险产品建议书就是根据不同准保户的具体情况，将保险产品进行组合，提供最适合该准保户的保险计划。

保险产品建议书要在对准保户的需求作出充分的了解和分析的基础上完成。每份建议书应该各具特色、互不雷同。

2. 设计保险产品建议书的目的

我们知道，保险是对不确定的未来提供保障，是一种无形的商品。而一般消费者难以体验到对无形商品的需要，因为他无法用视觉或触觉来体验商品，也就难以衡量购买后会带来多大的满足感。而大多数人在消费的过程中都会把满足感与购买的代价进行比较，以确定自己的购买行为。因此，保险营销人员必须能把这种看不见的需要和看不见的满足具体化，即营销人员必须用有形的方式来营销。所以，一份精美、专业、图文并茂的保险产品建议书，再配以营销人员准确生动的讲解说明，能给准保户带来比较直观的感觉，使准保户更清晰地了解产品的特色和保单的利益，让准保户在保险产品建议书上仿佛看到、摸到保险的价值，从而产生购买欲望。

5.1.2 设计保险产品建议书的原则

保险产品建议书的设计应该是对准保户的具体情况大体了解，找到了准保户的需求点和购买点之后，再根据他能够负担的保费、所需要的保险金额等情况，为他完整搭配，量身设计。

1. 合理保险金额原则

合理保险金额原则就是设计保险产品建议书的时候应该设计多高的保障，为什么要设计这样的保障及应该遵循的原则。合理保险金额一般是以准保户的年薪为标准量入为出。从国际上发达国家的理论标准上讲，通常是年收入的 10 倍左右为合理保险金额。但在我国，保险意识普遍不强，综合考虑现有的收入状况与消费水平，可以认为，以年收入的 4~5 倍为保险金额比较合理。如果保险金额不合理，随之而来的保障当然不全面。所以，我们从一开始设计保单时就要遵循合理保险金额原则。

2. 全面保障原则

一个好的保险计划必须具备两个条件：在同样费率情况下，保险金额高而且保障全面。保险营销人员应该给准保户推荐适合的险种，尽量满足他们的需求，以充分实现全面保障原则。

3. 适当保费原则

这也是一项根据准保户收入状况来确定的原则。如果保费支出过高，就会给准保户的日常生活造成一定的影响，甚至会因为以后交不起这笔费用而感到苦恼。在实际操作过程中，一般以年收入的 10% 为基本合理的保费支出。

如果建议准保户购买的是储蓄型险种，原则上可以连本带利收回，在考虑保费时适用的范围就比较宽，甚至可以提高到收入的 20%~30%。

如果购买的是保障型险种，以收入的 1%~5% 作为保费就足够了。总的来说，保费要根据不同的准保户需求和险种匹配来确定，一般在收入的 5%~25%，是比较合理的。

4. 不影响生活原则

保险营销人员要经常询问准保户这样的问题："您选择这些险种，每年要交的保费会不会影响您的日常生活？"这样做，既是站在准保户的立场上为其自身的利益考虑，也是遵循设计保险消费不影响生活的原则。在设计保险产品建议书的过程中一定要注意不能影响准保户的生活水平。千万不要为了达到自己的营销计划而为准保户盲目设计。如果是这样，即使最终能够侥幸签约，也会为未来的工作留下隐患。

5. 先保障后储蓄盈利原则

对于第一次购买保险产品的准保户来说，这是非常重要的一个原则。因为大多数准保户在交纳第一笔保险费用时，最需要的是把钱花在刀刃上。而保障型保险一般只需要花不多的钱就可以获得巨额的保障。因此，在建议书中首先要给家庭的经济支柱人员购买此类保险；

而在此家庭或个人经济条件较好的基础上，可以再考虑退休、养老、储蓄等险种。

6. 先大人后小孩原则

这是一个非常重要的原则，尤其在我国显得更为重要。很多保险营销人员和部分家长还没有意识到这个问题的重要性。很多家长都从以下角度来考虑问题：现在就一个宝宝，万一有个闪失，还有个保障，心理也平衡一点。可是，这样做是不合理的。因为孩子没有经济收入，而其父母一旦发生意外，家庭生活很容易陷入困境，而孩子的保费更没有着落了。所以，在设计保险产品建议书时要依据不同家庭的情况充分考虑这个问题，给家长提出更诚恳、更切实、更经济的建议。

7. 夫妻互保原则

在日常工作中，我们总是先认识家庭成员的一方，所以不少保险营销人员从这个情况出发，设计了单方保障的建议书，这是不全面的。应该在对其家庭充分了解的情况下，让夫妻双方互相投保，互为受益人，这才是真正完整的家庭保障计划。

5.1.3 保险产品建议书的内容

在设计一份符合准保户需求的建议书之前，保险营销人员应当确定准保户的真正需要是什么，然后再根据所搜集到的准保户资料，设计保险产品建议书。

设计保险产品建议书是保险营销整个流程中承上启下、至关重要的一个环节，这是对保险这种无形商品提供"包装"和"试用"的机会。

这里所讲的"包装""试用"，是借用一般有形商品的营销过程中的两个手段。其实是指保险营销人员要通过建议书、言谈、举止等各个方面让准保户切实感受到保险营销人员处处在为他的利益着想。这样，就把保险这一无形商品进行了有形的包装。

一份周密的保险产品建议书应该是一份完整的投资理财计划书，它可以给准保户带来完善的保障，使他能够购买到最需要的保险产品。

保险营销人员制定的保险产品建议书应该包括以下几个内容。

1. 封面

封面包括保险产品建议书的名称、准保户姓名，另外设计人员最好加上一句特别说明："本建议书仅供参考，详细内容以正式条款为准。"

2. 公司简介

公司简介包括保险公司的历史、发展现状和对未来的展望。

3. 设计思路与需求分析

在动手设计保险产品建议书之前，首先要对准保户做需求分析，了解准保户最需要什么，并通过这份计划来满足他。让准保户了解保险营销人员的设计思路，并知道这份计划是专门为他量身定做的，从而使他产生对保险营销人员的信任感。

4. 保单特色

保单特色部分主要介绍该保险产品建议书的综合特点和综合保障利益。

5. 保险利益内容

保险利益内容包括保险金额、保险费用、保险期限、缴费方式、各项保险利益的详细说明、效益分析等主要内容。要让准保户知道,此计划究竟能够解决什么问题,以及他的家人能够得到什么具体的保险利益。

6. 辅助资料

辅助资料包括其他有助于此份计划的相关信息、资料、宣传彩页等内容。

7. 结束语

结束语具体包括公司营业部地址、名称、本人姓名、资质编号、联系方式等;也可以加进一些祝词,以体现关心或祝福;也可以写一些名人有关保险的话语,比如:"拥有适当的保险,是一种道德责任,是大部分国民应负的义务。""别人都说我很富有,拥有很多财富,其实真正属于我个人的财富是给自己和亲人买了充足的人寿保险。"

以上介绍的建议书的格式与内容不是一成不变的,可以根据具体需要进行适当的调整。总体上的要求是整齐、简洁明了、逻辑清晰、内容完整真实,不要过于追求形式上的特色而忽视了其最根本的目的。

5.2 确定保险理财规划

在人的一生中,平均有 3/5 的时间可以拥有对外赚取金钱和收入的机会,如何让自己的收入大于支出,有效地平衡收支,使自己和家人过得更加快乐,以及为自己退休和家人的幸福做好保障,就是我们常说的理财的主要目标。

作为保险营销人员,要初步了解保险理财的主要内容和宗旨,这样才能更好地了解准保户的需求,更好地为准保户服务,同时也使自己的业绩更加出色。

5.2.1 根据准保户财务状况制订保险理财方案

1. 评价个人或家庭的财务状况

理财不是单纯地积累财富,而是有效地运用财富。我们引入一些企业管理的方法来评价个人或家庭的财务状况,而个人或家庭的财务状况报告就是通过资产负债表和损益表等一系列表格形式来反映的。当保险营销人员向准保户推荐产品时也可以推荐家庭财务状况的评价体系。

1) 个人或家庭资产负债表

可以通过表 5-1 来简单了解一下个人或家庭的资产负债情况。

表5-1 个人或家庭的资产负债表

资产	金额	负债	金额
现金与银行存款		房贷	
房产		车贷	
汽车		其他	
基金			
股票			
其他			
总计		总计	

值得一提的是，很多人把自己居住的房屋用市价来估算价值，用来说明财务状况。其实，这是一种错误的逻辑思考。自住的房产是每个家庭基本的需求，不能代表财务状况的好坏。如果有两处房产，其中的一处作为资产才比较客观。

2）个人或家庭收入支出表

资产负债表具有了解目前财务状况的功能，而收入支出表更能明确显示出每个月或每年的资金流向，以及它对资产负债表的影响。下面介绍如表5-2所示的家庭的收入支出表。

表5-2 家庭的收入支出表

每月收入	金额	每月支出	金额
丈夫收入		日常生活支出	
妻子收入		教育支出	
投资收益		房屋支出	
其他收入		医疗支出	
		其他支出	
总收入		总支出	

3）理财规划与预算

有人认为理财只是有钱人的事情，其实这是错误的想法。无论是否富有，都需要在现有资源上系统地计划和安排，使自己在经济上达到最理想的状态。其中，保险理财规划是必不可少的重要内容之一。

为了取得理财所带来的丰硕成果，必须设定理财目标，然后订立一些用预算形式表达的财富计划。预算可以帮助提供未来财务活动的方向，通过良好的规划，个人或家庭的财富理论上可以达到最高值。预算能够提供方向，它好似一张地图，指示如何到达目的地。

2. 制约理财规划的因素

人们成长于不同的环境，每个人的性格和经济状况又不相同，从而导致了不同的理财规划。保险营销人员要善于分析不同准保户的理财规划，制定出符合其自身特点的保险产品建议书，以满足不同人群的需要。影响人们理财规划的因素主要有以下几点。

1) 年龄因素

不同年龄的人，理财的目标也不相同，通常将人生分为四个阶段：单身时期、新婚时期、满巢时期、退休时期。以上是一般性的划分，保险营销人员可以根据准保户的情况进行分析，但同时要结合以下几点内容综合考虑。

2) 社会因素

不同的社会经济形势对个人投资理念有不同的影响。社会因素既受宏观经济的影响，也受文化传统的影响。

3) 个人经济条件

由于每个人获得的收入及经济负担的不同，因此对是否投保和投保多少也不同。设计保险产品建议书时要充分考虑这个因素。

4) 个人性格

在现实生活中，人的性格是千差万别的，由此决定了投资人的投资方向也是不同的。

3. 如何制订保险理财方案

1) 人寿保险规划的步骤

人寿保险规划是以系统的方法来决定准保户的财务目标与所需人寿保险的保险金额，然后扣除现有保险以计算出应该增购的额度。

人寿保险规划有以下四个步骤。

(1) 确定准保户的财务目标。人寿保险规划的第一个步骤就是决定准保户的财务目标。保险营销人员在与准保户进行比较全面的接触之后，要明确准保户的财务目标。一般有几个基本的需求必须考虑家庭生活基金、子女教育基金、住宅基金、退休生活基金、身故费用等。

(2) 比较现有保险与达成财务目标之间的差额。根据上一步确定的额度与现有的保险进行比较（现有保险包括社会保险）。

(3) 确定准保户所需购置的人寿保险额度。决定准保户所需购置的人寿保险额度时要考虑以下因素：突然意外的补偿要足够应付开支，以及配偶的收入状况、通货膨胀率等。

(4) 检查准保户的保险状况。人寿保险规划的最后一个步骤也是最重要的一个步骤，就是定期检查准保户的保险状况，因为既定的财务目标或保险合同状况会随着环境的变化而调整。例如：新生儿的诞生、家庭生活费用的增加、子女教育投入的增加、离婚、受益人变更、保险需求的调整等。

2) 保险金额的确定方法

在人身风险规划方案中，人寿保险是减轻财务冲击的最重要的方法。一般人寿保险额度的确定以个人年可支配收入（纳税后的收入）作为参照。到底缴纳多少保费保障才充分呢？

这个问题的答案因人而异。因为每个人的财务需求和目标都不相同,尤其在我们这样的发展中国家里,影响的因素就更复杂一些。下面介绍在保险发达的国家经常采用的三种方法,在我国保险实践中可以借鉴。

(1) 所得倍数法。这是一种最简单的计算方法,适用于对准保户的基本需求不是非常了解时初步推算其保险支出的大概承受额度。以我国现阶段的发展状况,一般保险金额为其年收入的4~5倍比较容易让准保户接受。

比如,王先生今年33岁,年可支配收入10万元,其保险金额需求可定为

$$10 万元 \times 5 = 50 万元$$

(2) 财务需求法。在规划个人或家庭的人身风险时,必须先诊断其财务状况,这称为财务需求分析。做好分析后才能根据其需求金额和所处的生涯阶段,设计周全的保险建议和规划。

① 家庭生活资金。

这里指风险发生时,家属长期生活所需要的费用。计算公式为

$$(家庭每月生活费用 \times 12) / 银行一年定期存款年利率$$

假设某人家庭每月生活费用3 000元,银行一年定期存款利率为5%,则其家属生活资金需要720 000元。

$$(3\,000 元 \times 12) / 5\% = 720\,000 元$$

② 子女教育基金。

子女有接受完整教育的权利,事先规划非常必要,其所需额度要参考目前幼儿园、小学、中学、大学的费用支出。

③ 住宅基金。

住房几乎是现代家庭最大的一项开支,不少家庭的房屋贷款要占到总收入的一半,如果发生不幸,影响会非常严重。有的家庭可能没有房贷支出,只是租房。因此,住宅基金计算一般分为以下两类。

- 房贷:房贷余额。
- 租房:家庭每月房租×12。

④ 退休需要。

因为退休后收入一般会急剧减少,甚至会终止,而医疗费用和休闲、保健、旅游费用却大大增加,所以我们要在年轻时就提早规划。

退休后的生活费来源主要是社会保障提供的退休费用和自己准备的退休基金,而养老保险和年金保险就是主要选择。

⑤ 身后费用。

每一个人在人生的最后阶段发生的费用有多有少,多者可能要伴随巨额的医疗费用或是丧葬费用。这要根据不同的情况来计算。

5.2.2 人生各阶段的人寿保险规划

每个人对生活的需求,往往会根据人生阶段的不同而发生变化。在设计保险产品建议书的时候,一定要根据准保户所处的阶段特点而定。

1. 单身时期的保险规划

刚刚踏入社会的年轻人很少会想到为自己买份保险,而事实上,这个时期是用保险规划自己生活的重要阶段。此时,可考虑投保定期人寿保险或意外伤害保险。这两个险种的特点是保险费用低且比较容易被保险公司接受承保。

2. 新婚时期的保险规划

1)新婚是需求量增加的起始点

结婚是人生的另一个开始。组成家庭以后,新婚夫妇往往为了快速积累财富而选择获利能力高的投资渠道。其实这时经济刚刚起步,储蓄不多,抵抗风险的能力不足,各项开支又在增加,使得两个人需要的保障比单身时增加了。此时,可适度调整过去只针对个人保障的保单内容,重新规划属于家庭的全方位保险,让保障更周全。

以一个刚建立不久的收入不高、经济基础也不够稳定的小家庭来说,应依家庭需求的先后顺序,配合保险费预算的考虑,以购买成本低、保障性高的险种为先,如定期寿险、以家庭为单位的人身意外伤害保险。

意外保险是针对意外事故导致的死亡或残废才赔付的保险,保险费的高低和职业的危险程度成正比,不需要太多的保险费即可获得相当的意外保障。新婚夫妻在保险费预算有限的情况下,可借投保高额保障的意外保险来搭配人寿保险。

2)依实际状况投保医疗保险

事实上,生活中的风险不只是身故,万一需要长期住院治疗,不但收入中断,还必须支付医疗费用。社会医疗保险开办后,很多人以为不再需要购买商业健康保险。其实,社会医疗保险只提供基本的医疗保障,并不给付伤病期间的收入损失。因此,通过投保商业健康保险来补贴社会医疗保险的不足,可以获得更好的医疗保障。

对于新婚家庭每年保险费的支出,以设定在年收入的5%~15%比较恰当,以免影响到日常生活。

3. 满巢时期的保险规划

1)养老保险与重大疾病保险

这一时期,可以考虑增加养老保险,为晚年的生活提供更好的保障。投保人可一次性缴清保险费,在约定的时间到期后,按合同领取养老金;或是依保单上的规定,分期缴纳保险费,从约定的时间开始,每年或每月领取保险金。一般的养老保险均是以被保险人身故为合同终止的条件。还可以考虑购买重大疾病保险,来确保家人在患重大疾病时的治疗费用。

2)为子女购买保险的必要

"望子成龙,望女成凤"是每位父母对子女的期盼,为了让子女将来能青出于蓝,筹备子女教育基金就成为此时期家庭理财规划的重心之一。可以通过购买少儿保险等储蓄型险种，给孩子的教育费用建立专门的账户，专款专用。

3）家庭财产保险

这一时期，家里家具电器齐全且档次不断升级，家庭经济也具有了一定的基础。可考虑购买家庭财产保险，使家庭的保障更加全面。家庭财产保险可对房屋、房屋装修、室内财产进行保险。购买保险后，由于火灾、台风、暴雨、泥石流等原因对以上财产造成的损失，都可以申请赔款。另外，还可选择室内财产盗抢险、水暖管爆裂及水渍险、保姆人身意外险、家用电器用电安全损失险、高空坠物责任险、家养宠物责任险等。

4. 退休时期的保险规划

老年人的生活需求相当多。如果未妥善规划，而将老年时期的经济来源完全交由社会保险的养老金，大多只能提供最基本的保障，而无法享受理想的生活。因此，若要拥有高品质的老年生活，就应该在年轻的时候做好规划。老年人在这一时期，可以考虑针对老年人设计的人身意外伤害保险。

5.3 保险产品建议书的说明技巧

制定一份比较完备的保险产品建议书后，还需要保险营销人员能够把这份建议书对准保户进行恰当的说明，才能达到预期的效果。

5.3.1 说明中要遵循的基本原则和技巧

1. 充分准备

保险营销人员在到达与准保户事先约定的地点前，要注意穿着、心情和说明的工具。当与准保户见面坐定后，一定要把所有的相关资料和工具都拿出来，不然会严重影响或打断讨论的节奏，也会显得手忙脚乱、信心不足。具体包括以下五个方面。

（1）准保户以前面谈的记录。

（2）一份加了封面的完整的保险产品建议书。

（3）一份当天要进行说明的大纲。它可以看起来更为专业，同时准保户也会用更认真的态度与保险营销人员交谈。

（4）保险协议书。如果事先把保险协议书放在保险产品建议书的后面，当保险产品建议书说明结束后，准保户有意购买时，保险营销人员就可以很自然地将保险协议书放在其面前，立刻促成交易。

（5）计算器、签字笔、费率表等用具。要使准保户更好地接受说明，也可以展示一些公司和保险营销人员以往的业绩，如公司的排名、新闻的宣传、个人的荣誉证书等。

2. 讲解内容简单化

一份综合保险计划或者一个家庭保险套餐涉及的内容非常多，作为非专业人士的准保户要在短时间内将所有内容完全消化几乎是不可能的。这就要求保险营销人员能够选择最主要、最关键的问题进行充分的讲解，而不要过于纠缠一些次要问题。

一般来说，多次重复产品的突出优点是十分必要的。比如，准保户在第一次听到产品的优点时可能还没有领会到，或者是在思考其他问题而没有听清楚。这时候，比较有效的办法是：保险营销人员变换不同的说法将产品的优点进行第二次或第三次的介绍。这种用优点进行强刺激的方法在一定程度上可以冲淡准保户的其他顾虑。但是一定要注重方式方法，否则容易让准保户觉得是强行营销而产生反感情绪。

3. 数字功能化

要善于创造意境，将枯燥的数字描绘成美丽的画面，把未来的"钱"变成实际的利益。对于那些要用来辅助说明的数据资料要清楚，比如储蓄、股票、债券等数据要真实可信，这样才能成为保险产品建议书的有利佐证。

4. 解说形象化

为了让准保户更好地理解保险产品，了解保险所具有的不可替代的作用，保险营销人员要尽量避免使用专业术语，而用生活化、口语化的语言形象地表达；帮助准保户设想领到钱时的情景，把条款上生硬的保险责任，转换成与准保户切身利益相关的保险利益。通常情况下，准保户只会因为自己的切身利益购买商品，而不会为抽象的保险责任所左右。

在讲解的过程中，保险营销人员尽量使用简短有力的词汇和语句。有时要使用与准保户生活息息相关的例子来辅助说明，以增加准保户的联想与印象。

5. 业务熟练化

保险营销人员对保险条款、保险费率、其他公司同类产品等情况要非常熟悉，这样才能在准保户面前建立非常专业和敬业的形象。也只有显得很专业，准保户才会放心购买保险产品。

在说明的过程中，保险营销人员最好不要拿其他公司的产品进行比较。如果准保户特别要求，建议先进行这样的介绍：

"每家保险公司的保险产品在保险责任上会有不同的侧重点，因此不可能有完全相同的产品。但同类的预定利率差别不大，也可以说基本相同。所以对于我们消费者来说，选择最合适自己的保险设计才是最重要的。我们现在介绍的产品组合，就是根据您的切实需要特别设计的。"

有一点一定要注意：一些保险营销人员为表现对保险产品的熟悉，在对保险产品说明时语速过快，像连珠炮一样，让准保户不知所云，抓不住要领，难以理解。因此，保险营销人员要掌握合理的语速，不能说得太快，在适当的时候还要有必要的停顿、解释，给准保户理解的时间，更要留给准保户发问的时间，然后再解答其疑问。这样慢慢引导准保户，直到完全理解为止。

6. 避免忌讳用语

人们自古以来比较忌讳直接说出伤残、大病、死亡等词汇。所以，保险营销人员在说明时要避免或者尽量少用这样的字眼，而选择比较温和的词语来替代。实在回避不了的时候，也千万不要说"你"和"您"这样的字。比如，不要说："您如果伤残了可以获得赔付多少。"而要用"我们"这个词。比如，"如果我们发生这种情况……"

另外，不要使用否定用语，更不要对准保户的看法直接否定。

7. 保持耐心和微笑

在说明的过程中，保险营销人员要始终保持微笑，努力创造一个轻松愉快的环境，消除准保户的紧张感觉，面对准保户的疑问要有足够的耐心，解说时要用不急不缓的口气。保险营销人员可以对准保户提出的问题给予肯定，以增强其信心。比如，"从您提出的这个问题就能看出您对财务方面真有不少研究""您可真是一个细心的人"等。

8. 确定准保户完全了解保险内容

在说明的过程中，保险营销人员要经常询问准保户对讲过的内容是否真正理解了。因为只有真正了解了，才能引起准保户的购买欲望，并且买了以后也不轻易退保。

5.3.2 说明的具体步骤

具体的说明过程可以根据不同的对象和情况来设计，大多数情况下包括以下几个步骤。

1. 确认准保户的需求

在说明保险产品建议书之前，保险营销人员可以提醒准保户，在前几次的谈话中，准保户曾经提到过哪些需求。这样做是为了保证准保户的需要与保险产品建议书中的内容切实符合，也可以在一定程度上避免准保户说自己的需要与之前计划不符合而拒绝购买。

2. 提出分析

为什么要提出分析呢？因为对于大多数准保户而言，当保险营销人员向他们营销保险产品时，他们一般都处于健康状况良好、收入比较稳定的阶段。所以，他们能够明确知道贷款、负债的压力，但几乎没有想过万一发生了什么事情，他们的家人会面临什么样的困境。所以，这些情况要通过保险营销人员的描绘使他们能够有切实的体会和警觉，从而引发强烈的对保险产品的购买欲望。

3. 建议

在做了充分的准备以后，保险营销人员可以拿出保险产品建议书，开始逐页说明。例如：

"李先生，我所建议的这个人寿保险产品组合可以这样考虑：如果我们出现了因疾病不幸身故的事情，至少可以领到 60 万元的现金；如果是因为意外而产生不幸，那么还可以领到 80 万元的意外身故保险补偿。这样，不但贷款可以还清，家人的生活也就有了保障，刚才我们担心的问题就可以解决了。当然，绝大多数情况下，意外情况不会发生，那样您就可以连本带息地拿回现金，而且还不用交利息税。"

当保险营销人员将保险产品建议书上的摘要以类似这种方式呈现给准保户之后,准保户焦虑的心情通常会放松下来。这时,准保户会问一些更详细的问题,保险营销人员就可以翻开保险产品建议书后面的内容进行比较详细的介绍,通过说明来解答准保户的疑问。

4. 促成

当保险营销人员做完这些说明后,可以立即用下面这些话来询问准保户,看看准保户是否已经有购买的意愿:这些保障是不是您所需要的?您觉得这份保险产品建议书如何?您觉得这些保障够不够呢?

当准保户理智与情感上的需要都被保险营销人员的说明满足后,通常会通过语言或肢体语言体现出来。比如,他会问保险营销人员:"这个保费一定要一年缴纳一次吗?""所以你的建议包括了……"或者拿起保险产品建议书仔细地阅读等。

当保险营销人员发现这些信号时,可以拿出预备好的投保单直接请准保户购买。可以说:"您希望今天缴费呢,还是明天?""受益人是写您太太吧?",等等。

阅读资料

建议书样例

×××通信有限责任公司员工保险计划书
第一部分 问候函

×××通信有限责任公司:

首先,感谢贵公司对中国人民财产保险股份有限公司×××分公司长期以来的信任及支持。

为了把双方的合作进一步推向纵深领域,我公司根据贵单位员工由正式员工和临聘员工两部分组成且从事经营服务业的特点,专门针对这两部分员工的人身意外风险和工作需要,以构建和谐企业为出发点,特为贵公司员工"量身定做"本保险建议书以供参考。我公司建议贵公司投保团体意外伤害保险、附加意外医疗保险、交通工具乘客意外伤害保险、家兴业旺组合保险以及附加意外伤害住院津贴保险,主要基于以下考虑。

(1)投保团体意外伤害保险,将有助于公司正式员工和临聘员工全身心投入工作而无后顾之忧,一旦遭遇意外伤害事故而致身故或残疾,能够获得高额的保障,不至于作为家庭经济收入重要来源的贵公司员工的家庭遭受经济上和精神上的双重打击。

(2)投保附加意外医疗保险,将有助于解决公司正式员工和临聘员工因意外伤害住院治疗,社会保险范畴以外的医疗费用。

(3)投保交通工具乘客意外伤害保险,将有助于公司极大地节约办公费用,将不确定的成本支出与风险补偿变为固定的成本支出。交通工具乘客意外伤害保险全年保险费只有120元,却可以涵盖飞机、火车、汽车、轮船四种交通工具。特别是对于经常出差的员工,每次乘坐飞机或其他交通工具必然购买20元一份的航意险和几元不等的乘客意外险;若全年乘坐飞机6次以上,则更为划算。

(4)投保家兴业旺组合保险,将有助于公司正式员工和临聘员工转嫁几乎最常见的居家风险,包括室内财产损失、盗抢造成室内财产损失、管道破裂及水渍造成室内财产损失以及第三者责任，可以真正让公司员工实现安居乐业。

（5）投保附加意外伤害住院津贴保险，将有助于公司正式员工和临聘员工因意外伤害住院期间支付每天的护理费用或营养费用，特别是对于收入较低的临聘人员来说，意外住院每天100元的津贴补助可以较好地帮助其解决经济方面的压力。

希望贵公司能认真考虑和采纳我公司的建议，最大限度地化解正式员工和临聘员工遭受意外伤害时的经济损失，同时帮助贵公司节约日常经营成本开支，以及员工一旦遭遇不测公司所支出的抚恤费用。

我公司将尽最大努力，希望以自身的实力优势及丰富的承保理赔经验，提供一流的保险保障服务。同时，也期望与贵公司齐心协力、风雨同舟、携手共进，为贵公司可持续发展保驾护航，为共建和谐文明企业而不懈努力。

第二部分　×××员工意外伤害风险分析

一、××公司员工风险评估

（一）行业风险特性分析

根据对贵公司及行业情况的初步了解和我公司多年风险管理的经验，我们认为作为通信行业的服务提供商，贵公司的运营状况具有以下特点。

（1）公司的中、高层领导工作非常繁忙，外出开会、出差相当频繁，经常乘坐各种交通工具。每次乘坐飞机等交通工具都去购买航意险和其他交通意外险，不仅费时、不方便，而且多花费公司的经费开支。

（2）各营业网点每天要重复大量的收银工作。

（3）有一部分员工经常要深入崇山峻岭去检查设在野外的基站和发射塔的设施，随时都可能遇到意想不到的事故。

综合来看，贵单位员工面临的意外事故风险属于综合性风险。

1. 日常生活中存在的意外风险

（1）我省处于国家的中南部，大部分地区年降水偏多，冬汛、春汛和夏汛汛情叠起，一浪高过一浪，并有大涝特点，局部地区冰雹、大风、龙卷风和暴雨山洪成灾。

（2）我省交通的日益发达导致交通事故的发生概率逐年上升。根据我国《××年公安部全国道路交通事故通报》，××年全国平均每×分钟就有1人死于交通事故，全国平均每1分钟就有1人因交通事故而受伤，每天全国有近300个家庭因为交通意外失去亲人……

（3）其他一些突如其来的意外事故，如高空坠物、地面陷阱、游乐场所机器设备安全隐患、家用电器伪劣产品质量安全事故、火灾、煤气中毒等因素都有可能造成人身意外伤害事故。

2. 工作中存在的意外风险

（1）频繁的外出开会、出差和正常的上下班途中，由于交通原因极有可能引发交通意外事故。

（2）各营业网点每天要重复大量的收银工作，可能会遭遇暴力抢劫，给营业员带来极大的人身安全隐患。

（3）经常要深入崇山峻岭去检查设在野外的基站和发射塔设施的员工，随时都可能遇到意外事故。

（二）员工现有保险保障分析

根据我们初步了解到的信息，贵公司目前员工保险保障现状如下：

（1）保障种类：贵公司已给正式员工投保了社会基本医疗保险以及养老保险、生育保险等，少数员工个人购买了商业保险的相关意外保险产品。

（2）保障范围：社会基本医疗保险不承担因工伤或意外所造成死亡、残疾以及因此而产生的医疗费，员工个人购买的意外险产品保障不充分。

（3）需要员工/公司承担的损失/费用支出：

员工因工负伤的医疗费用；

交通事故导致的医疗费用；

意外事故产生的医疗费用；

意外事故产生的赔偿项目（死亡或残疾等）。

结论：

通过上述分析，我们不难发现，贵公司目前为员工购买的社会基本医疗保险，无论在保障深度上还是在保障范围的广度上，都无法全面而有效地抵御员工可能面临的意外事故风险。因此，迫切需要商业保险为其提供风险转移。

二、保障不足的潜在风险

（一）直接损失

因员工从事本职工作造成的死亡、伤残和意外医疗费用，需要单位承担的赔偿责任。

（二）间接损失

1. 影响单位的正常运作

员工特别是单位的中、高级行政管理人员等骨干人员由于发生意外事故，长时间的缺位，将对单位的正常运作产生极大的消极影响。因此，一个完善的保险机制不仅能及时有效地解决员工面临的巨大经济压力，同时有助于减轻其心理压力，有利于促进其康复。

2. 影响单位士气和员工心态

一旦遭遇意外事故，可能造成员工死亡、残疾或者住院，并可能由此给出险员工带来高额的手术费用、治疗费用等。这些对于员工及其家庭而言，不仅是沉重的经济负担，同时也是巨大的精神痛苦。如果公司为员工购买了意外保险，在其遭遇意外事故时，不仅在经济上提供了物质补偿，更是对其心理给予巨大的安慰，从而避免由此对单位其他员工士气的影响，避免因此导致单位整体运作效率的下降。

第三部分　保险建议方案

针对贵公司有必要利用商业保险以有效转移社会基本医疗保险等保障之外的，包括意外身故、残疾及因此造成的手术、住院费用、医疗康复费用和药品费用等在内的综合性风险的现状，我们向您郑重推荐我公司开发推出的团体意外附加意外医疗保险、交通工具乘客意外伤害保险、家兴业旺组合保险以及附加意外伤害住院津贴产品。

需要说明的是，此保险方案是我们在对贵公司总体风险情况和保障需求分析的基础上提出的初步建议。我们将进一步与您协商、沟通，充分全面地了解您的实际保障需求，向您提供切实、合理、有效的保险保障。

一、保险产品简介

(1) 团体意外伤害保险：在保险期间内，被保险人因遭受意外伤害而致身故、残疾或烧伤，保险人依照《人身保险残疾程度与保险金给付表》和《意外伤害事故烧伤保险金给付比例表》所对应的等级按比例给付保险金。

(2) 附加意外医疗保险：在保险期间内，被保险人因遭受意外伤害事故，在中华人民共和国境内（不包括香港、澳门、台湾地区）县级以上（含县级）医院或者保险人指定或认可的医疗机构进行治疗，保险人按合同约定给付保险金。

(3) 交通工具乘客意外伤害保险：在保险期间内，被保险人踏入乘坐的交通工具入口，在交通工具内因交通事故导致身故或残疾的，保险人依照合同约定给付保险金。每份保险保险费120元，累计保险金额为人民币110万元，其中各类交通工具所对应的保险金额如下。

飞机：人民币50万元。

火车（含地铁、轻轨）：人民币30万元。

汽车（含电车、有轨电车）：人民币10万元。

客船、渡船、游船：人民币20万元。

(4) 附加意外伤害住院津贴：被保险人在保险期间内因遭受主险合同保险责任范围内的意外伤害而在中华人民共和国境内县级以上（含县级）医院或者保险人认可的医疗机构住院治疗，保险人按被保险人自意外事故发生之日起180日内实际每次住院日数乘以每日意外伤害生活津贴标准给付住院津贴。

(5) 家兴业旺组合保险：一款家庭财产综合保险产品，从财产方面为家庭提供保障。

元

保障项目	保险金额/责任限额	绝对免赔额
室内财产损失	50 000	无
盗抢造成室内财产损失	20 000	200
管道破裂及水渍造成室内财产损失	20 000	无
第三者责任	20 000	200

意外伤害包括交通意外、生活意外、自然灾害等，其中交通意外包括车祸、空难、海难等，生活意外包括高空抛物、溺水、动物啃咬、高空坠落、火灾等，自然灾害包括洪灾、泥石流、雷击、冰雹等。

二、保险建议（以每人为单位）

险种	保险金额	费率	保险费	总保险费
团体意外伤害保险	10万元	2.1‰	210元	553元
附加意外医疗保险	2万元	3.1‰	62元	
交通工具乘客意外险	110万元		120元	
附加意外伤害住院津贴	每日100元		61元	
家兴业旺组合保险	11万元		100元	

第四部分　服务措施与承诺（略）
第五部分　公司介绍（略）
第六部分　结束语（略）

中国人民财产保险股份有限公司
××省分公司

情景演练

听清客户说的话再介绍产品

情景解析

保险营销人员要学会倾听，还要主动引导客户说出自己的想法和意见。让客户说，一直到说出真正需求为止。每个人都有表达的欲望，客户自然也不例外，保险营销人员只有做个认真的听众，让客户的心理得到满足，才可能完成销售。

倾听不仅是用"耳"去听，还要用"心"去倾听客户。这样的倾听不仅能鼓励客户继续讲下去，还能让他打开心扉，实现心与心的沟通，从而建立客户对保险营销人员的信任感。

实战强化训练

一天，保险营销人员徐正行和客户王大姐一起商讨保险计划书一事，王大姐对徐正行制订的计划书非常不满意，因此在说话时就显得有点儿急躁。

保险营销人员："王大姐，我十分理解您现在的心情，是不是我制订的计划书有什么问题？"

客户："小徐啊，我是相信你才在你这儿买的保险。"

保险营销人员："谢谢，您能说一下您对这份保险计划书有哪些不满吗？"

客户："我觉得这个保险计划对于我这个年龄段的人来说没什么用处。"

保险营销人员："您的需求是什么呢？"

客户："其实也没啥特别的，我就想退休以后有点儿保障、多领点儿钱，可是你设计的保险计划书是我身故以后才能领到很多钱，这给孩子们了我也能理解，可我退休以后的生活该怎么办啊？"

保险营销人员："好的，王大姐，我一定根据您的要求重新帮您制订一份养老保险计划书，您觉得怎么样？"

客户："好，好！"

保险营销人员："那我明天把重新制订好的保险计划书给您送过来，您看怎么样？"

客户："没问题。"

保险营销人员："好的，我想问您一个问题，可以吗？"

客户："你问吧。"

保险营销人员："您希望退休以后每个月领到多少钱呢？"

客户："这个倒没想过，不过每个人对于钱都是嫌少不嫌多的，我当然也不例外啊！"

保险营销人员："大家都是这样想，其实我也是如此。假如您退休之后每年领到

50 000元,您对这个数额满意吗?"

客户:"可以,这不算少了。"

(一天后)

保险营销人员:"王大姐,这是新的保险计划书,您对这份保险还有什么其他的要求吗?"

客户:"我就怕到了退休年龄之后,还没从保险公司领几年钱就走了,那我不是亏大了吗?"

保险营销人员:"王大姐,您不用担心这个问题,您可以选择在退休之后一次性领取这些养老金。"

客户:"哦?是吗?那一次性领取和一年领取一次有什么区别吗?"

保险营销人员:"您看一下这个计算公式吧……"

客户:"这样一看我就清楚多了。"

保险营销人员:"王大姐,您对这份保险计划书还有其他的问题吗?"

客户:"没有了。"

金牌技巧点拨

当客户生气或着急时,保险营销人员不能因为客户情绪不利于推销而气馁,而是耐心地引导客户讲出不满意的地方,从而让客户将情绪发泄出来、发现问题、解决问题,不但了解了客户的真实想法,让客户接受下次预约,还加深了彼此的信任,可谓"一石三鸟"。

复习思考题

一、名词解释

保险产品建议书　资产负债表　人寿保险规划　所得倍数法　财务需求法

二、实践思考题

1. 小王今年27岁,在一家高科技企业工作四年了,有了一些积蓄,他觉得自己身体特别好,根本用不到保险,还不如留着钱以后结婚用。你觉得小王的想法对吗?你会怎么说服他购买保险呢?

2. 综合运用已经学过的内容,根据以下情况尝试完成一份保险产品建议书,并分组进行模拟说明。

李先生:34岁,私营企业经理,可支配年收入约60万元,有房有车,以前没有任何保险保障。

李太太:32岁,目前为全职太太。以前没有任何保险保障。

李宝宝:4岁,男,以前没有任何保险保障。

家庭日常开支:每年日常开支主要包括生活、教育、医疗保健、房贷等,总共需要20万元。房贷10年按揭,共需还款120万元。

3. 请分组练习与准保户说明保险产品建议书的主要程序及其注意事项。在练习的过程中,要求互换角色。

三、论述题

设计建议书的原则:建议书的设计应该是对准保户的具体情况大体了解,找到了准保户的需求点和购买点之后,再根据其能够负担的保费、所需要的保险金额等情况,为准保户完整搭配,量身设计。可以从以下几点展开论述:①合理保险金额原则;②全面保障原则;③适当保费原则;④不影响生活原则;⑤先保障后储蓄盈利原则;⑥先大人后小孩原则;⑦夫妻互保原则。

第 6 章 面谈技巧

思政目标：
学习中华民族传统优良美德，诚实守信，相互尊重，迎接美好面谈。

学习目标：
1. 了解接近顾客的目的，以及如何做好事前准备；
2. 掌握面谈的策略、方法以及应对不同类型的顾客时的洽谈技巧。

6.1 接近顾客的技巧

接近顾客是推进保险营销工作关键的第一步。与新顾客的第一次接触是搜集顾客需求信息，建立良好关系的基础。通常从接近顾客到营销洽谈是一个历时较长的过程，需要反复多次的拜访。在这个过程中，保险营销人员必须巧妙地消除顾客戒备心理并且赢得顾客好感，使保险营销人员与保险产品一起走进顾客的心。为此，保险营销人员必须认识接近顾客的目的，掌握建立顾客信任和好感的方法技巧，做好充分准备，用诚心和耐心打动顾客。

6.1.1 接近顾客的目的

接近顾客不是为了洽谈保险，而是为了给洽谈保险创造机会。通常来说，保险营销人员直接与顾客洽谈保险很难被顾客所接受。因为顾客接受保险产品需要有一个心理认同过程，由不感兴趣到接受，由排斥到了解到喜欢，是一个循序渐进的心理变化。如果违背了这个心理活动规律就会引起猜疑和抵触，欲速则不达。接近顾客的目的具体有以下几点。

1. 树立良好的第一印象

心理学的"首因效应"揭示了人与人之间交往中第一印象的重要性。人与人第一次交往中留下的印象，往往在对方的头脑中形成并占据着主导地位，这种效应即为首因效应。当人们第一次与某物或某人相接触时会留下深刻的印象，第一印象作用最强，持续的时间也最长，比以后得到的信息对于事物整个印象产生的作用更大。尽管有时第一印象并不完全准确，但总会在决策时，在人的情感因素中起着主导作用。

在生活节奏如飞的现代社会，很少有人会愿意花更多的时间去了解一个给他第一印象不太好的人。可以说，好印象能促进业务的顺利进行，不好的印象很可能会终止营销工作。从这个角度说,第一印象对营销工作的成败起 50% 的作用。所以,保险营销人员应努力给对方留下良好的第一印象,为以后的交流打下坚实的基础。

2. 建立信任感

在顾客接受保险产品的过程中起关键作用的是对保险营销人员心理认知的变化,即由戒备防范到产生好感和信任的心理变化。基于保险产品无形性的特点,顾客只有信任保险营销人员才会接受保险产品。所以,要获得营销的成功,建立好感和信任是关键。保险营销人员从初次接触就要努力给顾客留下诚实可信的印象。一般情况下,顾客会从体态、姿势、谈吐、衣着打扮等方面判断保险营销人员的素质,所以保险营销人员在与顾客接触时应注意着装得体大方,谈吐礼貌、稳重、坦诚。

3. 搜集资料

通过交流,保险营销人员广泛地搜集顾客信息,评价顾客对保险的态度,为准确判断顾客的保险需求打好基础。

4. 创造再次面谈机会

面谈机会往往需要多次的交流和努力才能达成,每次交流都要不断地强化顾客的保险需求,激发其购买欲望。一般来说,只有符合下列条件的才能达成真正的面谈:
① 经过事先约定而专程前往拜访;
② 对方愿意或已经单独持续和你谈及保险话题;
③ 对方提出自己的见解,对以后的发展产生意图;
④ 对方对你尊重。

总之,顾客从与保险营销人员初次接触到愿意进行保险产品面谈需要一个过程。要推进这个过程,在接近顾客的环节最重要的是建立良好的顾客关系。因此,保险营销人员在接触顾客时不要急于谈论保险产品,而要立足于建立好感,创造面谈机会。

6.1.2 接近顾客的准备

接近顾客是营销工作取得成功的第一步。良好的开端是成功的一半,为了取得良好的局面,接近顾客前保险营销人员必须做好充分的准备。

1. 心理准备

对于保险营销人员来说,每一次销售活动都是对自己的挑战,其间会遇到种种障碍。为取得成功必须树立健康、积极的心态,做好迎接挑战的准备。保险营销人员应该认识到自己的工作是为他人服务,帮助他人获得保险利益,这样就能用诚心、爱心、信心、耐心面对每位顾客。

1) 诚心

保险营销人员要用一颗诚心来对待顾客,要将心比心,以心换心;切莫认为顾客可以糊弄而精于口舌,夸大其词,急功近利。可以蒙人一时但不能蒙人一世,一旦败露将身败名裂。只有踏踏实实、以诚相待，才能赢得长期信任。

2）爱心

保险营销人员在开展营销工作时要能急顾客之所急，想顾客之所想，主动关心顾客，为顾客提供优质服务，而不是考虑自己的利益得失。

3）信心

保险营销人员在认识自己工作的社会价值后就会充满自信。自信是一种积极向上的力量，在与顾客交流中，保险营销人员言谈举止间流露的自信可以感染顾客，更容易获得顾客的好感与信任。

4）耐心

保险营销人员在与顾客的接触中不能急于求成。要做一个忠实的听众，虚心地听取顾客意见，分析顾客想法，不厌其烦地解答顾客问题，并不失时机地宣传自己的保险产品，耐心地帮助顾客寻找最佳的保险方案。

带上诚心、爱心、信心、耐心上路是营销工作成功的起点，是保险营销人员接近顾客必备的心理条件。

2. 物质准备

物质准备主要包括顾客资料准备和展业工具准备。

1）顾客资料准备

对已有的顾客档案进行分析，包括健康状况、家庭状况、经济状况、工作状况、个人爱好等。掌握顾客的生活、工作及保险需求特点。如判断他和他的家人关系怎么样？需求是什么？我们之间共同的语言是什么？从顾客工作中找到行业术语，从顾客最近的活动中找到热点话题，从顾客个人爱好中找到交谈切入点。例如，准保户目前拥有的保障情况、荣誉感、对家人的爱心及家庭责任感等，往往是准保户对保险的需求点。了解以上事实后就可以切入保险话题，使准保户体会到购买保险是解决以上种种生活问题的最佳方法。

2）展业工具准备

展业工具包括：公文类工具，如公文包、名片、工作证、保险营销资格证、保险产品介绍资料、条款、费率表、职业分类表等；促销类工具，如保险事故、理赔报告、有关新闻报道简报、促销宣传手册等；计算器、文具等必要的辅助工具。

在拜访前，保险营销人员应尽可能对拜访对象有所了解，包括其姓名、年龄、职业、文化水平、家庭背景、个人兴趣、收入情况等。如果拜访前很难了解相关信息，则只能通过初次接触来收集。保险营销之神——原一平很重视拜访前对顾客的调查，他认为一个杰出的保险营销人员应该是一名好的调查员，甚至应该是一名优秀的新闻记者。他认为，除非把对方调查得一清二楚，否则宁可不去拜访。

3. 知识准备

知识准备具体包括企业知识、顾客知识、保险知识、竞争者知识。

(1) 企业知识主要有本企业的历史、发展现状、规模、在行业中的地位等。

(2) 顾客知识主要指对顾客档案分析后获得的知识。

(3) 保险知识主要包括本企业保险产品的设计、保险费率、保险利益、投保规则要求等。

(4) 竞争者知识主要包括竞争者地位、竞争能力、竞争者保险产品特点、竞争者优势和劣势等。

4. 行动准备

行动准备包括拟订拜访计划和电话约访。

1) 拟订拜访计划

拜访计划是所有准备工作中最直接影响营销效果的一个方面。在拟订拜访计划前,保险营销人员应先认真思考关于顾客的下列问题。

● 访问顾客有没有足够的理由?
● 顾客有没有购买决定权?
● 顾客现在有没有足够的经济实力?
● 顾客购买保险的需求状况:有没有需求?需求是不是迫切?
● 与顾客见面怎样说好第一句话?
● 怎样说明保险给顾客带来的利益?
● 顾客可能提出哪些疑问?怎样恰当回答?

在上述问题得到圆满答案后,拜访计划才能说是有效的计划,否则只能是一纸空谈。

一个完整的拜访计划应该包括以下内容。

(1) 明确的拜访目的。拜访目的就是此次拜访希望得到的成果,如促进与顾客的关系,了解顾客情况,促成顾客签约等。

(2) 拜访内容。拜访内容应根据拜访目的具体安排,包括:怎样了解顾客信息,了解哪些信息,怎样与顾客交流等。

(3) 确定合适的拜访时间。在制订拜访计划时应慎选拜访时间。因为时间对每个人都很重要,如果无端占用别人时间会打扰别人的计划,引起对方不悦。因此,保险营销人员不能只顾自己方便,率性而为,而要考虑顾客的作息、起居规律,根据职业特点作合理安排。一般来说,如果顾客是老板可以选择上班时间拜访,顾客是职员最好在下班或休息时间拜访。家庭主妇一般在上午 9:00—11:00 或下午 3:00—4:00 拜访。总之,要保证顾客有空闲的时间。

(4) 确定的拜访对象。确定要拜访的对象,尽量多了解他们的人文特征和需求特点。即使是陌生顾客,也要尽可能对他们作必要的了解,包括年龄、姓名、职业、文化水平、家庭背景、收入情况,甚至兴趣爱好,了解越多越容易交流。

(5) 合适的访问地点。相对安静,便于交流沟通的地点。

(6) 安排好访问行程。每天的拜访对象一般有多个，为了提高工作效率，保险营销人员应根据拜访目的和拜访地点合理规划拜访路线行程。

2) 电话约访

电话约访也是一种礼貌，显示对顾客的尊重。尤其是社会地位高的顾客往往需要事先预约。所以，除非是陌生拜访，否则拜访前最好能进行电话约访。

电话约访的目的就是争取面谈。仅通过电话交谈是无法促成顾客购买保险产品的，千万不要同意顾客在电话中介绍保险内容的要求。

"知己知彼，百战不殆。"要和顾客深度交流，就必须做好充分准备。这些工作的目的只有一个，就是帮助顾客接纳和信任保险营销人员。

6.1.3 接触说明

完成上述准备工作后，就要和顾客进行面对面的交流（此时，顾客可以认为已是准保户）。与准保户接触，尤其是初次接触，是推进营销工作关键的第一步，重要且困难。其主要任务是建立良好的关系，取得准保户的信任。因此，保险营销人员应该注意自己的言谈举止，使自己的一言一行都表现出坦诚和友好，以尽快地打消准保户的戒备心理。在实际工作中，要注意应用以下步骤。

1. 接触说明的步骤

1) 自我介绍

拜访准保户首先必须做自我介绍。有效的自我介绍，应做好两个关键点：一是要用自信的态度介绍自己；二是要善于应用名片。

实际工作中，有些保险营销人员害怕准保户不接受自己，说话往往躲躲闪闪、隐隐藏藏，不敢表明自己的身份，殊不知这样更容易加剧准保户的疑虑：你是谁？为什么找我？准保户不先弄清这个疑问是很难进行沟通的。所以，保险营销人员一定要自信、明白地介绍自己，说话时语言简练，声音清晰。先介绍自己的姓名和所服务的公司，再说明此行的目的。

名片是现代社会最常见的交际工具，也是保险营销人员最方便、常用的必备推销工具。与准保户接触中营销人员不能吝啬名片，对所见到的准保户都应该递上名片。而且对于同一个准保户来说，不管是第几次见面，为了给对方加深印象，同样要奉上名片。

例如，日本的著名保险营销人员齐藤竹之助就说过："在我常去拜访的那些公司，董事长或部长的抽屉里放着许多张我的名片，我曾不止一次地亲眼看到过。齐藤先生，您真是热心呀！瞧，您的名片已经有这么大一叠了，有的人还边说边把名片放到桌上让我看。"得到对方"您真是热心呀"的高度评价，就离成功不远了。

2) 握手与寒暄

(1) 握手是交往中不可缺少的礼节，可以通过身体的亲密接触传达真诚，激发对方的情感共鸣。

(2) 寒暄是为顺利导入推销话题所做的铺垫。通过寒暄可以让彼此的紧张心情放松下来，恰当的寒暄话题能尽快消除准保户的戒备心理，进而赢得准保户好感，建立信任关系。寒暄的话题最好与准保户爱好一致，谈些准保户关心的内容，如时尚流行、烹调技艺、教育问题、旅游景点、健康话题等；也可以是一些中性、轻松的话题，如天气情况、公众的热点话题、时事新闻等。以下是一些寒暄的例子。

"王总，看着你们员工井井有条地忙碌着，肯定生意很火吧！"

"张姐，你把家里布置得这么舒适优雅，看得出你真是个有品位的人！"

"小李，今天天气不冷不热真舒适，是个放松的好时候，对吧。"

"小王，听说你前几天刚刚看完《没有借口》，这本书可是被炒得很火，能不能给我介绍一下。"

(3) 寒暄时保险营销人员要克服一些不好的习惯。具体如下。

① 话太多。保险营销人员自己说个不停，把准保户晾到一边。

② 心太急。保险营销人员不专心听准保户倾诉，急着想谈保险，让准保户感到索然无趣。并且一谈起保险就忘了寒暄，殊不知寒暄要贯穿于整个流程的始终。

③ 太直白。对准保户的不同观点，保险营销人员直接反驳。切记不要反驳、批评准保户的想法，要理解、认同准保户，鼓励准保户说下去。

3) 学会倾听，发现问题

听话比说话更重要。从表面上看，准保户主动说话而保险营销人员被动听话，似乎前者掌握了绝对优势，而后者处于不利地位，其实不然，听者反而较说者有利。因为说者每分钟语速大约120字，而听者的思考速度则是说者的四倍。当说者在为其讲话内容构思费神之际，听者则有充分的时间对准保户的意见进行剖析予以回答。因此，倾听的营销人员表面上处于劣势，实则处于优势。

倾听的要求如下。

(1) 集中注意力用心去听，准备好纸和笔，把谈话的重点内容记录下来。

(2) 适时发问，帮助说者理出头绪。对方说话时原则上不要去打断，但可以适时发问，这比一味地点头更有效用。

(3) 适时发问能增强与准保户的互动，使谈话更具体生动。在谈话时，常常会出现说者欠思考，语言混乱，甚至把自己弄得晕头转向的情况，这时保险营销人员如果能适时提问将其思路拉回，可以让准保户回忆起自己的话题，言归正传，使原来模糊不清的论点就此得到清晰的展现。

(4) 从谈话中了解准保户的意见与需要。找出话题让准保户讲下去，准保户会在不经意中表露内心的想法。保险营销人员必须仔细观察准保户的表情与身体动作，通过谈话内容及声调，判断对方真实的想法，掌握准保户的真正需要，然后有针对性地强化准保户需求，可以收到事半功倍的效果。准保户在谈话时内心常带有意见、需要、问题、疑难等。要让准保户发表"意见"，保险营销人员了解"需要"，要去解决"问题"，则必将清除"疑难"。

4) 找出准保户的购买点并切入主题

保险营销人员是准保户的生活及财务规划师，要为准保户作出最恰当的保险规划必须找出准保户真正的需求。为此，首先要了解准保户以下情况。

（1）了解准保户及其家庭情况。

个人及家属的相关资料；资产负债及收入情况；子女的教育需求；社会福利的现状。

（2）家庭财务安全计划需求。

家庭日常开支情况；住房基金、教育基金、医疗基金；目前投资情况。

（3）退休财务需求情况。

（4）个人应急财务需求情况。

此外，保险营销人员还要探测准保户的荣誉感、对家人的爱心和责任感等。了解上述事实后就要自然地把话题转到保险上来，使准保户体会到购买保险是解决种种生活问题的最佳方式。

2. 把握接触中的交谈程序

为了更好地提高交谈效率，防止东拉西扯，保险营销人员与准保户的交谈过程大体可以按照以下顺序来进行。

（1）赞美准保户，消除对方初识时对你的戒心。

（2）一边赞美，一边以聊天的方式巧妙地获得准保户相关信息，如个人信息、家庭情况、工作情况等。

（3）提供你所知道的事实，建立共同话题。比如，切入生活中的热点问题、焦点问题，如家庭生活开支、子女教育费用、医疗费用、投资收益等，引起准保户的交谈兴趣。

（4）从日常财务问题导入准保户关心的问题，引起准保户的思考。例如，利用赞美引出对方的理财方式，如"周先生这么年轻就拥有如此舒适的家庭生活环境，在理财方面一定有很好的办法"。

（5）适时切入保险，让准保户了解保险是解决生活问题的好方式。例如，"有一种投资可以使您的家人在收入中断时依然能维持正常的生活运转，您对这样的投资会感兴趣吗？""您有没有想过将保险列入您的理财规划呢？"

3. 善于揣摩准保户心理状态

保险营销可以说是建立、发展、维护准保户关系的过程。从初次见面起，要致力于关系的建立。保险营销面对的常常是各具特性的人，每个人不仅性格不同而且对保险的认识态度也各异，同时其表达内心的方式也不同，因此与准保户当面交流时，保险营销人员要善于揣摩准保户的心理状态，据此判断每次交流的内容、深度，制定不同的交流策略，才能更好地赢得准保户的信任。

1）揣摩准保户是否欢迎

当保险营销人员面对一位准保户作自我介绍、说明来意之后，准保户是欢迎还是拒绝直接决定了此次交流的方式。判断准保户是否愿意交流，一般可以通过下列表现分析。

（1）久久没有接待你的意思。这表示对方无亲切感，并且有戒备、畏惧和猜测的心理倾向，也表现了准保户对保险缺乏了解，更缺乏兴趣和需要。这种情况下，保险营销人员应该拿出有力的证据，证明自己的身份，打消对方的戒备心理，获得信任，不宜过多谈及保险话题。

（2）准保户表现出蛮横的态度。保险营销人员刚介绍自己的身份、来意，准保户马上表现出不讲理的蛮横态度，通常可能是三种心态的表现：第一种是对保险存在很大偏见，或是因曾经购买保险的服务不好而耿耿于怀，又或是根本缺乏保险知识；第二种是对保险营销人员本身存有戒心，甚至存在"主动上门推销的都没有好东西"的偏见；第三种是为了掩饰内心的紧张、不安，可能是自己发生了什么烦心事。如果遇到这种情况，保险营销人员不要慌张，更不要气愤，而要冷静从容地应对。

2）透视准保户内心的状态

（1）通过"落座"的位置及坐姿透视。通常准保户与你坐的位置距离越近表明对你的态度越友好，越远表明对你的心理抵触情绪越大；准保户逐渐向你靠拢，表示正在接受你；坐在对面是想让你了解他，而坐在旁边突然扭转身体面朝你可能是对你有兴趣或有不解之处；喜欢对门坐的人权利意识强，同时也很小心；喜欢背门坐的人在心理上可能处于劣势；深深坐在椅子里的准保户可能在心理上想处于优势压倒你；轻轻坐在椅子上的准保户，是对你表示恭敬之意或对你的谈话具有强烈的兴趣。

（2）通过表情透视。面部表情认真，目光积聚说明对保险营销人员谈及的内容感兴趣。面部毫无表情，这是在压抑控制自己的不满情绪。具体可以从嘴巴、眼睛、眉毛的动作来判断对方的心理状态。瞪大眼睛看着对方表示有很大兴趣。眉毛和眼睛的配合是密不可分的，二者的动作往往共同表达一个含义，但单凭眉毛也能反映出人的许多情绪的变化。处于惊喜或惊恐状态时眉毛上耸，即所谓的喜上眉梢；处于气恼状态时眉角下拉或倒竖；眉毛迅速地上下运动，表示亲切、同意、愉快；紧皱眉头表示处于困窘、不愉快、不赞同状态；表示询问或疑问时，眉毛会向上挑起。嘴巴除了吃、喝、呼吸外，还可以有许多动作，借以反映人们的心理状态：紧紧地抿住嘴，往往表示意志坚定；噘起嘴是不满意和准备攻击对方的表现；遭到失败时人们往往咬住嘴唇，这是一种自我惩罚的动作；嘴角稍稍向后拉或向上拉，表示正在注意倾听；嘴角向下拉是不满或固执的表现。

（3）通过视觉透视。"眼睛是心灵的窗口"，它直接反映个人对周围事物的感知和心理活动。准保户的视线变化是表明交流意愿的重要标志。如果对方视线没有对准你，说明对你毫无兴趣或毫不在意；如果先移开视线再与你说话可能有厌恶的情绪；如果双方正在说话，突然垂下眼睛这可能是沉浸在思索中，整理自己的思路；倘若又抬起眼睛并有规律地眨眼，这表明马上要正式表态了。此外，目光凝视时间的长短也能判断对方的心理感受。通常与人交谈时，视线接触对方脸部的时间在正常情况下应占谈话时间的30%~60%。超过这一平均值者，可以认为对谈话者本人比对谈话内容更感兴趣；低于这一平均值者，则表示对谈话者和谈话内容都不感兴趣。眨眼的频率有不同的含义。正常情况下，一般人每分钟眨眼5~8次，每次眨眼一般不超过1秒。如果每分钟眨眼的次数超过5~8次，一方面表示神情活跃，对某事物感兴趣；另一方面也表示个性怯懦或羞涩，因而不敢正视对方，作出不停眨眼的动作。如果眨眼的动作超过1秒，一方面表示厌烦、不感兴趣；另一方面也表示自己比对方优越，因而对对方不屑一顾。瞳孔也能传达信息：瞳孔放大、炯炯有神表示此人处于欢喜与兴奋的状态；瞳孔缩小、神情呆滞、目光无神则表示此人处于消极、戒备或愤怒的状态。

（4）通过手脚动作透视。与人接触时有的人喜欢晃动手脚来平衡内心状态，通过准保户手脚动作可以透视其心态。如果准保户抱着胳膊与你谈话，表示傲慢、不愿被说服的心态；如果将手朝着对方，表示强烈拒绝的态度；把手放在头上或用手敲头表明对保险有关问题进行深入的思索中；手不停地从口袋中进出表示想放松自己的紧张；对方变得热情，请你抽烟或喝茶表示已经接受你了。

3）揣摩准保户对保险的态度

揣摩准保户对保险的态度可以帮助保险营销人员更好地识别并有效地区分准保户，以提高营销效率。保险营销人员可以从以下方面揣摩准保户对保险的态度。

（1）"我知道。"这实际上是一种委婉的拒绝。当准保户不愿继续听下去又不好意思直接表达时，他会在你开口时便说"我知道了"，因此假如保险营销人员遇到这种只听一半话就说"我知道"的人就应该转移话题，首先设法让准保户对保险营销人员有进一步的了解。

（2）准保户滔滔不绝。如果准保户上知天文下知地理滔滔不绝地谈论，这很可能是为了阻止别人说话。因此，当准保户喋喋不休时，可能表明不愿面对保险话题，话多只是隐藏自己的一层烟幕而已。

（3）准保户扯题外话。与准保户交流时有些人会扯到主题外的事，而且越扯越远。这通常可能有三种情况：第一是完全不小心，不知不觉扯远话题；第二是准保户一时心血来潮，突然想到得意的事，这大多发生在健谈的准保户身上；第三种情况是准保户故意改变话题，不愿再谈关于保险的事。从实际情况看，第三种情况居多。如果判断是第三种情况，保险营销人员可以让他讲下去，不必费力拉回他，可以利用这个机会再深入观察准保户对保险营销人员本人的心意与动向。

（4）准保户对保险营销人员表现出和善的态度。表面上看这是比较容易接近的准保户，所以经验不足的保险营销人员可能会为遇到这样的准保户而庆幸。但事实并不这么简单，友善的态度也有可能是拒绝购买的信号。因为对方最后往往会说："让我考虑几天再说吧。"基于对方刚才客气的态度，保险营销人员往往会同样客气地说："没关系，我等着你的消息。"结果，几天后接到对方拒绝的电话。正所谓"褒贬是买家"，对方和善的态度并不一定表示你的话引起他的共鸣，这可能是内心隐隐拒绝的一种表现。

总之，学会"察言观色"是保险营销人员的基本功。与准保户接触要善于了解对方的心理状态，并灵活地实施有针对性的交流策略，才能建立起友好和谐的顾客关系。

阅读资料

第一次拜访要快而准

打仗的人都知道，兵贵神速，所以，《孙子兵法》说："兵贵胜，不贵久。"出兵作战，一旦旷日持久，就会使军队疲惫、士气挫伤、财力耗竭，成功的机会也就相对地减少。

保险推销，同样也是如此。

如果一个顾客，可以用三天的时间和他谈成交易，千万不要拖上一个星期。因为时日一久，即使准保户也有可能改变主意。

对于一个保险营销人员来说，时间的管理极为重要，尤其是要懂得把握每分钟和每个顾客接触的机会。

能够在最短的时间内达成任务，才会有更多的时间拓展更多的顾客，也才能挪出更多的时间和顾客联络感情，扩展人脉。

兵贵神速，不是要你一见到顾客就忙着介绍险种，而是要你充分掌握时间，妥善运用每一分钟，达到最符合经济效益的成果。

首先，第一次与顾客相见，一定要制敌机先，简洁有力，给对方留下好的印象。

心理学实验报告显示："一般人能真正集中注意力的时间，只有三分。"所以，你要做到在这短短的三分钟时间内简明扼要地介绍清楚你是什么人，到此拜访是什么目的，你能给他提供什么帮助或好处等。总之，要在这三分时间内把自己推销给对方并让他接受。

如果第一次拜访你做不到这一点，那么，你的拜访效果就会大打折扣。

要记住这个"三分钟原则"。第一次拜访一定要在几分钟内结束。要知道，抱着第一次拜访就能把单签下的想法是不切实际的。最好的方法是，第一次先给对方留下一个好的印象，为以后的拜访留下机会。只要有机会再访，就有机会签单。

所以，出门前一定要做好充分的准备，至少要对顾客有个初步的了解，准备一套无懈可击的说辞，再临机应变，自然可以取得先机，增加成功的概率。一旦确认已经达到与顾客建立起相互认识的关系，就应立即结束第一次拜访。除非对方主动聊起话题，否则必须立即告辞，并约定下次见面时间，待日后再慢慢联络感情。

6.2 洽谈的常用方法

保险推销自始至终需要不断地与准保户接触，交谈、介绍是必不可少的。怎么使准保户不至于对你产生反感甚至拒绝，关键就要看你自己。光有好的险种还不够，还要看你如何向准保户进行推介，怎样去说服他，怎样去打消他的怀疑和犹豫心理。这个说明和说服的过程是艰苦而漫长的，其成败基本上全取决于你的一张嘴。所以，谈话的技巧在保险推销工作中是非常重要的。

6.2.1 初步洽谈的常用方法

面谈又称初步洽谈，是保险营销人员通过讲解与示范，帮助准保户全面了解保险险种进而产生投保欲望的过程，是实质性洽谈的第一步。保险营销人员成功地接近准保户之后，就进入了洽谈阶段。洽谈的最终目的在于说服准保户采取投保行动。因此，在洽谈过程中，保险营销人员必须做好三项工作。

(1) 保持准保户的注意和兴趣。
(2) 使准保户充分了解险种的特征和该险种给准保户带来的利益。
(3) 激发准保户的投保欲望。

初步洽谈的方法通常分两类。

1. 提示法

提示法又称讲解法。这是指用语言方式向准保户介绍险种，启发、引导其购买保险。具体方法有以下几种。

(1) 直接提示法。即保险营销人员接近准保户之后立即向其介绍险种，陈述险种的优点和特性，然后建议准保户投保，直接劝说准保户购买保险。

(2) 间接提示法。运用间接方法劝说准保户购买保险，可虚构一个准保户的情况，也可采取一般的泛指来介绍险种的优点和特性，而不是直接建议准保户投保。

(3) 明星提示法。借助一些有名望的人来说服准保户投保，既迎合了准保户的求名心理，又借助名人、名厂、名家的声誉，消除准保户的疑虑，从而有力地影响准保户的态度。

(4) 积极提示法。用积极的语言和方式劝说准保户购买保险。所谓积极的语言和方式，可以理解为正面的提示、肯定的提示、热情的语言、赞美的语言及会产生正面效应的语言等。例如，保险营销人员可对准保户说"您的保险意识真强"，使之在愉快的心境中接受推销。

(5) 消极提示法。用消极的、不愉快的甚至是反面语言及方法劝说准保户购买保险。俗话说："请将不如激将。"运用消极提示法，有时可以更有效地刺激准保户。"推销之神"原一平就经常使用"挑衅话术"，例如："您好粗心"或是"您就是要投保，公司也不会要您"。这种方法冒险性很高，很容易伤害准保户的自尊心，只有在有十足把握的情况下才能使用。

(6) 逻辑提示法。通过逻辑的力量促使准保户理智思考，从而明确购买保险的利益和好处。

2. 演示法

演示法指通过小册子、挂图、幻灯、电影、录音录像等手段，启发、引导准保户购买保险。保险营销人员应注意收集与保险险种有关的文字资料、图片、保户的表扬信、家庭生活计划报纸杂志的剪贴、各种统计调查资料及证明资料，更生动、形象、真实可靠地向准保户介绍保险。保险推销成功的关键是取信于准保户，演示法通过展示资料，令准保户信服。保险营销人员在运用演示法时可使用以下影响策略。

(1) 正统法。保险营销人员强调本企业的声望和经验。

(2) 专门知识。保险营销人员表明自己对准保户情况和本企业险种有深刻的了解，但不能过分夸大。

(3) 影响力。保险营销人员通过逐步扩大自己与准保户共有的特点、利益和观点，增强对准保户的影响。

(4) 表示友好。保险营销人员可向准保户表示个人的善意，如请喝茶，以加强彼此间的亲密关系。

(5) 树立形象。保险营销人员通过良好的仪表、谈吐、举止，把自己的良好印象传递给准保户。在面谈过程中，保险营销人员应始终强调准保户的利益，介绍险种的特征，用以证明准保户的利益可以得到充分的体现。

6.2.2 营造良好的洽谈气氛

洽谈气氛的发展变化直接影响着整个营销业务的前途，成熟的保险营销人员对洽谈气氛十分重视。推销的一项重要任务就是，在不断变化的环境中努力推动洽谈气氛向着融洽进展，而谈话的气氛基本上在谈话开局时就已形成，所以开局十分重要。开局往往是从寒暄开始的。寒暄似乎是人人都会的，但不同的寒暄有不同的效果。有些人以为寒暄只是打打招呼而已,往往只是机械性地问好,讲讲天气如何如何而已。而有些人就不这么认为,他把寒暄当作切入进一步交谈的先导。保险营销人员应该是这种人,要做到除了问好外,还要想方设法地没话找话说。看看下面的这段话并做对比:"早上好!""早上好!啊,你这咖啡色西服做得真合身,穿在你身上真是帅极了!"

前面一种只是问候而已,后面一种则是与准保户套上话了。一个人穿了一套新装,总希望得到别人的好评,你这么一称赞,他即使不想跟你讲话,也至少对你下一步的话语不再反感。这样,谈话就容易展开了。所以,寒暄不仅仅是问候那么简单,还要包含关心、赞美甚至想结识的意思。

适当地使用一些恭维的话语称赞对方,也能为开局营造良好的气氛。但要注意火候和分寸,更要分对象和场合。虽然说女人总喜欢得到别人的赞美,但如果第一次见面,就巴结地称赞人家非常美丽,可能反而会引起她的戒心,从而破坏了谈话的气氛。对年长者,适当地称赞他气色很好,很健康,他肯定很高兴;但如果你恭维他壮实,他可能就要怀疑你了。所以,要注意别把马屁拍到马腿上去。

营造良好的气氛总要一定的时间,所以不要在洽谈的开始就忙于进入实质性问题,可以先谈论一些轻松的、非业务的话题,以使双方的思想相互有个适应和趋近的过程。比如说,可以谈一些新近发生的事情、体育或文娱消息、个人的爱好、到对方家乡旅游的观感等等。对老顾客,可以谈谈过去共同合作的经历等。在闲谈的过程中,双方的紧张情绪会得到放松,心理距离也拉近了,甚至能找到共同语言,这样,就为正式进入主题洽谈建立起良好的基础。

6.2.3 洽谈中的语言技巧

在保险营销洽谈中,一定要注意语言的技巧,以高超的语言艺术使顾客折服。

1. 说话时应注意的事项

1)减轻对方的负担

一般人不愿别人说话,是因为听别人说话是一种负担。所以,保险营销人员在说话时要设法尽量减轻对方的负担。要注意话要说得有趣,使对方乐意听,而且要使对方在短时间内抓住要点。为使对方易于理解,要尽量举出具体例子。

2)说话要诚恳

不诚恳的话语,无法打动别人的心,说话必须发自内心,即使用语稍显笨拙,或平时少言寡语,照样可以说出感人、有力的话来。

3)肯定对方的"价值"诉求

人被认定其价值时,总是很高兴的。因此,保险营销人员必须经常以找出准保户的价值为首要任务。因为,它会使洽谈在善意的气氛中进行。要找出对方的价值,并使对方觉得那个价值实在值得珍惜,也会增加对你的好感。

4）不逞强、忌害怕

人格无尊卑，人与人之间是平等的，保险营销人员在洽谈中不管面对任何人，都应不卑不亢、落落大方。

5）使用敬语，创造平等、亲切的气氛

为使双方处于平等地位，保险营销人员在洽谈中要注意使用敬语。经常正确地使用敬语，说来容易但实际做起来却相当困难。有些人使用了敬语，心理上却有抗拒感；有的人使用敬语要看对象，他们认为轻易向别人使用敬语等于贬低了自己，其实这样的想法是大错特错的。

2. 提高谈话能力

"推销之神"原一平总结了自己 50 年推销生涯后认为，一定要提高推销访谈的说服力。要提高自己的谈话能力，首先应该从以下六个方面入手。

1）不要独占任何一次谈话

谈话是双方的语言交流，只能双方都充分发表自己的意见和见解，才能达成互相了解，而只有了解才会引导推销成功。精于话术的人，谈话的能力其实很差，因为他们只懂得说而不会去听。而业绩高的保险营销人员，大多都沉默寡言，他们都是倾听的高手，只在关键的时候才会说上一两句。

2）清楚听出对方谈话的重点

与人谈话，最重要的就是听出对方的目的和重点。每个人都有这样的经验，如果你的话语能引起对方的共鸣，你肯定感到快乐和兴奋。将心比心，要使别人乐于谈话，保险营销人员一定要发现对方谈话中的"伟大"内容。

3）适时表达你的意见

我们反对滔滔不绝，也反对从头到尾不发一言。谈话毕竟是双方的事情，如果你不发一言，对方会怎么看你呢？所以，要在不打断对方说话的原则下，适时地发表你的意见，这才是正确的谈话方式。

4）肯定对方的谈话价值

如果你的话受到别人的肯定，心里自然很高兴，你会对肯定你的人产生好感。所以，要适时地表示你对准保户的话的肯定，以获得他的好感。

5）必须准备丰富的话题

只有这样才不至于使谈话冷场，同时还可增加彼此的感情交流。要准备丰富的话题，靠的是自身丰富的知识和见识，这就靠平时的积累。

6）以全身说出内心的话

光用嘴是难以营造谈话气氛的，还必须辅以手、眼、身姿，要学会用心灵去说话，用你的整个身心去说话，形成一种谈话的优势，去融化对方并说服对方。还要随时注意对方的反应和眼神，并以此来琢磨自己的下一步行动。俗话说："眼睛是心灵的窗户。"有时候，眼睛比嘴巴更会说话传情，从对方的眼神中看出他的思想，然后据此来调整自己说话的方式和语气、语调等，只有达到完全的相互交流，才能说明你具备了很高的谈话能力。

3. 相信对方、尊重对方

人都有自尊心，都要求别人以礼相待，说话和气可亲。所以，保险营销人员在推销谈话中必须时刻注意相信准保户、尊重准保户。在营销保险产品时，保险营销人员只要强调保险产品的一两条优点就成了，不宜过多，不要在一句话里同时介绍保险产品的几种特点。在营销洽谈中，千万不要把自己营销的保险产品与竞争对手的保险产品进行太多的比较，其原因是不好比：过多地讲竞争对手保险产品的优点，不利于自己营销；而过多地讲别人保险产品的缺点，将己之长比别人之短，又很不道德，会引起顾客的反感。

4. 恰当运用推销术语

在业务洽谈中能否恰当地使用推销术语，对营销工作是否能取得成功影响很大，所以，保险营销人员应多注意这一方面。比如保险营销人员说："如遇事故，保证及时赔偿，如有意拖延，可以投诉。"在营销财产保险时，这句话能加强准保户的购买信心。

5. 要避免突出自我

保险营销人员应避免多说："我认为……""我不同意这样说……"等。如果将每一句话中"我"字都相应变成"您"字，效果会更好。

6. 辅以手势、书写，使谈话更有说服力

在保险推销过程中，保险营销人员一定要有笔在手，随时把重点和一些重要的数据写在纸上，令顾客一目了然，既明白又有说服力。

7. 声音要有魅力

注意吐字清晰、段落分明、快慢有致，音量大小适中，措辞要高雅。

8. 掌握好停顿的奥妙

停顿在交谈中非常重要。利用停顿，保险营销人员可以整理自己的思维，引起对方的好奇和注意，还可用来观察对方的反应、促使对方回话、强迫对方速下决定等。此种技巧要妥善地加以运用。

阅读资料

大保单在哪里

台湾有个做大单的高手,她叫梁美玲。她认为,做大单关键是心理格局,心理格局放大,保单自然就大。她说,跳蚤本是跳高天才,但如用玻璃罩罩住它,在里面跳久了,日后只能跳玻璃罩那么高,因为习惯而自我限制了。所以,如果您认为自己能经营大单,您就能;而如果您心中的保单只能是1万元的,怎么能说服顾客买10万元的呢!

梁美玲认为,有了大的心理格局,就会有企图心,自然就会去寻找有能力买大保单的人。所以,心理格局也是做大单的原始动力之一。

梁美玲总是很明确地对老板说:"其实,像你们这个阶层的人,缺的不是小钱,缺的是大钱。我就帮您做个2 000万元的规划吧,寿险1 000万元,再加上意外险就2 000万元。这样有个什么情况时,家里就有充分的保障了。"

"张老板,像您这样的身家,月交5 000元不像大人穿小孩的衣服吗?就买1万元吧,不能再讨价还价了。这么个大老板,没有这样的保障怎么成!"

她说,保额是可以被要求、被创造出来的,这关键是要看自己的心态。

梁美玲并不认识很多高薪的人士,她的保单很多都是靠陌生电话推销开拓而来的。她真正面对客户的时候,客户买不买她的保险都还说不定呢,但最后很多客户总是买大单。梁美玲说这是她要求他们这么做的。她说,大保单在她心中,所以她的保单都是大额的。

美国的保险推销高手费德文认为,高额的保单源自长远的眼光。但如何把眼光放长远呢?这就看您自己怎么规划您自己的寿险计划了。

费德文认为,只有您自己把自己的寿险计划做得很高了,才有可能和有钱的大顾客平起平坐,才可能底气十足地去说服他投保高额的保险。

有一次,费德文去拜访一位当地的富翁。当费德文介绍完保险产品后,富翁对费德文说:"您说我要买巨额保险,对吗?"

"是的。"

"那您买了多少人寿保险?您买多少我就买多少。"

"我自己有600万元的保险,每星期支出保费7 500元以上。"

富翁看到费德文拥有如此多的寿险,购买的信心进一步提高。费德文马上抓住时机说:"我不知道您的人生价值是多少,但您的未来价值绝对不止这个数目。"

也许您现在还没有能力投保高额的保险,但您至少在心里有着这样的价值观:我肯定会是个成功的保险营销人员,以后,我也一定会投保高额的保险。有了这样的思想,您才能肯定您的价值,这样您才能从思想上把自己提高到与有钱的大顾客那样的高度。

日本的保险推销高手柴田和子认为,对一些有支付能力的客户,给他设计高额保险是对他个人能力的肯定,顾客会因为这样而感到满足,客户的这种微妙心理并不是所有人都明白并掌握的。所以,柴田和子告诫保险营销人员,对于有能力支付高额保险金的顾客,一定建议他投保高额保险。

1995年,柴田和子为一家唱片行的东主投保了一份1亿日元、东主太太投保5 000万日元的高额保险,单是月缴保费就达38万日元。签完单之后,唱片行的东主露出了高兴的神情，对柴田和子说他很高兴，从来没有人推荐他买这么高额的保险，而柴田和子竟能给他作出这份高额保险计划。

与大人物联系是比较困难的，特别是有秘书把关时。很多人遇到困难就退了。但柴田和子与别人不同，她是愈挫愈勇，通过实践，她渐渐总结出一套适合自己的方法。

她与大人物交往，首先是摆正自己的位置，以平等的人格去面见各种大人物，这样反而让他们产生认同感。一般来说，这些大人物总给人一种威严感和压迫感，因此一般的营销人员去拜访他们时只是一味地奉承，却谈不到正题。但她却不是这样的，她心里总是抱着"我是来跟您谈生意"的思想去见这些大人物，"想什么就说什么，直来直去，硬碰硬"。大人物总是惺惺相惜，只有与他们平等，他们才接受对方。

虽说她的顾客多半是别人介绍来的，但柴田和子有时候也通过陌生拜访的方式开拓客源。很多人对那些深宅大院总怀着一种敬畏的心情，不敢轻易去拜访，但柴田和子认为，这些深宅大院才是商机的真正所在。越是别人不敢去的地方，越是看起来棘手的地方，她就越是要去试探。

大门被敲开了，大多数情况下并不是想见的人，但对这些人柴田和子也极力讨好，就好像讨好那些办公室门外的秘书一样。她会以"您家的庭院好漂亮""我怕狗，但是这只狗眼睛好可爱"等之类的话题作为开场白，或者乘机先恭维开门的人："您真幸福，能住这么豪华的宅院，过这么优越的生活，真羡慕您。"然后，自然地就与他们攀谈上了。在这个过程中，她会编一些千奇百怪的理由直接提出请求："下次能否让我见一见先生？我现在正在学习，因此千万请您成全我。"

在他们还没有警惕的时候，她就与他们约定好下一次拜访的时间，然后赶紧道谢离开。

回去后，她立即查找资料，把主人查清楚，她总有一大堆名人录之类的东西可以帮上忙，准备向真正的目标发起进攻。

6.3 应对不同类型顾客的洽谈技巧

在保险营销人员的工作中，将会遇到各种各样的顾客，必须因人而异，不断地调整自己的洽谈方式和谈话策略。

1. 对忠厚老实型顾客

这是一种毫无主见的顾客，无论保险营销人员说什么，他都点头说好。这类顾客往往在保险营销人员尚未开口前，已经在心中设定"拒绝"的界限，但当保险营销人员进行营销内容的说明时，他又认为言之有理而不停地点头，甚至还会加以附和。对这类顾客，最要紧的就是不能只让他点头说好，你要问他："怎么样，难道你真的不想买这种保险？"这种突然式问句可以松懈其防御心理，在不知不觉中便完成了交易。

2. 对自以为是型顾客

这种顾客总是认为自己比保险营销人员懂得多，也总是在自己知道的范围内毫无保留地述说。当保险营销人员进行营销内容说明时，他也喜欢打断保险营销人员的话，说："这些我早就知道了。"这类顾客不但喜欢夸大自己，而且表现欲极强；可是他心里也明白，仅凭自己粗浅的知识，是绝对不及一个专业的保险营销人员的，他最终会自找台阶下，承认保险营销人员说的有道理。对这类顾客，不要说得太仔细，稍作保留，让其产生困惑，同时告诉他，你猜测他已经了解了你所介绍的内容；为了表示自己能干，他会和保险营销人员商讨成交的细节。

3. 对夸耀财富型顾客

这类顾客喜欢在他人面前夸耀自己的财富，但并不代表他真的很有钱。虽然他也知道有钱并不是什么了不起的事，不过，他唯有如此才能增强自己的信心。面对这类顾客，在他炫耀自己的财富时，保险营销人员要适度地恭维他，表示想跟他交朋友。然后，在接近成交阶段时，保险营销人员可以这么说："您可以先付订金，余款改天再付。"这样一方面可以顾全他的面子，另一方面也可以让他有周转的时间。

4. 对冷静思考型顾客

这类顾客喜欢靠在椅背上思索，有时则以怀疑的眼光观察对方，有时甚至表现出一副厌恶的表情。他们常把保险营销人员当作木偶，而自己则是观看这台戏的观众。也许是因为他的故作深沉，给人一种压抑感。这类顾客在保险营销人员介绍营销内容时并不专心，但保险营销人员要非常仔细地分析顾客。最好的方法是保险营销人员必须很注意地听取他所说的每一句话，然后再从其言语中，推断出他心中的想法。此外，保险营销人员还必须诚恳而有礼貌地与其交谈，并且态度必须谦和、有分寸，千万不能显出迫不及待的样子，在解说所营销保险产品的优点时，必须热情地予以说明。

5. 对客气型顾客

保险营销人员在进行营销时，常常会遇到这样的顾客：他们对保险营销人员态度温和有礼，然而总是坚决地谢绝购买。这种顾客，从表面上看很有教养，礼貌周全，让人心服。当保险营销人员上门访问时顾客会说："做你们这行真是很辛苦啊，天气这么恶劣还要跑来，我们虽然无法买你的东西，然而劳你特地上门，实在不好意思。"

当保险营销人员介绍保险业务时，顾客会推辞说："这种保险确实不错，如果有钱的话，我真想买下来。不过最近手头不太方便，真抱歉。"也许还会建议："你去别家试一试。"

对说明的售价及优惠条件，顾客会装作感兴趣的样子说："这个条件很有吸引力，真想不到会有这么好的条件。唉，可惜我们现在周转有点问题，不然的话，我确实很想买，真遗憾，爱莫能助。"

这种说话态度真是客气到家了，几乎把保险营销人员当作客人似的恭恭敬敬、彬彬有礼，可是保险营销人员却被这种客气所阻，无法了解到顾客的真实想法。顾客总是表现得很有原则，他不买的理由总是无可指责。在这种情况下，没有经验的保险营销人员往往被挡驾回府了，其实这种顾客并非像他们试图表现得那么亲切而滴水不漏，他们一样可以被劝服，只要保险营销人员善于分析。这类顾客的心理状态大多是希望给人亲切随和的感觉，对保险营销人员习惯性地敬而远之，认为和自己无法沟通。这些彬彬有礼的顾客，喜欢使用"和蔼可亲"的言辞,然而其真实的心态却恰恰相反,大多高傲自大。这种行为在心理学上称之为"逆反形成倾向"。可是,如果他明确直接地表现出这种骄傲,必然会引起不满和指责,或者是别人强烈的抵抗,这样势必无法满足他的虚荣心,怎么办呢?于是他自觉不自觉地采取了表现相反而实质不变的方式,表现自己虽然是个重要人物,却十分和蔼可亲、平易近人,即便是对上门的保险营销人员也恭敬有礼。其实这种"和蔼""恭敬"仍然是一种居高临下的"恭敬",实质是无法满足的骄傲,但他用这种较为隐蔽曲折的方式来获取心理上被尊敬的感觉。须知人人都有被尊重的需要,有些人则特别强烈,所以会有逆反表现,即虚伪的"恭敬"。

在很多人看来,保险营销人员为了让顾客买保险,自然是吹得天花乱坠,其实却并不可信,自己和保险营销人员打交道,只会上当吃亏。最好不要当这种傻瓜,三言两语推辞掉是最安全的方法,绝不会招来无妄之灾。这实际上是一种自我防御的倾向,这类顾客用逃避现实、无视保险营销人员来防卫自己的安全,借以保持心理平衡。这种防卫倾向,在那些曾经被保险营销人员蒙骗吃过亏的顾客身上表现得更强烈。尤其是性格内向、缺乏安全感的顾客,根据以往的经验和本能的防御心理,会认为不可和保险营销人员多谈,否则就有吃亏上当、被强迫购买的危险,还是敬而远之,不打交道最安全。

还有一种客气,大多发生在高级管理人员身上。他们认为自己和保险营销人员缺乏共同语言,彼此属于两个不同的层次,言谈举止、嗜好观念、思维方式都迥然不同,所以没有什么可谈的。顾客这种傲慢自大的心态,自然会使他对保险营销人员采取居高临下的"俯视"姿态,虽然客气,却在彼此之间挖了一道很深的鸿沟。他自认为和保险营销人员是不同层次的人,没有必要多谈,只要适当地应付应付,让其明白知难而退就可以了。

这种顾客是较难说服的一类。他们具有逆反心理行为和防卫倾向,很难摸清其真实意图,他们的本来心意与行动背道而驰,因而采取以言辞反应为中心的营销术是绝对不会奏效的。相应的对策是可以请一位资历地位均高于顾客的介绍人,取得他的信任和重视,然后再慎重地劝导他。

面对这种类型的顾客时,保险营销人员自身的素质是相当重要的。对这种自高自大的骄傲态度,保险营销人员一定要不卑不亢,把握好分寸,对保险的说明也要符合事实,不夸夸其谈;同时注意和顾客之间的沟通,可以谈些双方都感兴趣的"题外话",融洽气氛、增进感情,这样才能赢得顾客的尊重和信任,并对保险产生真正的兴趣,而不是如前所述仅仅敷衍一下而已。注意到了这些,再加上坚持不懈的努力,成功的希望仍然很大。

6. 对内向型顾客

这类顾客有些神经质,很怕与保险营销人员进行正面接触。在接触时,喜欢东张西望,不大专注于一个方向。这类顾客只要遇到保险营销人员,便会显得不安,因为他深知自己很容易被保险营销人员说服,所以总是躲躲闪闪地应对保险营销人员。保险营销人员必须谨慎而稳重,要细心观察对方,坦率地称赞其优点,与其建立可以信赖的友谊。

7. 对冷淡严肃型顾客

这类顾客总是表现出一副冷淡而不在乎的态度,他不认为保险营销人员所谈的内容对他有何重要性,而且根本不重视保险营销人员,令人难以亲近。对这类顾客,保险营销人员绝不能施加压力,或向其强迫营销,他对保险营销人员天花乱坠的说明根本不予置信。在进行营销说明时,不能草率,保险营销人员必须设法诱导出他的购买冲动,才有成交的可能。因此,必须适时对他进行称赞,使其对营销的内容产生兴趣,建立彼此友善的关系。

8. 对先入为主型顾客

这类顾客在刚与保险营销人员见面时,便会先发制人地说,自己只是想了解一下,并不想买。这种类型的顾客作风干脆,可以与保险营销人员进行自在的交谈。事实上,这类顾客最易成交,虽然他在一开始就持否定态度,但对交易而言,这种心理抗拒却是最脆弱的。对他先前抵抗的话语你可以不予理会,因为他并非真心地说这些话,只要保险营销人员以热诚的态度亲近他,就很容易成交。

9. 对好奇心强烈型顾客

这类顾客对购买根本不存在抗拒心理,不过他想详细了解保险有何好处及其他一切有关的情况。只要时间许可,他很愿意听保险营销人员的说明。他的态度认真、有礼貌,同时会在保险营销人员进行说明时积极地提出问题。总之,他会是个好买主,不过必须看保险的内容是否合他的心意。这种人属于冲动购买的典型,只要保险营销人员能引发他的购买动机,便很容易成交。保险营销人员必须主动、热忱地解说推销的内容,使之乐于接受。同时,保险营销人员还可以告诉对方你可以为他提供的优质服务,以及可以给他的优惠待遇,这样,他就会非常高兴地购买。

10. 对生性多疑型顾客

这类顾客对保险营销人员说的话都持怀疑态度。在他们心中多少存在着一些个人烦恼,他们经常将一股怨气出在保险营销人员身上。因此,保险营销人员应该以亲切的态度和他交谈,千万不要和他争辩;同时也要尽量避免对他施加压力,否则只能使情况更糟。进行营销说明时,保险营销人员态度要沉着,言辞要恳切,而且必须观察对方的忧虑,以一种朋友般的关心询问他,等对方完全心平气和了,再按一般方法与之商洽。这类顾客经常一言不发,而能否使之乐意听保险营销人员介绍保险产品,取决于保险营销人员是否具有专业知识和才能。

11. 对不爱说话型顾客

保险营销人员最难应付的顾客恐怕就是不讲话的顾客。遇到不爱说话的顾客,保险营销人员一定要主动发问,引他说话。有经验的保险营销人员往往能在很短的时间内找到顾客感兴趣的话题,消除顾客的警戒心理,进而促成交易。顾客不爱说话大致有以下一些原因。

(1) 顾客认为不讲话,别人就不容易知道自己的底细,因而养成一副不爱多说话的脾气。

(2) 顾客性格天生如此,就是不讲话。

(3) 顾客对对方的形象比较讨厌,所以不讲话。

(4) 不知说什么好。

(5) 顾客确实无意购买。

事实上，这种不爱说话的顾客并非绝对不开口的，只要有适宜的话题和相当的情绪，他能够说得很开心。保险营销人员应该对顾客给予关心和从带有愉快感的事情入手询问他的意见，热心地赋予同情和理解，就可以和顾客愉快地交谈了。

12. 对滔滔不绝型顾客

对于保险营销人员而言，喜欢讲话的顾客有时让人感到无所适从。拜访他的时候，他谈起来滔滔不绝，使得营销工作在他那儿停留的时间要比预计的长得多。这样，一天中能够访问到的顾客数量就减少了，使营销活动的效率大受影响。倘若告辞的时机与方式不恰当的话，又会被顾客认为是服务不够周到，营销工作缺乏诚意。所以很多保险营销人员都认为向能言善道的顾客告辞时，既要使对方感到一种满足，又要很好地把握时机，避免无谓的耗时是一大难题。这种喜欢和保险营销人员攀谈的顾客，通常情况下又可以分成两种类型：一种是想利用他的口才来使保险营销人员退却；另一种则是天生就是好说话的个性。

如果是前一种情况，顾客是有意地将不停说话当作挡箭牌，占用较多的推销时间，使保险营销人员感受到顾客对于推销活动所反映出的抵触。这时，保险营销人员应全神贯注地听顾客的表达，搞清顾客这种抵触心理的来源，找到问题的根本所在并表示接受顾客的担心与顾虑。保险营销人员应在化解了顾客的抵触情绪后再开始谈保险规划。

对后一种情况，只要在适当的时机果断提出问题，使谈话直接涉及问题的关键，结束顾客漫不经心的闲扯就可以了。保险营销人员提出问题时，态度要诚恳，使顾客感到坦诚。

13. 对心直口快型顾客

心直口快的人干事情喜欢直来直去。对这样的顾客，不妨也来个直来直去应对，但态度要诚恳。在顾客的直来直去的语言中，往往会含有不少对保险误解及夸大其词的东西，保险营销人员可以直接地指出其错误，然后针对性地向顾客介绍适合他需要的保险险种，并直接征询他的意见。

针对性急或忙碌的顾客，介绍时要简明扼要。这些顾客看起来都很忙，有时候干脆就用"我很忙"来作挡箭牌。对这样的顾客，保险营销人员最好也用限定时间的方法去应对。"对不起，我只占用您5分钟的时间。"然后，要在5分钟内把最主要的东西向他做个简单的介绍，一般采用先讲结论再陈述理由的方式。到了限定的时间，要注意观察顾客的表情，如果没有不耐烦的神情，可以再作进一步要求："对不起，我再谈几分钟就完了。"如果还意犹未尽，可再进一步："对不起，由于您很忙，很不好意思打扰了这么长时间，不知道我讲得是否清楚？是否还有什么不明白的地方需要我解释呢？"然后再观察顾客的反应，并采取相应的行动。

也可以采取欲擒故纵的方法，先给顾客讲结论，而故意不讲出理由，等限制时间一到，保险营销人员就"遵守"诺言坚定离开，找时间拜访时再给他讲。性急的人总会憋不住的，顾客可能会把保险营销人员叫回来；就算不叫，保险营销人员下一次拜访时顾客对保险营销人员也会客气得多。原一平就很会利用这种方法，往往讲到关键的时候他就抽身离开，留下意犹未尽的顾客在那里心急火燎地想答案，下一次见面时工作就很容易开展了。利用这种方法原一平屡试不爽。

14. 对追根问底型顾客

这种顾客或许是好奇心使然，或许是凡事就爱研究一下，或许是谨慎所致，或许只是爱找人聊天，所以先要找出顾客追根问底的原因，不妨耐心地向其解释，针对他的具体情况，或解释清楚，或提供一些严谨的数据，或给他详细介绍保险的优点和好处，以及保险的"保险"性等。

15. 对争论型顾客

有些人天生爱与人争论斗嘴，并以此为乐。这些人往往自认为懂得很多，对保险说三道四，妄图挑起与保险营销人员的争论。保险营销人员绝不可上了圈套，最好是对这种顾客礼让三分，避免直接的争论。首先给顾客戴上一顶高帽子，然后适时地抓住顾客话语里的漏洞予以坚决回击。只要保险营销人员论据明确，用权威性的语言把顾客明显的错误批驳下去，这些人倒是不难说服的。要注意，绝不能用太多的话语，三言两语回击就行了；否则会演变成争论，正好中了他的圈套。

16. 对不懂装懂型顾客

不懂装懂型顾客，对自己其实根本不懂的东西往往也要摆出行家的样子评说一番。这类顾客往往自尊心特别强，优越感和自我表现欲也很强，同时内心也很敏感，很在乎别人对他的评价和态度。对这类顾客，保险营销人员千万不要当面指责其讲话矛盾和错误，应"铺平台阶"，以诚恳和虚心的态度维护顾客的自尊。这样，谈话才有可能在一种友好和谐的气氛中进行，促成交易。

应该注意的是，保险营销人员与这种自以为是、不懂装懂的顾客进行交谈时，要了解他究竟懂到什么程度，摸清他的底牌，然后对症下药地作出一些相应的解释，并注意巧设台阶。

阅读资料

如何做记录

保险营销人员每天接触的顾客非常多，每个顾客的情况都各不相同，他们对保险、对营销人员本人的态度也各不相同。我们每次去拜访，目的都是了解清楚顾客的情况，而推销工作正是建立在对顾客情况的完全了解的基础之上的。所以，每次拜访后都应该做一个详细的记录。有些保险营销人员以为可以凭记忆把顾客的情况记清楚，但殊不知，由于工作很忙，而且每天访问的顾客太多，往往是拜访了后面的顾客，忘记了前面顾客的情况，很多时候还张冠李戴地把这个顾客的情况记成另一个顾客的。这样，在下一次拜访时，对顾客的情况还是懵懵懂懂的，从而影响了工作效率。更严重的是，如果把顾客的名字和情况说错了，会在顾客的心目中留下很不好的印象，很有可能使推销工作泡汤。

很多成功的保险营销人员都很注重工作的记录，保险公司也都强调保险营销人员做好工作日记。可以说，工作日记是一个保险营销人员最起码的基本功。

强调注重记录，并不是说要把所有的东西都要详细记录下来。实际上，这也是做不到的。保险营销人员每天出去拜访很多顾客，还要做一些理赔等方面的服务，时间都不够用，所以，要详细记录拜访的每一个细节是不可能的。所以，只要简明扼要地记下最重要的情况就可以了。

现在资讯发达，最好是能用计算机来进行记录，这样整理和使用起来都很方便。保险营销人员可以在计算机里建立一个完整的资料档案库，需要用时只要一输入名字，即可从计算机上看到完整资料。

最好是建立一个顾客的总资料库；同时，也要为每一个顾客建立各自的资料库，至少应在总资料库中有顾客的较详细的记录。特别是准保户的资料，一定要记得很详细，这样下一步的工作才会有方向。而顾客的资料只要记录其投保情况及个人基本情况就可以了，如果有有用的新信息还要及时补充进去，同时注意根据顾客的这些新资料，分析顾客的新需要，不断向其推荐新产品。

准保户的资料，最好是用卡片或表格的方式进行记载。卡片便于修改和增删，也便于排序，又容易携带，使用起来很方便。

当然，如果使用计算机，那就更加方便了。在计算机里可以把这些资料以任意的方式来进行记录、分类和统计。

至于记载的内容，无非就是我们每天拜访中所收集的资料，如准保户的姓名、地址和电话（公司及家庭）、性别、民族、职称、学历、经历、经济状况、家庭情况、专长、兴趣、现有保险险种及保额和投保时间、本人和配偶及子女生日、一般的作息时间等，另外，身份证号码、结婚纪念日、身高、病史也应该记录。若成功促成了准保户投保，则还要详细记录签约摘要内容。

每次访问的有关内容如访问时间、面谈内容摘要及检讨、预约下次访问日期、时间、地点等也要记录下来。

准保户对保险及保险营销人员的态度和接受程度更应该记录在案，保险营销人员可以据此对准保户进行适当的分类，以安排拜访的先后顺序。

另外，一些与保险有关的资料能记录的也应该尽量记录。

看贝吉尔如何做记录

贝吉尔是美国著名的保险大师，在他刚进入保险业时也遇到了很多困难。他曾经因10个月没有业绩，打算离职，但泰伯特的一席话，使他打消了辞职的念头。他对自己说："您有两条能走路的腿，所以每天走出去把保险的好处告诉四五个顾客绝不成问题，这样的话您就一定能成功。这是泰伯特先生说的，一定假不了。"

他想了就动。当时离年底只有10个星期了，他每天都按计划出去拜访四五个顾客。为了确保能做到这一点，他开始记工作日记，把每天所做的访问都详细记录下来。

从此，贝吉尔养成了写工作日记的习惯。

不记不知道，一记才发现自己以前根本没有真正拜访过几个顾客。从工作日记中，贝吉尔发现，要保持每天都见四个顾客还真不是一件简单的事。这使他想到，以往他确实是太懒惰了。

工作变得顺手了一些之后，贝吉尔就想，我完全可以尝试每天去拜访更多的顾客，而时间确实宝贵。因此，为了腾出时间来去拜访更多的顾客，他决定不写工作日记了。

很奇怪的是，他的业绩马上又开始往下掉了。几个月之后，又回到了过去那种叫天天不应叫地地不灵的日子。

一个周末的下午，贝吉尔把自己关在办公室里反省。反省的结果是：贝吉尔认为，这完全是由于没有全力以赴、没有计划和没条理地去拜访顾客的结果。

痛定思痛，贝吉尔决定回到过去的记日记方法上。他不间断地记了一年，把每一天、每一次的拜访都详细地记录下来。

一年下来，他说他可以骄傲地向同事们显示他的日记了。而由于系统地记了日记，他对自己的工作有了更全面而详细的了解。

从日记里，他统计出，一年中他出去1 849次，会见了828位不同的客人，完成了65笔交易，赚到了4 251.82美元的佣金。

从这里，他又算出平均每次出门，他大概就可以赚到2.30美元。

这样一算，这些日记给他的信心和勇气就陡然大增，那种程度，用他的话说，是"不是任何文字能形容的"。

而记日记也使他的工作方法不断地得到提高。这样，他从平均出门29次才签一笔单，最后发展到平均每出门3次就能签一笔单；而每次出门的平均"赚头"也提高到19美元。

贝吉尔说，多亏了这些工作日记，否则他怎么也找不出工作存在的问题。而且，通过经常分析这些工作日记，还可以找出一些工作的灵感，发展出新的技巧。

情景演练

顾客在哪些情况下会发出购买信号

情景解析

在面谈销售过程中，有经验的保险营销人员会根据顾客的言谈举止判断顾客是否真有购买欲望，比如仔细端详或触摸保单、翻动保单；或身体前倾，并靠近保险营销人员及保单；当顾客对保险产品点头赞同，或顾客出现找笔、摸口袋、靠近保单等行为；或一些代表心情愉悦的动作，如身体后仰等其他舒展动作，都说明顾客有购买意愿。

同样，语言购买信号也有多种：提出参考意见，询问购买细节，询问缴费事宜，开始讨价还价，请教细节问题，询问售后情况，等等。

表情信号一般从冷漠、怀疑、深沉变为自然、大方、随和，如点头、眨眼睛，神情开始表现出感兴趣，情绪明朗化，微笑变多，态度开始友好，总之就是神情从不情愿到高兴。如果顾客从始至终情绪都很稳定，则不算此列。

实战强化训练

保险营销人员："赵先生，上次给您设计的那份保险计划书您看了吗？还有什么不理解的地方吗？"

顾客："还真有一个，你跟我详细说说我以后的保障吧？"

保险营销人员："是这样的，您会在这份寿险期满之后获得80万元的保障金，并且在您退休之后，您每年都会获得3万元的养老金，住院费用也可以报销。"

顾客："哦，那你们理赔的效率如何呢？"

保险营销人员："只要您准备好理赔材料，我们会在2～3个工作日内让您收到理赔款。"

顾客："哦。"

保险营销人员："赵先生，咱们都已经是熟人了，您也知道保险的重要性，现在可不是犹豫的时候。这是我特意为您量身订制的保险计划，很适合您。假如您没有什么其他疑问，那我就帮您填保单了。"

顾客："好的，我再把保单看一下。"

保险营销人员："好的，您过目。"

金牌技巧点拨

在这个案例中，顾客的购买信号出现了三次，分别是：询问保障额度，理赔效率，浏览保单。最后保险营销人员询问还有无其他疑问，在得到顾客否定的回答时，保险营销人员顺势提出签单请求，顺利地实现了销售成交。

复习思考题

一、思考题

1. 怎样和不同类型的顾客洽谈？列举两种。
2. 怎样拟订拜访方案？
3. 你即将走向社会，请分析怎样才能取得准保户的认同和好感？

二、技能训练

1. 目的：赞美顾客的技巧以及洽谈程序的把握能力训练。

   内容：（1）接近一个四十岁左右的公司业务主管，并引导他谈及养老、医疗保险话题。

   （2）接近一个二三十岁的女教师，并引导她谈及养老、医疗保险或教育保险话题。

2. 假设你是某保险公司的营销人员，你为一个准保户做了一份家庭寿险建议书。阅读了你的建议书后，其对你推荐的家庭寿险组合表现出了很大的兴趣，但要求你对该家庭寿险组合中涉及的保费、理赔额和保险利益进行详尽的口头解释。两人一组，分别扮演准保户与营销人员进行练习。

第 7 章 保险网络营销

思政目标：
了解党的二十大报告中互联网经济的发展走向，推动保险网络营销发展。

学习目标：
1. 了解我国保险网络营销的发展历程；
2. 熟悉保险网络营销的功能及目前我国保险网络营销的模式；
3. 掌握保险网络投保的具体流程。

7.1 保险网络营销概述及发展过程

7.1.1 保险网络营销概述

网络营销是指利用计算机技术、网络与通信技术和多媒体技术，借助互联网络进行商品交易或提供服务，从而实现营销目标的营销方式。网络营销不是简单的网上销售，也不同于电子商务，网络营销是传统的营销理论与方法在互联网上的应用与发展，其核心是通过网站设计、建设、维护与管理营造网上经营环境。网络营销具有新颖、便捷、迅速、面广等特点，有助于经营者充分利用各类资源，提高工作效率，进一步扩展和加强与各方面的联系。

网络营销的内容包括了解和掌握互联网相关知识，了解和熟悉基本的网络营销活动，建立数据库系统，制订网络营销策略和营销计划，设计和建设专业网站，进行网上市场调查和客户管理，广告策划，网络营销管理、控制与评价，网站更新和维护等。网络营销的常用方法有搜索引擎注册、交换网络链接、网络广告与信息发布、网络社区、电子邮件列表、网上商店、个人网页和个性服务、与传统营销方式整合等。

保险网络营销是保险公司以现代营销理论为基础，利用互联网的技术和功能，最大限度地满足客户需求，以达到开拓市场、增加盈利为目标的经营过程。它是直销营销的最新形式，并由互联网替代了传统媒介，利用互联网对产品的销前、销中、售后各环节进行跟踪服务，并自始至终贯穿于企业经营的全过程，包括市场调查、客户分析、产品开发、销售策略、反馈信息等方面。简单地说，网络营销就是以互联网作为传播手段，通过对市场的循环营销，满足消费者需求和商家需求的过程。

网站的设计与建设是保险产品网络营销的重要一环，必须引起足够的重视。保险营销网站的建设包括初期准备与论证、网站规划与设计、网站维护与管理等项工作。在初期准备与论证中，要充分认识网络的营销功能与特点，了解网络发展与市场需求，根据自身情况确定网站建设规模与建设投入，从技术上和经济上进行可行性论证，以及选择服务商和注册域名等。在网站规划与设计中，要注意网站的定位与特色，拟定网站适用内容与服务项目，注重可视效果与使用效果，考虑网站的可扩充性和多链接性。在网站维护与管理中，除了定期和不间断地对系统软硬件进行检查和测试外，要随时查看网站日志和客户信息，定期或不定期进行版面和内容更新，不断扩大网际联系和加强网站推广，注重数据库管理和网络资源的利用。

7.1.2 我国保险网络营销的开创

与发达国家相比，我国的网络保险业务起步较晚，但近年来也得到了初步的发展。早在1997年，中国保险学会和北京维信投资顾问有限公司就已经共同发起成立了我国第一家保险网站——中国保险信息网（www.china-insurance.com），同年11月28日网站正式开通，标志着我国保险业已经迈进网络之门。而1997年12月，新华人寿保险股份有限公司完成了第一份网上保单的签订，更是标志着我国的保险业已经搭上了网络快车。

2000年3月9日，国内推出首家电子商务保险网站——网险（www.orisk.net）。该网站由中国太平洋保险公司北京分公司与朗络电子商务公司合作开发，真正实现了网上投保。为了解决网上支付问题，朗络电子商务公司与国内外数家银行建立了广泛的业务联系，顾客可以使用中国银行长城信用卡、工商银行牡丹信用卡、建设银行龙卡及VISA、Mastercard、AE等信用卡在网上实现支付。网险网站目前推出了包括网上个人保险和网上企业（团体）保险两大类三十余种个人险种。网上个人保险包括机动车辆保险、家庭财产保险、房屋保险、出国人员人身意外伤害保险、家庭人身意外伤害保险、学有所成两全保险，网上企业（团体）保险包括财产险、计算机保险、公众责任险、顾主责任险、产品责任险、展览会责任保险等。

2000年5月15日，中国人民保险公司广州市分公司与建设银行广东省分行合作推出网上保险业务，客户不出门即可以了解自己需要的保险信息，不但可以上网查询保险法规、保险动态以及中国人民保险公司广州市分公司的组织机构及其各类保险产品，而且可以选取自己需要的险种进行投保。

其他保险公司也纷纷推出了自己的网上保险业务。2000年3月15日，中国人寿重庆市分公司在网上为消费者提供服务；4月12日，中国人寿四川省分公司人寿保险服务网站开通；4月18日，金盛人寿保险公司网站正式开启。同年4月1日，泰康人寿营业总部与北京鸿联"95在线"系统网络公司进行合作，结合"95在线"网络资金卡推出附加人身意外伤害保险。同年6月30日，中国太平洋保险公司正式开通了该公司继北京、海南之后的第三个网上保险服务窗口。同年8月1日，国内首家集证券、保险、银行及个人理财于一体的个人综合理财服务网站——平安公司的PA18在京正式向外界亮相，其强有力的个性化功能开创了国内先河。仍在同年9月22日，泰康人寿保险股份有限公司独家投资建设的大型保险电子商务网站——泰康在线（www.taikang.com）全面开通，这是国内第一家由寿险公司投资建设的、真正实现在线投保的网站，也是国内首家通过保险类CA认证的网站。

外资保险公司登陆中国后也纷纷创办自己的保险网站。2000年9月,友邦保险上海分公司网站(www.aia.com.cn)开通,利用互联网为客户提供保险的售前咨询和相关的售后服务。与此同时,由非保险公司(主要是网络公司)搭起的保险网站也风起云涌,如易保网(www.ebao.com),由中国人寿、平安、太平洋、友邦等十几家保险公司协助建立。它以中立的网上保险商城为定位,打出了"网上保险广场"的旗号,使保险公司、保险中介、保险相关机构都可以在这个平台上设立个性化的专卖区,客户只需要在一个网站浏览就可以完成对十几家国内大型保险公司的保险咨询,特别是其推出的保险需求评估工具,如同在线计算器,客户只要在网页上输入个人需求,服务器就能自动地列出各家保险网页,通过信用卡完成保费支付。

7.2 保险网络营销的优势、功能及模式

7.2.1 保险网络营销的优势

保险网络营销之所以对世界保险市场形成巨大冲击力,是因为这种新营销形式有其切实的优势,主要表现在以下六个方面。

1. 信息量大,且具有互动功能

网络如同一个无所不通的保险专家,可以随时为投保人不厌其烦地提供所需资料,并能做到简洁、迅速、准确,大大克服了传统营销方式的不足。

2. 节省开支,便于控制营销预算

电子网络系统的介入,大大地节省了营销中用于印刷、保管、中介的开支以及密集劳动的成本,由此降低了保险费率的报价;同时,网络交易的账目更易于控制。

3. 省时并能提高营销效率

在竞争日趋激烈的保险营销市场,对及时关怀的要求十分强烈。在网络营销中,潜在的投保人可以自行上网查询信息,使保险公司同潜在投保人之间能够快速地交换信息,大大地提高了营销效率。

4. 为客户提供新型的购买方式,帮助他们控制采购流程

与不断推出的新险种相配套,保险网络能够为投保人提供更多的资源信息,让他们对新的保险商品的设计有更多的发言权。保险营销人员可以借助联机通信所固有的互助功能,鼓励投保人参与新险种设计、费率厘定、保单设计等,投保人积极加入将会保证售出更多的保险商品。

5. 随时可用

联机信息服务器"不食人间烟火",不下班、不休假、不生病,相当于扩大了保险公司

的规模,大大增加了保险公司获取保险单的机会,取得竞争优势。

6. 减少市场壁垒,提供平等机会

联机网络创造出一个地球"保险村",消除了同其他国家投保人签单的时间、地域及宗教信仰等方面的限制。

7.2.2 保险网络营销的功能

1. 发布信息

组建保险公司营销网站,可以把公司信息和产品信息推到网上,以获取更多的市场机会,增强市场竞争力。这是保险公司走近电子商务的第一步。组建保险公司营销网站,可以获得以下优势。

1) 提供与公司相关的信息

保险公司利用互联网可以最省钱、最有效地向外界提供与公司相关的信息,以便服务客户。通过互联网,及时提供保险公司的最新消息,如新产品开发、经营情形等。保险公司还可利用互联网随时给处于第一线的销售人员提供各种即时性的企业信息,以支援销售活动并与销售人员随时保持沟通联系,避免经济损失。

2) 推销新险种

互联网是与客户沟通的重要工具,同时也是推销新产品的重要渠道。通过互联网可以从各个方面介绍被推销的新险种。在商业活动中一张照片可以胜过千言万语,可以通过提供企业照片、声音及图片档案等多媒体信息来服务客户。

3) 提供有创意的主页

如果保险公司在互联网上设计的主页很有创意,可能会成为公众注意的焦点,无形中也提高了保险公司的知名度及企业形象。

2. 开发客户群

企业营销最重要的任务之一是要建立客户关系,掌握客户情况。只有能对客户作出迅速反应的公司才能获得新客户,从而使竞争力大为提升。使用互联网就好像是发出了无数张名片,可以让潜在的客户知道如何能够与公司打交道、如何获得产品及服务。互联网使用者往往具有较高的教育程度、较高的个人收入,这有助于保险公司开发比较有购买力和影响力的客户群。尤其是在教育程度较高的年轻人市场上,开展电子商务往往会收到意想不到的效果。

保险公司可利用互联网打开国际市场,扩大自己的市场空间。如果公司在国外设有分公司,互联网是分公司随时取用总公司信息的最经济、最有效的方法,不但可以降低管理成本,更可以及时保持联系。

3. 客户服务

互联网可以打破时空的限制，为全球各地的客户提供 24 小时的信息服务，并可以用最快的速度将服务推向全球市场。

传统的营销业务使得保险公司必须投入相当多的人力及资源来解答客户对产品及服务的相关询问，其中有很多问题是一再重复的。保险公司营销网站可以将这些问题的答案放置在网页上面，供使用者随时查询使用，以节省服务成本。

阅读资料

三马卖保险

2012 年，平安集团联合腾讯、阿里巴巴组建保险公司，堪称跨金融业和 IT 业的重磅新闻，由于三家公司当家人都姓马，故被业内戏称为"三马卖保险"。新公司起名为众安在线财产保险公司，阿里巴巴持股 19% 是第一大股东，平安和腾讯则各持股 15% 为并列第二大股东，此外还有携程、优孚等六家网络科技型中小股东。

作为一家总部在上海的保险公司，众安在线财产保险公司很特别，它不准备设立任何实体分支机构，完全通过互联网进行销售和理赔，而这倒是与马明哲应对科技企业威胁时提出的"探索新的商业模式"一脉相承。

这是中国平安乃至整个保险业在互联网新金融创新上的一次"破冰"。

"众安在线"或将突破国内现有保险营销模式，不设分支机构，完全通过互联网进行销售和理赔，主攻责任险、保证险两大类险种。来自不同行业的翘楚共谋一事，让业内外兴奋不已。有媒体称"三马"联手意味着将由此开启一个新的网络金融时代。

2013 年 2 月 28 日，保监会网站发布批文，批准中国平安、阿里巴巴、腾讯等 9 家公司发起筹建众安在线财产保险股份有限公司，进行专业网络财产保险公司试点。注册资本为 10 亿元，注册地点位于上海。

7.2.3 我国保险网络营销的模式

综合来看，我国的保险网络营销可以分为以下几种模式。

1. 保险公司官网直销模式

这类网站主要推广自家公司的险种。比如：太平洋保险公司（以下简称太保公司）官网由保险超市、客户服务等板块组成。用户单击保险超市进入板块后，可以完全个性化地根据自己的保险需求，了解太保公司各险种的功能和特点，可以查看保险条款与费率。网站提供的险种包含医疗、意外、旅行、车险等类别，客户可以通过扫描相应险种的二维码实现自助投保。用户单击客户服务板块进入后，可以实现家庭保单一站式管理，比如进行保单查询与下载、自助续保、理赔报案、理赔进度查询、网点查询等。截至 2019 年年底，已有 85 家寿险公司取得网销资质，可以实现官网直接销售，有 79 家财险公司可以实现官网直接投保。

2. 第三方网站模式

第三方网站模式是指保险公司、保险中介公司利用第三方网络产品提供商在互联网上建立交易平台，介绍行业内的信息并提供咨询，在网上进行保险产品交易和清算。这类网站的定位是保险行业的技术服务提供者，是一个开放性的保险商业平台，它们既不是网上保险公司，也不是网上经纪人。保险公司、保险中介公司在该类网站开设"门店"，利用其渠道及客户资源，让最广大客户有机会"货比三家"。

该营销模式中的第三方网站主要有以下两类。

第一类是专业财经网站或综合门户网站开辟的保险频道，其目的在于满足其消费群体的保险需求。例如，中国财经网（www.fec.com.cn）、中金在线（www.cnfol.com）等的保险频道正是这些网站为增加网上的财经内容而开设的。

第二类是独立的保险网站。这些网站不属于任何保险公司或附属某个大型网站，他们是为保险公司、保险中介、客户提供技术平台的专业互联网技术公司。自2006年以来，中民网（www.zhongmin.com）、e家保险网（www.ejsino.com）、慧择网（www.huize.com）等一批第三方保险电子商务网站如雨后春笋般成长起来。

3. 社交工具营销模式

社交工具营销是指利用博客、微信、抖音等网络社交工具开展网络营销，是公司、企业或者个人利用社交工具的交互性特征，发布并更新企业、公司或个人的相关概况及信息，并且密切关注、及时回复平台上客户对企业或个人的相关疑问和咨询，并通过较强的平台帮助企业或公司零成本获得搜索引擎的较前排位，以达到宣传目的的营销手段。目前许多保险代理公司、保险代理人都利用微信朋友圈为自身带来了不菲的收益。

阅读资料

平安人寿客户韩先生于2011年8月10日17时，通过MIT移动展业平台，投保了平安智胜人生险种：保额20万元、无忧意外6万元。但世事难料，就在韩先生投保的第二天，即8月11日14时许，韩先生在工地工作中意外触电身亡，此时距离他投保还不到24小时。这突如其来的打击使韩先生家人悲痛欲绝，想到刚刚购买的保险还没拿到保单，他的家人抱着试试看的心态拨通了报案电话。

平安人寿表示通过平安MIT购买的保险已经即时生效。公司调查人员于事故当日前往客户家中表示慰问，并走访民警，迅速核实排查。

11月3日，韩先生家人递交了齐全的理赔申请材料，向平安人寿天津分公司提出理赔申请。调查人员经后期调查，认为韩先生意外身故属于保险责任范围，分公司作出赔付保险金26万元的决定，并及时将理赔款给付至其受益人的指定账户中。

---

4. 专业中介代理机构网销模式

保险中介分为代理与经纪两种模式，保险代理人与保险经纪人都不属于保险公司员工。保险代理人根据保险公司的委托，向保险公司收取佣金，并在保险公司授权的范围内代为办理保险业务；保险经纪人基于投保人的利益，为投保人与保险公司订立保险合同，提供中介服务。在国外，保险经纪人是从投保人处收取佣金；而在国内，保险经纪人依然是保险公司支付佣金，投保人不支付佣金。继下发《保险代理、经纪公司互联网保险业务监管办法》后，保险监管部门在2012年2月正式向社会公布了第一批包括中民保险网等19家企业在内的获得网上保险销售资格的网站，互联网保险公司中介网销的大门就此打开。代表机构有慧择保险网、中民保险网、新一站保险网、泛华保险等。

泛华保险在2012年推出掌中保，传统的保险营销业务可以通过移动网络来执行，客户也可以下载App，更公开、更透明，保证业务的真实性。泛华通过"掌中保"移动销售终端，将泛华代理销售的保险产品整合到线上销售，不仅体现了保险专业中介机构"移动保险超市"的功能，而且还实现了泛华保险营销人员"一人一门店"的销售模式。最终实现了"移动展业、风险管控"的同步完成，开创保险业线下服务和线上服务无缝对接的O2O营销模式。

7.3 保险网络投保流程

7.3.1 网上车险投保流程

1. 填写资料

选择车辆行驶城市，填写车主个人及车辆基本信息，这些信息会影响保费的计算，要准确填写。如果是公司续保客户，系统会自动调出上一年登记的信息，省去填写的步骤，只需填写车牌号、证件号码登录。

填写资料步骤见图7-1～图7-3。

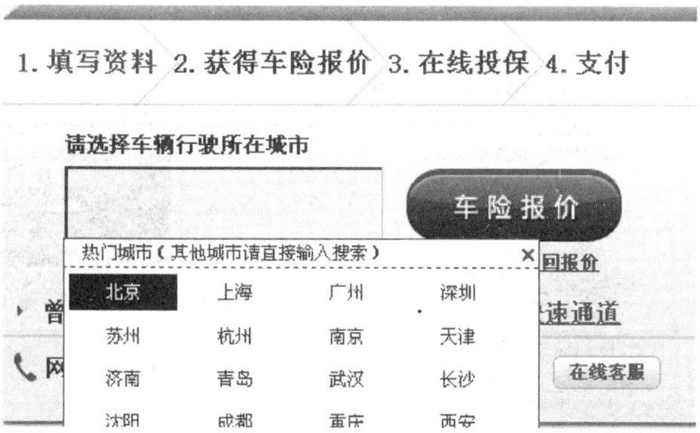

图7-1 填写资料步骤1

图 7-2　填写资料步骤 2

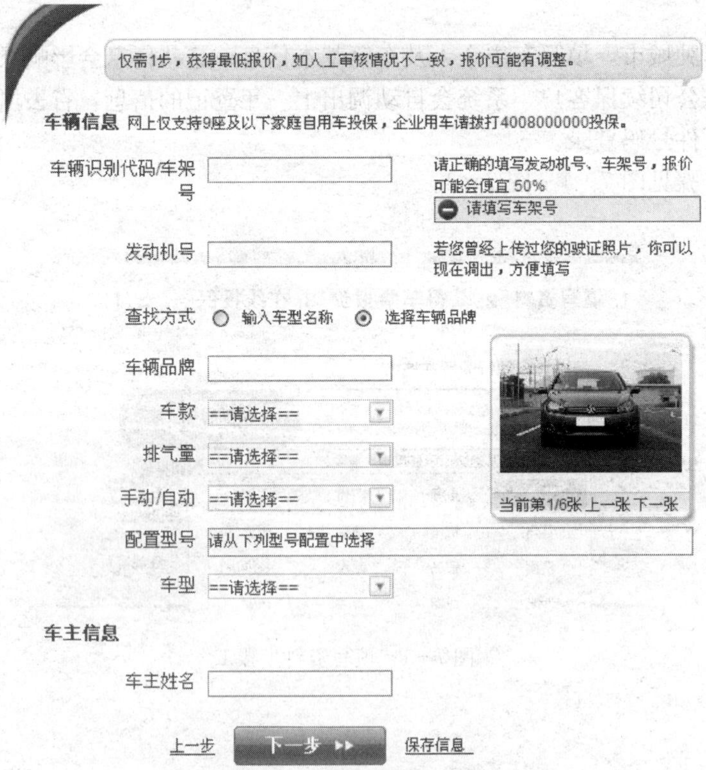

图 7-3　填写资料步骤 3

2. 获取报价

网上投保可以直观地看到每项保障责任、保障额度、价格，通常网上报价比其他传统渠道省 15%。网络平台将根据客户的情况定制适合的保障方案，供客户参考购买，如果对推荐方案不满意，可以随时调整。填写资料步骤如图 7-4 所示。

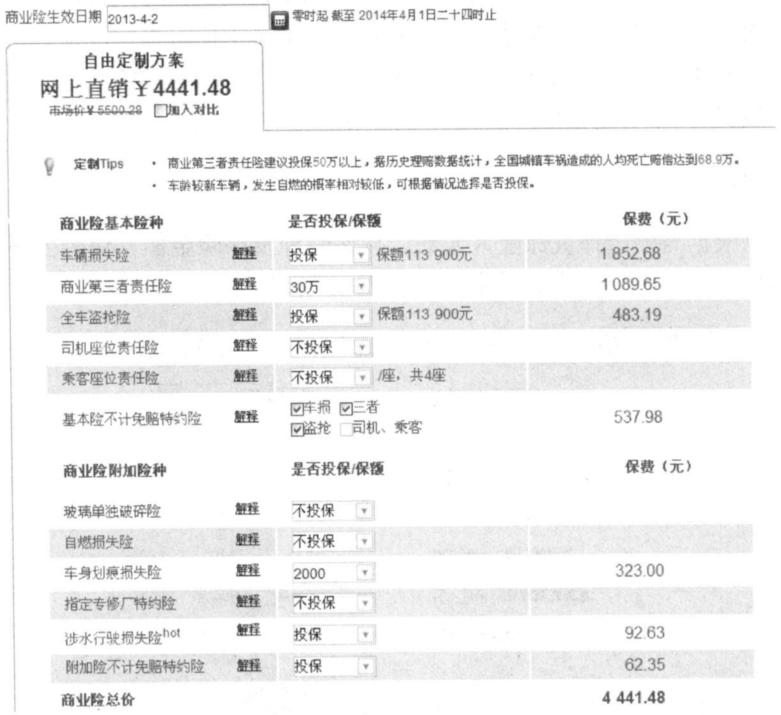

商业险生效日期 2013-4-2 零时起 截至 2014年4月1日二十四时止

自由定制方案
网上直销￥4441.48
市场价￥5500.28 加入对比

定制Tips
· 商业第三者责任险建议投保50万以上，据历史理赔数据统计，全国城镇车祸造成的人均死亡赔偿达到68.9万。
· 车龄较新车辆，发生自燃的概率相对较低，可根据情况选择是否投保。

商业险基本险种		是否投保/保额	保费（元）
车辆损失险	解释	投保 保额113 900元	1 852.68
商业第三者责任险	解释	30万	1 089.65
全车盗抢险	解释	投保 保额113 900元	483.19
司机座位责任险	解释	不投保	
乘客座位责任险	解释	不投保 /座，共4座	
基本险不计免赔特约险	解释	☑车损 ☑三者 ☑盗抢 □司机、乘客	537.98
商业险附加险种		**是否投保/保额**	**保费（元）**
玻璃单独破碎险	解释	不投保	
自燃损失险	解释	不投保	
车身划痕损失险	解释	2000	323.00
指定专修厂特约险	解释	不投保	
涉水行驶损失险hot	解释	投保	92.63
附加险不计免赔特约险	解释	投保	62.35
商业险总价			**4 441.48**

图 7-4　填写资料步骤 4

3. 提交订单

补充并确认投保信息，并填写送单地址，提交订单。

4. 支付保费

支持网上支付、电话支付、人脸支付等多种支付方式，目前网上支持超过上百家银行的在线支付，涵盖支付宝、快钱、财富通等第三方支付方式，安全快捷，支付成功后立即生成正式保单。填写资料步骤如图 7-5 所示。

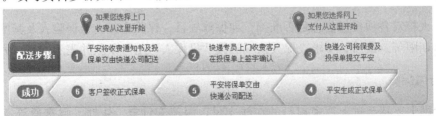

图 7-5　填写资料步骤 5

7.3.2 家庭综合保险投保流程

1. 查看保险条款

家庭综合保险适用年龄为 30 天～60 周岁，被保险人为 2 人以上，均应为身体健康，能正常工作、学习和生活的人，被保险人子女须为未成年人。被保险人仅限 1～3 类职业人员，若被保险人从事 4 类及 4 类以上职业或拒保职业的，不属于保险责任范围。在自己和配偶及未成年子女在工作生活中发生意外伤害时有保障，还提供门诊与住院医疗保障，另有意外住院收入补偿，以及 24 小时电话医疗咨询，保险期限为 1 年。

2. 保费测算

投保人可以根据需要选择被保险人人数、投保险种及保险金额。保险公司的网站根据客户的选择自动计算保险费。填写资料步骤如图 7-6 所示。

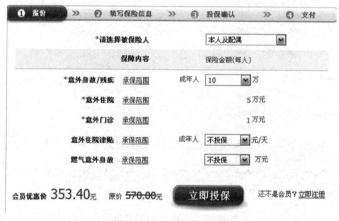

图 7-6 填写资料步骤 6

3. 填写投保信息

投保人根据页面要求依次填写或选择被保险人、被保险人配偶、保险生效日期、发票寄送等信息（见图 7-7），要求如实填写，其效力等同于纸质投保单。在网络投保环节，身故受益人不能由投保人指定，只能默认为法定继承人。在保单生效后，投保人或被保险人可以向保险公司申请变更受益人。

4. 投保确认

投保人核对各项投保信息是否准确，如保障项目、保险金额、被保险人及其配偶个人信息、保险期限等。最后，要求投保人认真阅读"投保人声明"条款并表示同意，方可提交。

5. 支付保费

目前网上支持超过上百家银行的在线支付，涵盖支付宝、快钱、财富通等第三方支付方式。

图 7-7　填写资料步骤 7

阅读资料

《互联网保险业务监管办法》施行

银保监会官网 2020 年 12 月 14 日发布《互联网保险业务监管办法》(以下简称《办法》),自 2021 年 2 月 1 日起施行。

近年来,随着互联网等技术在保险行业不断深入运用,互联网保险业务快速发展,但也出现一些问题和风险隐患,给行业监管带来挑战。

《办法》规定,互联网保险业务应由依法设立的保险机构开展,其他机构和个人不得开展互联网保险业务。保险机构开展互联网保险业务,不得超出机构许可证(备案表)上载明的业务范围。

《办法》要求,非保险机构不得开展互联网保险业务,包括但不限于:提供保险产品咨询服务;比较保险产品、保费试算、报价比价;为投保人设计投保方案;代办投保手续;等等。

《办法》明确,保险公司开发互联网保险产品应符合风险保障本质,遵循保险基本原理,符合互联网经济特点,做到产品定价合理。不得违背公序良俗,不得进行噱头炒作,不得损害消费者合法权益和社会公共利益,不得危及公司偿付能力和财务稳健。

银保监会有关部门负责人表示,保险机构要建立客户信息保护制度,防范信息泄露,不得将客户信息用于所提供保险服务之外的用途,切实保护消费者合法权益。

情景演练

5G保险时代获得客户的路径

情景解析

在5G保险时代，我们认为，保险公司可基于自身实际情况，参考以下三条路径来得到客源。

1. 社群营销，资源互换

这是目前许多保险公司采取的模式，主要依据是：以代理人为基础，通过建立共同兴趣爱好的社群，来建立客户与保险公司间相对紧密的联系；再通过将客户分类经营来实现持续的客户经营深耕和客户转化，最终促成业务成交。这一模式的优势在于：由于实现了客户分类管理，用户的需求相对垂直化，也更有代表性，保险公司正可依托于此来开展生态化布局，从而实现资源互换，满足客户需求，实现流量变现。

2. 流量贩卖，收益分成

保险公司可以通过聚合流量的形式，将大批客户、准保户集合在统一的流量平台上，然后引入更多的第三方在该平台上进行交易，保险公司可以实现类似淘宝一样的流量收割。例如，平安好车、平安好医生等，除了基于保险业务方面的获客和持续开发，其同样基于流量贩卖的逻辑来盈利。

3. 全面布局，多边导流

集团化运作同样是保险公司未来实现流量变现的主要方式。通过全面的生态化布局，不断拓展流量范围，而通过流量的不断导流，形成足够的用户沉淀，再加上通过内容管理来实现协同化的生态运作。这一模式的好处在于可控性高，但缺点是成本相对高。

实战强化训练

保险营销人员："姐，最近还好吧？"

客户："现在还好，都复工了，恢复正常了。"

保险营销人员："虽然现在复工了，但我们还是不能掉以轻心，我昨天刚好刷到一篇文章，才知道当年的非典治愈者其实后面还有很多后遗症的。"

客户："是的，我在咱们社群平台看到一个新闻，说这新冠可能也有后遗症，我给你发过去。"

保险营销人员："我原来还以为住院治疗康复出来就没什么事了，原来对于部分病人还有这么严重的影响，对个人身体、家庭、经济都影响很大。"

保险营销人员："我在咱这平台还刷到一个纪录片呢，我找下发你。"

保险营销人员："所以这段时间在家我也没闲着，在这个社群平台报了个网课，学习了公司的新险种，看有什么保险能在这方面有帮助。"

保险营销人员："学了一套课程下来，我才完完整整了解了我国的保障体系，有个叫保险阶梯图的东西，你听说过吗？"（发保险阶梯图过去）

客户："听过/没听过。"

保险营销人员："原来一个图就能让我们搞清楚我们的保障体系。网课老师布置了作业，要考我们会不会讲这个图，让朋友留评语和建议。我花10分钟给你讲下，你给下建议好吗？"

客户:"好的。"

(保险营销人员讲解保险阶梯图……)

金牌技巧点拨

随着5G保险时代的到来,内容管理对保险销售的重要性上升到无以复加的地步。保险公司可通过强化内容管理,提升用户黏性,强化用户积累。原因在于:通过提供线上内容,保险公司可以直接触达用户,发掘潜在的用户价值,达到沟通与销售的目的。此外,由于身处信息随处可得的时代,用户更关注个性化的内容供给,保险公司可以通过持续创作新内容,以保持平台的热度,为持续养客和流量变现做好准备。

复习思考题

一、简答题

1. 简述保险网络营销的优势。
2. 简述保险网络营销的功能。
3. 简述保险网络营销的模式。

二、思考题

请对保险网销营销的监管问题提出合理化建议。

第8章 保险产品售后服务

思政目标：
学习党的二十大精神"病有所医、老有所养、住有所居、弱有所扶"，为客户做好售后服务。

学习目标：
1. 售后服务的主要目的是加强客户关系，创造保单、理赔以及形式多样的客户关怀服务；
2. 掌握保险产品售后服务的内容、方法。

8.1 保险产品售后服务的内容、类型

8.1.1 保险售后服务的内容

保险产品基本的售后服务包含多种内容，如递送保单、保全服务及附加值的服务等。

1. 递送保单

推销保险，送出保险单的过程非常重要。

投保人签单之后，保险营销人员带着投保人所交的保费回到公司，通过公司契约部的处理，正常情况下，几天之后就可以领到保单正本。不要因为忙于开拓新市场而把保单压在公文包里，迟迟不给投保人（此后转变为保险公司的客户）送去。要知道客户交钱之后，在没有看到保单正本之前，心里始终是不踏实的。为了与客户保持稳固的联系，在整个销售、服务过程里，有很多地方需要特别计划、特别用心，其中之一就是递交保单。

计划周详且迅速地递交保单对保单续保率相当重要。而保单续保率高，保险营销人员的收入也高，同时也意味着客户的保单不会失效，客户仍继续拥有风险保障。当然，并不是领到保单后，第一件事就是去送给客户，要在安排工作计划的时候把送保单的时间写进去，比如说每个周末的下午专门去送保单，让客户能安安心心地度过周末，使买保险这件事成为一个愉快的经历。

2. 保全服务

这是售后服务的一项重要的专业内容。做好保全服务是保险营销人员的义务，享受保全

服务更是客户应有的权利。以下是一些常见的保全服务项目，仅供参考。

1) 合同撤销权的行使

投保人在收到保险单后10日内，且未发生保险金给付时，可以提出撤销申请。投保人应备妥下列文件，到公司客户服务部办理：
① 撤销保险单申请书；
② 保险单；
③ 第一期保险费收据；
④ 投保人身份证件；
⑤ 若委托他人办理时，需提供授权委托书及受托人的身份证件。

2) 保险合同的变更

在合同相应期限内，投保人如有相关内容的变更，应及时提出申请，并备妥下列文件，到公司客户服务部办理：
① 保险合同内容变更申请书；
② 保险单；
③ 投保人（或被保险人）身份证件；
④ 若委托他人办理时，应提供授权委托书及受托人的身份证件。

3) 保险合同效力恢复

保险合同中止后，投保人可在两年之内申请复效，并备妥下列文件，到公司客户服务部办理：
① 保险合同复效申请书；
② 保险单（附最后交费凭证）；
③ 健康告知书；
④ 若非投保人亲自办理，则需提供授权委托书及受托人的身份证件。

做好保全服务，会使客户对保险营销人员及其所代表的公司有更强的信心，有助于保险营销人员的事业的拓展。

3. 附加值的服务

售后服务除了以上专业的服务内容之外，还应包括与客户感情上的联系，应针对客户的需求做好这方面的服务工作。

1) 定期沟通

有些客户希望保险营销人员能与其定期沟通（如见面或打电话），以维系感情并维持良性互动。在定期沟通中，保险营销人员可以了解客户对目前所购买的保险是否满意、有否其他需求，并随时更新客户的信息（如是否将搬新家或变更地址）。

2) 定期刊物

有些想进一步了解寿险保险产品发展趋势的客户，或对自己所购买保单内容比较关心的客户，都希望收到保险公司定期提供的最新保险产品介绍与相关资讯。

3) 社会回馈

由于消费者保险意识增强，一般消费者对保险公司应尽的社会责任的期望也越来越高。因为保险公司的社会回馈动作与其公司形象有关，而消费者通常偏向于向公司形象较好的公司购买寿险保险产品，所以消费者也可能将一家保险公司所做的社会回馈的多寡，当作是选择保险公司的参考因素之一。

4) 收费通知

有些客户认为，保险公司在收费之前一段时间预先通知客户，以让客户有充裕时间准备的这种做法值得鼓励。但是他们也建议：收费通知单可以不用如此公式化，最好是能够有创意，而且应朝人性化、温馨化方向去设计。

5) 礼品与贺卡

中国人向来注重礼数。一张生日贺卡、年节贺卡或一份日历，不但传达了保险公司或保险营销人员对客户的祝福之意，而且也可以表示对客户的关怀。如此做法，不但可以增进与客户之间的感情，而且也可以让客户对保险公司或保险营销人员更有认同感。

6) 教育训练

客户对教育训练的需求，首先来自对提高基本保险常识的期望；其次客户也希望从教育训练的过程中，可以多认识一些朋友（包括保险公司人员及其他客户）。认识他们，客户会感到更安心。因为在需要理赔时，有熟人在或有人帮忙总是比较方便（尤其是自己的保险营销人员中途离职时）。

7) 语音服务系统的人性化

虽然现在各个保险公司都普遍设立了语音服务系统，但有些客户认为，应在死板的电子发音中加一些人性化的东西，如真人发音。同时除了普通话之外，还应有其他方言。另外，保险公司还应设法保证客户能即时与保险公司联系，避免出现因线路过忙电话打不通现象。

8) 更改契约

当客户的需求或经济能力改变时，往往需要保险公司提供契约转换的服务。保险公司或保险营销人员对契约转换服务的被动、消极或拖延的做法，常常会导致客户不再续缴保费或对保险公司产生不好的印象。因此，弹性的契约转换方式，可能变成客户所重视的售后服务项目之一。

9）海外救援

近几年来，随着我国经济的发展和人民生活水平的提高，出国旅游和因公出国的人越来越多。在国外意外事故的频频发生，让不少消费者增强了出国期间的危机意识。这种现象，除了直接增加旅行平安保险的销售外，也产生了在客户出国期间的一般旅游咨询业务，以及医疗救援服务的海外急难救助业务。因此，海外救援也成了某些客户所重视的售后服务项目之一。

10）路途营救

为了争取更多客户，不少保险公司都提供路途营救的额外服务。客户在耳闻或各种比较下，在购买保单时往往会向保险营销人员要求这一售后服务。

8.1.2 保险产品售后服务的类型

1. 专业服务

主动定时为客户检视保单内容，看看是否符合客户时下的需求。尤其是当客户的身份或环境改变时，如结婚生子或经济富裕需加强理财规划时。当然，在有新保险产品或医疗需求时，是整理保单的一个非常重要的时机。

当需要理赔服务时，通常是客户通知保险营销人员。当保险营销人员接到消息时，应立刻放下手边工作，以最快速度前往探视慰问并协助处理。当然，若是能不用等客户通知即可知道客户的状况，就自行前往协助处理，那就更好了。办理理赔是最好的表现服务的机会，所需资料证件、医疗证明、诊断书，尤其是诊断书和保单条款的关系，都深深地影响到理赔的内容与速度，这是考验保险营销人员专业服务的时刻，同时也是保险营销人员展现专业服务能力的时刻。

2. 顾问服务

由于保险营销人员对保险专业和对金融保险产品的了解，以及拥有各行各业的客户，就好像拥有各行各业的顾问，交往广，消息多，客户除了保险方面的问题外，当他们有某些非保险方面的问题，不知从何处去寻找协助时，通过保险营销人员可以得到他们所需要的信息。久而久之，客户自然会养成有问题先来找保险营销人员的习惯。更由于保险营销人员的诚信及可靠，从而养成对他们的依赖，进一步带动彼此间良好的关系。

3. 帮助服务

有些客户比较忙碌，或对某些方面的事务较不善于处理。这个时候，有些客户会请保险营销人员帮忙。对于比较客气或不好意思开口的客户，保险营销人员可以主动予以协助。至于碰到客户有急难时则更要主动迅速前往协助，千万要记得"雪中送炭"所代表的意义。

4. 关怀服务

凡生日或逢年过节时寄卡片、打电话、约吃饭等方法，全看各人情况，并无一定的准则

(有一说法为生日寄卡片是静态的,而打电话除了可以直接祝福对方生日快乐外,还可以顺便聊天)。原则上,以超出对方的预期为佳。平时常和客户一起爬山打球,讨论共同话题,像投资理财、休闲养生、饮食教育等都是很好的谈资。只是讨论的方向当以客户的兴趣所在为主轴,至于有关政治及宗教,为避免意见不同,引起不必要的纷争,原则上保险营销人员是不讨论的,倾听即可。其实,人与人之间的交往,关心他们所关心的,在乎他们所在乎的,真心诚意以对,自然会引起对方的共鸣与肯定。

让客户将保险与保险营销人员本身画上等号,讲到保险就想到保险营销人员;不谈保险也会想到保险营销人员近来是否安好。所谓售后服务的最高境界,应当就是如此吧!

8.2 保险产品售后服务的方法

8.2.1 定期服务的方法

每个客户都有自己值得纪念的日子,这些日子正是提供定期服务的好时机,如在客户的生日时,保险营销人员别忘了寄予生日贺卡或小礼物;又如客户的结婚纪念日,可以对他表示祝贺,或者送去小小的纪念品。新春佳节、元旦、圣诞节等节日,也是提供定期服务的好时机。这些时机保险营销人员别忘了对客户有所表示,并不需要奉送什么厚礼,只需要你心中记得他。主动地恭贺会让客户感到你时刻都在关心他。记住,当你忘记客户的时候,客户也会忘记你。所以,保险营销人员一刻也不能忘记客户,更不能让客户忘记你。定期服务便是最能让客户记住保险营销人员的方式。

1. 逢年过节问候客户

年、节是中国喜庆的日子,许多人都会收到来自亲朋好友的问候。如果保险营销人员能在这时给客户送去一个问候,会让客户感到保险营销人员是关心自己的,会十分高兴。问候的方式不拘于一种,可以电话问候、传呼问候,也可以寄送贺卡。保险营销人员应主动上门看望大客户,并对大客户支持自己业务行为表示感谢。如果条件具备,保险营销人员也可以赠送一些小礼物,这样可以达到事半功倍的效果。

2. 生日问候

保险营销人员十分有心地记住客户的生日,届时送上一份祝福或小礼物。这种方式会立刻拉近保险营销人员和客户的距离,客户会非常感激保险营销人员对他的关心,会以业务上的支持来回报。

3. 定期问候

定期问候是所有保险营销人员都应养成的良好习惯。优秀的保险营销人员都有定期问候客户的习惯,他们会每隔一段时间就和客户联系一次,关心一下客户的身体或工作情况,或关心一下投保标的现状。也可能什么都不问,只是问候一声客户。定期问候可以帮助保险营销人员维系与客户长久的关系，可以在保险营销人员和客户之间形成稳定的联系。定期问候应视不同的险种来决定定期问候的间距和时机。如可以在每年车辆年检到期时或客户驾驶证件到期时，提醒客户及时对车辆和驾驶执照进行年检。除此之外，还可以在换季时提醒客户及时维修保养车辆。

8.2.2 不定期服务的方法

经常保持联系是十分必要的，可以随时打电话问候客户，以便联络感情。有句话叫"友情要淡而不忘"，便是这个意思。不一定要有什么事，平时随时同客户通通电话、寒暄几句、聊聊天，说些无关紧要的话，或者顺道拜访一下，问候客户一下都很好。这些事虽小，却能体现出对客户的关心。举例如下。

当客户升职时，一定要给他去个电话，表示祝贺。

当自己升职时，也要给客户发去感谢函，感谢他的照顾。

当客户家中有喜事时，要送些小礼物表示一下你的关怀。

当你所在的保险公司举办联谊活动时，可以通知你的客户参加。

你也可以不定期举办聚会，帮助客户开拓社交圈，这也是提供售后服务的方法。服务的具体方法可分为以下几种。

1. 登门拜访

为使客户真正感受到保险公司及保险营销人员对他们的关心，售后服务应该做得很自然，不要让客户觉得是为了某种目的才这么做的。也不一定要花费很大，不一定要占用很多的时间。

2. 书信问候

如果售后服务都集中在逢年过节，保险营销人员可能真的会忙不过来，所以不妨利用书信的方式与客户保持联系。信函不必长篇大论，简单的几句问候语或寄一些相关资料就可以了。只要心中有客户，并时时让他们感受到，客户就会比较满意的。

3. 电话或网络问候

通信事业的发达，为保险营销人员做好售后服务工作提供了方便。每天抽出一点时间来给客户打电话，分期分批地进行联络，既不会冷淡客户，又不会让自己太被动。

传真机大部分都在办公场所。传真贺卡，让客户的同事看到你对他们的祝福，这样可扩大你的知名度，更强化了你在他们心目中和其同事眼中的印象，借此拓展你的名声，并可得到客户的转介绍。此外，通过互联网给客户发电子邮件，迅速快捷，效果也好。

8.2.3 服务客户贵在及时

这里所说的及时包括两方面：一是递送保单时应及时服务；二是客户有需要时应及时服务。

1. 递送保单时应及时服务

当保险公司签发保单之后,应当及时地准确无误地将保单递送到客户手中,递送保单时要注意以下几点。

(1) 要仔细核对保单上的每一个细节,确保准确无误,尤其要特别注意那些保费、保额的数字。

(2) 再次主动约见客户,郑重其事地作全面的讲解,并且充分肯定他的正确选择。

(3) 诚恳地要求客户介绍一些新朋友,让他给你提供一些新的客户。

(4) 要及时对客户作出服务承诺。

2. 当客户发生保险事故时,要及时服务

一旦客户发生保险事故,保险营销人员应当立即参与通知保险公司、索赔与办理等环节,帮助客户办妥必需的手续。这是提供优质服务的最佳时机。

客户提出的其他服务要求,如变更受益人、变更地址、更改保额、改换险种等,虽然是小事一桩,保险营销人员也应及时提供良好的服务。

总而言之,不管客户提出什么问题,保险营销人员都应及时提供服务,而且要认真对待,郑重其事。经常联络,为客户提供资讯,也是极好的服务。除了上述的服务项目之外,应当注意积累各种材料、各种资讯,如保健知识、医学常识、理财之道、新险种计划、各种剪报、公司刊物等,及时把它们寄发给客户,不断培养他们的保险观念,逐步将他们训练成有效的影响力中心,为今后的发展做好铺垫。

8.2.4 解决抱怨要有耐心与技巧

保险营销人员在厘清客户抱怨的原因之后,就应赶快予以处理。以下有五点建议供参考。

1. 耐心多一点

客户之所以会抱怨,一定是对保险公司的保单或服务产生不满,或觉得公司亏欠了他。因此,很可能是抱着一肚子气而来,就像是一个鼓胀的皮球。在这种情况下,保险公司负责处理抱怨的工作人员如果不能很有耐心地听完客户的抱怨,也就是不能让这个皮球先泄完气,就不容易与之沟通;而且可能因此忽略客户抱怨的真正原因,造成沟通上的障碍。尤其是工作人员在还没听完客户抱怨就打断话头或批评客户的不是,这样就更容易造成与客户之间的冲突。这就好像是两个鼓胀的皮球,只会越撞越远。因此,比较理想的抱怨处理模式应该是:耐心地听完客户的抱怨,让气先"泄"完了,他自然就能够听进保险公司工作人员的解释或道歉了。

2. 态度好一点

既然客户向保险公司抱怨的原因很可能是对保单或服务不满意,或觉得保险公司亏欠了他,那么恶劣的抱怨处理态度会让客户对保险公司产生更坏的印象。这种雪上加霜的做法往往会让事情更加恶化。严重者还可能怒目相向、诉之暴力,甚至对簿公堂。相反地,和善的

处理态度（赔不是、表示同感、婉言相劝）往往可以先消去客户一半的怒气，此时他才能以比较理智的心情与公司沟通。

3. 动作快一点

处理抱怨的动作快，一来让客户感受到尊重，二来表示保险公司解决问题的诚意，三来则可以及早防止客户的负面渲染对保险公司造成更大的伤害。这种快速的抱怨处理方法，往往可以让客户感受到公司负责任的态度，并且可让他们对保险公司的印象改观。客户将纠纷事件带到第三团体或法院时，保险公司要面对的不只是抱怨的客户及其亲友。除了第三团体或法院带来的压力外，媒体的报道及看得到、听得到媒体宣传的社会大众对整个事件的看法，都可能影响保险公司以后的商机。

4. 补偿多一点

客户抱怨之后，往往希望能得到保险公司的补偿。既然是因为保险公司第一次提供的保单不够理想或服务出了问题，才导致客户需要花费额外的时间与精力来要求补偿，那么客户对补偿性保单或服务的期望，也相对地会比保险公司第一次提供的保单或服务来得高。因此，只要保险公司确认有必要提供补偿客户时，就必须提供额外的利益以补偿客户额外花费的时间与精力。保险公司所提供的额外利益可能所费无几，但常常可以让客户体会到公司处理抱怨的诚意，当然也是消减怒气的一大良方。保险公司不该对此吝啬。

5. 层次高一点

抱怨处理所涉及的管理层级，当然也会影响到处理效果及客户的感受。每个抱怨的客户都希望他的问题受到重视。因此，适当地提高负责处理抱怨的工作人员的管理层级，往往可以让客户觉得受到尊重。一旦客户觉得受到尊重，他就比较容易接受道歉。既然客户愿意接受道歉，他的气就可以消；气消了的客户当然比较容易沟通，并接受保险公司的各种补偿措施。

阅读资料

乔·坎多尔弗的服务方法

乔·坎多尔弗认为，要想有效地挖掘客户群，服务是必不可少的。保险营销人员对其客户服务越周到，他们与保险业务员的合作关系就会越长久。销售总在结束后，得到客户只是开始而已。对于寿险营销人员而言，更大的回报还在后头。

保险营销人员可以在每年客户交续期保费时，得到应得的佣金，保险营销人员也可以经由原来客户的推销，而得到更多的准保户。顶尖的保险营销人员80%的收入乃是来自客户推荐的准保户和其后续的交易。

寿险行业存在太多的竞争，所销售的产品都大同小异，唯一可以让客户将保险业务员与其他业务员区隔开来的方法，就是与众不同的、更好的服务。

坎多尔弗在完成销售后，会马上写一封亲笔信函给每一位新客户，恭贺他们。这会帮助他们排除购买者常有的后悔感觉。大部分的购买者喜欢在买过东西后，得到正面的回应，以确定他们买了最正确的商品。

坎多尔弗定期寄给客户生日卡或圣诞卡。

此外，坎多尔弗会定期访问老客户，向他们了解目前的家庭状况和事业发展的状况。

坎多尔弗还会寄给某位客户可能对他有用的杂志和报道，而且会致函感谢那些提供推荐名单的人，不管这些被推荐人最后是否购买保险。

乔·坎多尔弗简介

坎多尔弗12岁丧母，不久父亲去世，少年生活艰辛。1958年，他毕业于美国迈阿密大学数学系。同年夏天，他成了一名职业棒球运动员。1959年，他告别棒球队，和妻子卡罗一道来到佛罗里达。在那里，他成了一名数学老师。

1960年，他的第一个孩子出生，经济日益拮据。为了使餐桌上的饭菜丰盛起来，这年夏天，在妻子的鼓励下，坎多尔弗开始尝试人寿保险推销。他仔细推敲并背熟保险公司给的长达22页的保险条款说明书，并和妻子卡罗日夜不停地排练推销保险的每一句话。

坎多尔弗一心一意，不断努力，在第一个星期就完成了9.2万美元的保额推销。第一年收入3.5万美元，相当于他当教师12年的收入。1976年，坎多尔弗的推销保额达10亿美元，成为美国最富有的营销人员之一，并被尊称为寿险推销大王。

8.3 保险产品售后服务的延续

8.3.1 培养固定的客户群

1. 跟踪服务

跟踪服务是使固定客户不再退出的重要方法。签单之后，营销工作又重新开始。要想客户不忘记你，首先你要记住他们。主动为客户提供各种售后服务，及时解除客户的后顾之忧，客户就会回过头来或介绍他人来投保。保险营销人员经常走访客户，既可征求客户意见，又可以及时为客户提供必要的特别服务。举行客户恳谈会，也是一种好办法，既可以加深相互间的感情，又可以及时发现问题，及时处理客户的异议。

2. 客户管理

客户情报资料是重要的营销工作。优秀的保险营销人员往往善于搜集、整理、保存和利用各种有用的客户资料。要实现客户固定化，必须知道现在已有多少客户，还要了解这些基本客户的有关资料情况，这就需要建立客户资料档案，做到心中有数。制作客户资料卡片，是建立客户档案的一种简便易行的方法。客户资料卡的形式和内容可以不同，一般应包括客户的姓名、客户等级、通信地址、电话、传真和客户购买保险的情况以及对客户的服务记录等。利用计算机制作客户资料卡片，建立客户信息管理系统，是现代保险营销人员常用的先进手段。随时做好营销记录或日记，建立客户资料库，应该成为现代保险营销人员的职业习惯。随着现代商战的发展，客户情报日益重要。完备的客户档案既有助于保险营销人员了解客户、接受客户、说服客户，也有助于推行客户固定化策略。

1）搜集客户的资料

搜集客户资料是最根本的也是最基本的工作，客户的资料包括四个方面：
① 客户本人的资料；
② 与客户相关的资料；
③ 关于资金的资料；
④ 关于时间的资料。

而在保险推销领域中，客户的资料包括两大类：一类是未成交的客户资料；另一类是已成交的客户资料。对于未成交的客户来说，至少要收集以下各种有关资料：
① 客户的姓名、年龄、职业；
② 客户的经济状况；
③ 客户的家庭状况；
④ 客户的投保意向。

以上四个方面的客户资料仅仅是最起码的资料。对于已成交的客户来说，则需要全面收集资料，不论巨细，均一一收录，越细致越深入越好。这对今后提高服务品质极有好处。

2）整理资料加以分类

资料是死的，没有生命力的。收集了资料之后，必须按照一定的标准加以分类、整理，建立客户档案。整理分类的标准有许多。比如，按照投保的意向来分，可以分为A、B两类。

（1）A类：理想的客户。
① 有强烈的投保意愿；
② 有足够的经济支付能力；
③ 符合投保条件；
④ 容易接触。

（2）B类：比较理想的客户。

相对A类客户而言，B类客户稍有些欠缺。分类整理时，对客户的资料也可以用条文式加以建档。一般条文式的客户资料档案，应包括以下各方面：
① 基本情况；
② 地址；
③ 受教育状况；
④ 婚姻状况；
⑤ 子女情况；
⑥ 家庭其他成员主要情况；
⑦ 健康状况；
⑧ 信仰；
⑨ 兴趣；
⑩ 处世态度；

⑪ 理财方式；

⑫ 人生计划；

⑬ 整体评价；

⑭ 客户等级；

⑮ 成功推销卖点；

⑯ 备注。

在以上各方面中，保险营销人员要尽可能详尽地列举相关的资料，然后逐条地收列，使资料具有信息化的功能。

另外，客户调查工作也应包含在整理分类中（客户管理的另一内容便是进行客户调查）。客户调查包括以下内容：

① 客户的需求是什么？客户的期待是什么？

② 客户这些需求和期待满足了多少？

③ 如何才能满足客户的需求？

保险营销人员调查客户时，从以上三个方面深入了解，掌握第一手资料后，再将客户资料进行信息化处理。

3）信息化处理工作

分类整理，建立客户档案，将客户的资料变成有用的信息，这个过程便是信息化处理。

以名片为例，保险营销人员将收集来的名片加以过滤、分类、整理后，接下来便是建立档案卡。这个工作可以在分类整理时完成，也可以先分类整理，再建卡立档。

信息化处理的方式有以下两种。

（1）手工抄写式资料卡可以在搜集客户时一步到位，随时补充、适时分类，然后存档。

（2）计算机存档也是以资料卡为准，不过多了录入计算机这一程序而已。进行信息化处理的同时，还应制作两种资料：一种是携带式资料；一种是简式资料。携带式资料以方便携带为准则，制作方法不限，可以是表格式的，也可以是电子笔记本式的，或者其他方式的。总之，便携式资料要符合两个要求：①携带方便，易于保管；②查找方便，门类齐全。

制作携带式资料的目的十分明确，就是供每日外出拜访客户时使用的。简式资料是随手制作的一种表格，主要供外出时应急之用。一般简式资料由文印人员用计算机打印，在每个客户后边留出至少10个以上的空格，供填补用。

简式资料分类以事件为标准，这样归类容易，信息化处理也容易。

以上三个步骤是客户管理工作中的基础工作，目的在于为进一步服务客户做好扎实的文案工作。客户管理的另外三个内容是行动方面的，即如何活用信息，如何实施服务行为，如何使客户感到满意。

3. 组织活动

客户关系是公共关系的一个主要组成部分，直接关系到我们的生存和发展。对现有客户开展营销外交，有利于加深相互了解和信任，有利于及时向客户通报保险公司业务进展情况并了解客户的问题和要求，帮助客户解决困难，为客户提供良好的售后服务，争取客户的理解，发展相互关系，增进友谊合作。必要时，还可以主动邀请客户参观保险公司或其他客户的理赔现场，举办客户经验交流会、酒会、舞会、电影晚会、招待会，组织客户观光旅游，发送形象广告、寄送保险公司宣传资料等。

4. 保持联系

要想绑定客户，就必须经常与客户保持联系。一旦成交之后，保险营销人员就应该制定出一套行之有效又简便易行的联系办法。给老客户寄营销信函、贺卡、生日卡、调查表、小礼品等是保持联系的好方式。登门拜访老客户、电话问候、微信问候老客户也是加深感情的好方法。关键是要经常提醒客户：你是他们的好朋友。懒惰和拖延是保险营销人员的通病和顽疾，只有克服这些毛病，养成"马上就做"的良好习惯，才能保持与客户经常的联系，不断增加对客户的感情投资，提高客户回报率。定期联系现有客户，是管理客户最关键的工作。联系的方式有许多，比如以下几种。

1) 寄赠生日贺卡

将现有的客户按出生年月日分类建档，然后在客户的生日时逐一赠寄生日卡，祝贺他们生日快乐，同时对他们支持你的工作表示感谢。

2) 寄赠特殊节日贺卡

特殊的节日，如元旦时寄上新贺卡，圣诞节时寄上圣诞卡，教师节时应给那些身为教师的客户寄去贺卡，表示关怀和祝贺。对已为人父母者，应当在父亲节、母亲节时寄去贺卡，祝福他们。

3) 特殊纪念日

对客户的特殊纪念日，应当有所表示：或打电话祝贺、或寄贺卡、或送点小礼物。不拘泥于形式，但一定要有所表示。

4) 电话联系

不需要任何理由，只要保险营销人员一有空，便可以打个电话问候一下客户。联系一下，沟通一下，使客户永远记住你。

5. 分层管理

无论对于一家保险公司而言，还是对于保险营销人员来说，几乎所有人都可能成为其潜在的客户。但是，实际上每一家保险公司或保险营销人员所拥有客户的数量都是极其有限的。要想提高营销效率，要想实现客户固定化，就必须对现有客户进行分类管理，开展重点营销。ABC方法是一种国际上通行的客户分类方法。保险营销人员根据实际情况的需要和可能，分别以客户的购买概率、购买频率、购买数量等指标作为划分标准，将现有客户划分为A级客户、B级客户、C级客户等；也可以对现有营销区域进行分级，划分为A级营销区、B级营销区、C级营销区等；还可以采用其他各种客户分级标准和分级方法。使用ABC方法来管理客户，就可以使日常营销工作程序化、条理化、系统化、规范化、经常化，有助于掌握重点客户，开展重点营销和目标管理。

6. 制定客户发展战略

实行客户固定化策略的目的，在于长久地、稳定地留住老客户并发展新客户，促进企业营销工作。然而，客户并不是一成不变的。客户不会满足于现状，客户永远都会不断地提出新的问题，产生新的需要。客户在变化，保险营销人员也要不断适应新情况，提供新服务，满足老客户的新需求。

当然，优秀的保险营销人员不仅仅是客户的追随者，还应该是客户的引导者。保险产品比较抽象，要善于不断发现客户的问题和需要，引导客户的消费倾向，带领客户共创美好的生活方式。

8.3.2 保持固定的客户群

1. 客户至上

作为保险营销人员，千万不能只计较一时的得失。比如，哪个险种佣金高就推销哪个险种，对其他的险种就不闻不问。这样做，也许能留住一个客户很长一段时间，也许能留住很多客户很短的时间，但绝对做不到长期拥有大多数客户。只有抛开短期利益，获得客户的满意与信赖，才有可能使其重复投保，才有可能使其介绍亲属朋友投保，才能真正建立起保险公司和保险营销人员个人的长期竞争优势。

2. 承诺重于泰山

诚实守信是一个保险从业人员必备的品质，也就是我们常说的做人成功，做保险也会成功。客户最担心的事情之一就是保险营销人员言而无信，说到做不到。所以不要随意给客户承诺，一旦答应客户的事情，务必一一实现；否则只要有一次做不好，以前所做的一切都会前功尽弃，客户就会对保险营销人员产生看法、产生怀疑，损害保险公司和保险营销人员的形象。为了减少这些纠纷，提高顾客满意度，并且借由满意的客户为保险公司塑造正面的口碑，保险公司及相关人员必须秉持下述认识与做法。

1) 保险公司的广告应量力而为

保险公司在广告上所宣称的，应该是本身有能力做得到的；否则一旦客户信以为真，必然对保险公司产生过高的期望，也会因此埋下日后抱怨的种子。每家保险公司都应该有自己的特色与专长。如果还没有，就应该努力去创造独有的特色，因为这才是一家保险公司得以超越竞争者的最佳武器，也是保险公司应该在广告上强调的重点；否则，一味地渲染，不但容易造成客户的不信任，也可能因此触犯公平交易的法则。

2) 训练与要求应有的做法

除了应有的销售技巧与保险产品专业知识，保险营销人员的职前训练还应包括对理赔项目、理赔程序与理赔速度的了解。如此做才能给予客户正确的资讯。保险公司应在业务工作守则上，明确规定不可对客户过度夸大理赔服务的内容与范围，这样才不至于将客户的期望提高到超过保险公司所能达到的范围之外。

3）简化并且明确理赔程序

当一个客户发生车祸或被诊断出患有绝症时，其情绪之恶劣与悲恸是可以想象的。在这种情况下，如果受害客户（或其亲友）还要经过重重关卡才能申请到理赔，他们对保险公司就会产生莫大反感，这是毋庸置疑的。如果客户碰到的情况是该赔却未能获得理赔，那么更换保险公司势必成为现实。而且抱怨的客户还可能四处宣传保险公司的不是，这无疑会对保险公司造成莫大伤害。因此，保险公司有必要简化理赔程序，这也是在竞争激烈的保险市场中，保险公司可以使用的竞争武器之一。此外，将理赔程度明确化，最好形成文字交给客户，也有助于减少日后的理赔纠纷。

4）理赔人员及相关部门的服务态度

表达方式往往比表达内容更容易产生说服力或达到解释的目的。这也说明了沟通时态度的重要性。在理赔过程中，既然理赔人员必须与客户做适度的确认与沟通，那么理赔人员及相关部门的态度就显得格外重要。支持性、协助性、同情心的服务态度，通常比较能够赢得客户的认同并淡化他们焦虑的情绪。当然，也可以减少客户的抱怨。相反地，有些理赔人员故意回避，有些理赔人员则一副爱理不理的态度，或使出"推、拖、拉"的功夫。这些做法只会让客户或其亲友的心情从焦虑转为愤怒。愤怒的客户或其亲友，就可能作出对保险公司极为不利的举动，如负面宣传、更换保险公司或上法庭。

一旦上了法庭而保险公司又败诉，愤愤不平的客户可能就此大做文章，大肆渲染保险公司的种种恶行。此时，不但有不少消费者会对保险公司心生不信任、排斥之感，而且既有客户恐怕也会人人自危。这种名誉上的损伤及所造成的客户危机感，恐怕是再多的广告与公关活动也都难以弥补的。

3. 换位思考问题

每次与客户谈话前，保险营销人员都要走到镜子前，看看自己的表情：你是否在为客户着想，客户一眼就能看出来。保险营销人员必须假设客户就是自己：我自己到底会接受什么样的保险产品？把自己的感受告诉客户，牢牢把客户放在心中，从客户的角度看问题，站在客户的立场设计保单，是培养忠诚客户群的唯一法则。

4. 关注客户需求

每家保险公司都会在保险市场的某个领域占据其主导地位。客户在这方面对保险公司和保险营销人员的期待自然会增加。仔细聆听客户的意见，留意他们的想法、兴趣及爱好的转变，才能把握住客户的心。客户对保险产品的关注点也会改变，保险营销人员对此必须明察秋毫。

5. 及时化解不满

多数客户在购买保险时对保险责任是清楚的，但过了一段时间后就很难记清，这使他们对保险公司、对保险产品难免产生这样或那样的不满情绪。保险营销人员切不可等闲视之，应尽力在客户抱怨的初期迅速解决。处理客户抱怨，只要动作迅速、彬彬有礼、不愠不火，为客户着想，化抱怨为满意就并非难事。

客户发生抱怨有许多原因，最常见的有以下几种：
① 保险产品本身品质不符合客户的预期要求；
② 保险营销人员对保险产品的知识不够；
③ 介绍保险产品时说明不够清楚；
④ 推销的礼节或方式不当等。

处理客户的抱怨时，应当注意运用以下几种方法。

（1）首先要尊重客户，对客户的抱怨表示理解，真诚地表示歉意，以求得客户的谅解。千万不要与客户发生争执，也不要为自己的过错辩解。

（2）以笑脸相迎，不要怒形于色。对抱怨的客户，要心平气和地对待，要先处理心情再处理事情，不要冲撞了客户。

（3）要有耐心地倾听客户的申诉，耐心地听他们讲述，并做好记录。在客户申诉的过程中，千万不可打断对方讲话，这是尊重对方的表现。

（4）听完之后，要及时分析原因，研究解决抱怨的对策，并用诚恳的态度向客户解释清楚，以期取得客户的认可。

（5）郑重对待客户的每一项抱怨。对客户的每一种要求都应当迅速地予以解决，千万不可流露出不悦的神色来。

（6）要将处理抱怨的结果及时通知客户，而且应当自动答复，不要让客户来追问。即使有些抱怨无法作出答复，也应及时如实地告诉客户，并详细说明原因。

8.3.3 拓新单与续旧期

保险新单业务开拓的好坏直接影响着保险公司能否实现业务的可持续发展。但片面地追求保险新单业务，却使续期业务保费的收取力度不够，往往是事倍功半，欲速而不达。甚至陷入这样的恶性循环之中：精力过于集中到发展新单业务上，会使售后服务跟不上。相应地，客户会产生不满情绪，退保率居高不下，从而使续期保费续收率低。新单业务头两年的现金价值很低，退保金额更使客户感到不满，他们把这种不满传播下去，保险公司的形象和声誉必定会大打折扣，最终又制约了新单业务的进一步拓展。片面地追求新单业务的拓展，还会出现以下两种情况。

（1）承保质量不高，劣质保单大量涌现。劣质保单不仅包括明显的带病投保、逆向选择投保等带有恶意欺诈因素的保单，而且还包括那些退保、掉保率较高的保单。比如，有的客户收入不稳定，开始两年能交清保费，后来可能因为收入减少而难以承受。新单业务高额的首期佣金，诱使一些保险营销人员签下大量的人情保单，这些保单往往只有首期保费而无续期保费。另外，一些素质较低的保险营销人员存在诱导、误导客户消费的行为，不仅为保费续收带来更大的阻力，而且给保险公司的声誉带来不良影响。

（2）售后服务质量较差。售前经常光顾客户的家门，售后不见人影。售前未能将条款解释清楚，售后也不加以说明。投保之前对客户殷勤有加，客户出险之后理赔困难。客户对保险公司这种售前与售后两种截然不同的态度会大为光火。保险营销人员更换较为频繁，大量的"孤儿保单"没人理睬，自然掉保、要求退保和保险纠纷就会时有发生。所以，在业务发展过程中，拓展新单业务时切不可忽略续期业务。两者相辅相成，缺一不可。续期业务保费收取的难易程度取决于保单质量的优劣。优质保单具有风险性小、交费轻松、退（脱）保率低、售后服务优、保险人和被保险人双方满意等特征。它不仅体现在高质量的承保上，同时也贯穿于售后服务的全过程。因此，在承保的过程中要严把质量关，承保后要保证服务质量，最大限度地满足客户需求。只有如此，才能使新单业务的开拓与续期业务相辅相成，实现业务的稳固发展。

阅读资料

贝吉尔的转介绍请求方法

取得转介绍有一个非常重要的前提条件，那就是业务员对客户服务好。有的业务员，不重视售后服务，以为签了单就一切都终结了。殊不知他这样做，不仅使客户享受不到保险公司的服务，更使他本人失去了很多新的客源。

贝吉尔对服务是这样理解的："绝对不可以忘记您原有的客户，也绝对不让原有的客户忘掉您。"

贝吉尔用他的亲身经历说明享受好的服务对客户及业务员的好处。他说，他某年买了一栋好大的房子，房子很好，他极为喜欢，可却贵得让他心疼，所以买了房子他就有些后悔了。他搬进去住后，卖房的经纪人就登门造访。那位营销人员刚进门，首先就恭喜贝吉尔买了一幢好房，然后就一个劲地夸这栋房子的好，以前还曾出现过什么有趣的事，再后来又带着贝吉尔到附近转了一圈，介绍他认识了一些周围的邻居，其中有几位还是费城颇有头面的人物呢。

营销人员的这一次造访，使贝吉尔真正感觉到房子是很好的，几天来的心疼感一扫而光，还对他心生了感激之情。他们还跨越了买卖主之间的关系，变成了好朋友。一星期后，贝吉尔还给他介绍了一个朋友，那位朋友也成了这个聪明的营销人员的客户。

如果贝吉尔内心的不快没有因为营销人员的来访而消失，他怎么会为他介绍新客户呢！不怪他才怪呢！

贝吉尔从他的职业生涯中总结得出：新客户是未来生意的最佳来源，因为新客户对新买的东西很兴奋，常会迫不及待地告诉别人。尤其是买到好的东西，总是千方百计地去与别人谈论新买的好东西，分享其快乐。

贝吉尔也充分利用客户的这一心理，每签完一个单，总是要客户给他介绍新的客户。贝吉尔用的是下面这种方法。

他的公文包里总是带着一封打印好的格式信，信是这样写的。

××先生：

兹介绍富兰克·贝吉尔给您认识。就愚兄所知，贝吉尔为费城最优秀的几位人寿保险营销人员之一，我对他有绝对的信心，而且也接受他的建议做了一些处置。

也许您目前没想到要买保险，但我觉得听听贝吉尔先生的想法非常有益，他的意见非常有建设性，也许能为您个人或您全家带来某些帮助。

×××敬上

这样，在要求客户介绍新客户时，把这些信拿出，只要让他在相应的空格内填上要介绍的人及自己的大名即可。由于很方便，而且客户刚刚得到贝吉尔周到的服务，所以很多客户都乐于做这件不费吹灰之力的事。

另外,贝吉尔有时候也简单地要求客户在其名片背面写上简单的介绍词,这样更省事。方法是这样的:

兹向×××先生推荐贝吉尔先生。

×××敬上

当然,这样的名片介绍一定要介绍人亲笔填写才成。

如果对方稍有迟疑,贝吉尔就会说:"这没什么好考虑的,要是您这位朋友现在就在这里,您难道不给我介绍吗?"这句话确实有道理,客户一听也就写了。

得到客户的介绍后,什么时候去拜访这个新客户呢?贝吉尔认为,最好立即就去。

对于客户的介绍,不管是好是坏,贝吉尔都会对原来介绍的客户有个交代,这样才不辜负客户对他的信心和热忱。他认为,不懂得这点起码礼貌的人迟早会惹火上身的,好心介绍的客户也许当面不提,但却会耿耿于怀一辈子。他说,这样做至少还可有两方面的好处:如果生意做成对他表示感激,更让他分享您的喜悦;如果生意没做成,告诉他原委,也许他还会帮您出主意,或者再找出别的线索也说不定,因为他发现给您介绍不成,心里总有些许的不安和内疚,总想要帮您做些什么聊以弥补。

情景演练

签单后如何与客户进行后续联络

情景解析

在签单后,保险营销人员也要多与老客户联络,不要以为客户已经签单了,销售工作就结束了,这种认识是不对的。老客户主动与你联络时不能爱搭不理,冷落客户,甚至杳无音信地让客户找不到人,这些都是要杜绝的行为。在签单以后,应该适时联系客户,跟签单之前一样提供优质的服务,这样做能给保险营销人员带来不少好处:如转介绍增加,退保率降低,使业绩有保障。

在遇到节假日时,别忘了给客户一个电话问候、一份节日礼物,或一个微信祝福等;如果保险公司有新产品或活动信息,保险营销人员应及时把信息传递给客户。

实战强化训练

保险营销人员:"您好,×姐,我是××保险公司的小赵。"

客户:"哦,小赵啊,最近忙吗?好久没见了。"

保险营销人员:"还行,多亏了您这些老客户的支持。"

客户:"别客气。"

保险营销人员:"您上次给我介绍的刘总,他也在我这儿投保啦,我还没感谢您呢!"

客户:"真的?这主要是因为你的产品好。"

保险营销人员:"您什么时候有空,咱们见面聊聊,当面谢谢您。"

客户:"好的。"

金牌技巧点拨

在这个案例中,保险营销人员在客户签单以后并没有不理睬老客户,反而经常联系,告知老客户转介绍的情况。从保险营销人员角度来说,做到经常回访和沟通,可以有效降低投诉率,而且也会增加客户对自己的信任感,甚至进行转介绍。

复习思考题

一、思考题

1. 春秋季节天气变化很大，气温反复。保险营销人员郝咏馨的售后服务别具一格：节日并不送礼，而是在平时气温变化时，特别起早，按照客户的重要程度、工作职业、生活习惯等，在客户上班之前给客户打个"健康关照"电话："张哥/李嫂，今天降温了，我知道您工作很忙，所以一定要注意保重身体，今天特别打电话过来，提醒您加件衣服出门，没别的事，一定多保重身体，再见！"简短温馨，一分钟解决。

请写下这个服务案例给你的启发。

2. 小王是某保险公司的营销人员，在步入该行业的前两年，其营销业绩呈现出高速上升的势头；但进入第三年其营销业绩却出现了惊人的下降，对此小王非常困惑。一日，小王前去拜访一位营销专家，谈及了他的困惑。

营销专家思考片刻，说："把你的客户资料给我看看。"

小王拿出他的通信录。

"你只有客户的姓名和电话吗？"营销专家问。

"是的，我的记性很好。"

"看你的通信录中有400多人的记录，你每个人都能准确记忆吗？"营销专家问。

"能记个大概吧。"小王回答。

"大概？"营销专家反问。

……小王感觉到了什么。

"你把你的客户，按你认为的新老标准分类看看。"营销专家向小王提出了要求。

小王对自己的资料进行了归类，并用百分比表示。统计发现：新顾客占到了80%，而老顾客仅仅占到20%。

"看到了吧，问题的症结是你的客户管理出了问题。"营销专家看了小王的统计说，"你的客户管理存在两个问题：第一，你的资料过于简单，你总在依靠自己的记忆，其实人的记忆力是有限的；第二，你总在寻找新客户，而忽略了老客户的维系。其实，开发一个新客户的成本约是维系一个老客户成本的5倍之多。老客户是新客户的源泉。"

小王听了营销专家一席话后，豁然开朗。

如果你是小王，你会因此意识到什么？

二、简答题

1. 简述保全服务的内容。
2. 简述保险售后服务的类型。
3. 简述定期服务的方法。
4. 列举三个不定期服务的方法。

第 9 章 保险营销人员的培训

思政目标：
学习党的二十大精神，提升专业能力，突破传统，钻研营销人员培训的方式方法。

学习目标：
1. 了解保险营销培训实施前的准备；
2. 掌握保险营销培训的常用方法。

9.1 保险营销培训实施前的准备

9.1.1 培训地点的选择

现代保险培训的地点有多种选择，它既可以是工作地点的一间会议室，也可以是大学里的一间教室；既可以去某个地方参观学习，也可以到工作实地演示培训；既可以在一间能容纳好几百人甚至上千人的大讲堂里，也可以在一间适于单独面谈的办公室里。有时一个十分合适的培训地点就在身边；而有时要找一个合适的培训地点却比登天还难，得花费很多的时间去寻找。

如果培训的组织者以前从未到过将要被选定的培训地点，那么他们应该预先去实地看一看这个地方。因为培训地点一经确定，改变地点很可能会影响整个计划，培训地点应预先商定稳妥。培训组织者应该早些到达培训地点，以便赶在正式培训开始之前确保所用的房间已经安排妥善，相关设备也已到位。

如果受训人员都是自备交通工具前来参加培训，培训组织者还应该安排好足够的、方便的停车场地以备受训人员使用。

9.1.2 培训座位的排定

培训座位的安排有多种，这里介绍的是现代保险培训中经常采用的一些方法。培训座位的排定应明确以下几个观点：一是没有一种布置的方式能适合所有的培训需要；二是对受训人员而言，座位的不同意味着他们谈话时的对象、他们对教师角色的感觉和视觉会有所不同；三是教室空间的大小在某种程度上决定着培训座位的布置。可以将教室布置分为以教师为中心和以受训人员为中心的两种类型。

以受训人员为中心的教室布置允许受训人员或易于使受训人员能彼此相互影响，教师的可视范围较小，各项活动的转换和衔接比较自然，但教师并不是真正地失去了控制。以教师为中心的教室布置不必担心受训人员会脱离控制的问题，传统的"座位一律面向前方"式的布置就是最好的例子。

1. 传统的教室布置法

这种布置法要求受训人员面向教室前面，座位前可能有成排的桌子，也可能像电影院中那样没有桌子，只有椅子。保险公司的许多培训就是在这种教室里进行的。这种座位安排方法的长处在于：就空间的利用而论，这是最有效的方法，因为它只要求在教室中间留下一条通道的空间，桌椅向前可排到至教师讲台一至二尺远，向后可排至后墙，所有的空间均可利用。另外，除了前面的脑袋能遮挡某些视线，受训人员可以一览无余地看见黑板、屏幕和教师。短处是这种方法在本质上是以教师为本位的，一切均由教师控制。受训人员自愿作出反应的可能性很小，他们承担的责任和与伙伴交流思想的可能性更小。整个过程中，教师始终处于核心地位，它适用于以教师为中心的讲授方式。

2. 领章形教室布置法

这种方法与传统教室布置法的区别在于：这种布置将桌子靠中间过道的一头向后稍移一定的角度，以使同一排的受训人员能相互看见，因此，比传统教室布置法给受训人员提供了更多的交流机会。传统教室布置法所具有的优点，领章形教室布置法都具备，只是不那么明显。这种方法仍然是以教师为中心的方式，不过它多少有点倾向于以受训人员为中心的方式。

3. 大讲堂教室布置法

这种方法的每排会稍微弯曲一点，而不是直线形的排列。其优点在于同样的空间，它比传统教室布置法能多容纳 2～3 倍人。这种座位安排法可被用来进行简短的报告，也适用于以教师为中心的讲授方法。

4. 环形教室布置法

教室中的可视性非常重要，因为教师选择哪种教室布置法，将决定受训人员是能更好地看见教室前面而看不清其他受训人员呢，还是能更好地看清其他受训人员而看不清教室前面。在环形教室布置法中，教师如果移动桌椅，就有将近一半的受训人员看不见教室前面。

5. U形（或双U形）教室布置法

U形教室布置法鼓励受训人员之间的交流与互相影响，当受训人员的大多时间用来相互影响、相互作用时，这种方法十分有效。这种方法还是平衡以教师为中心和以受训人员为中心二者的最好方法。U形教室布置法在利用空间时不是很经济，虽然双U形教室布置法的空间利用率要更高一些。另外，处在U形两边的受训人员由于看不到同排的非近邻伙伴，只能与对边的伙伴交流；而位于U形后边的受训人员则更倾向于与教师进行交流，而非同排伙伴，这也可以算是它的一个短处。

6. 方块式（或中空方块式）教室布置法

U形教室布置法封闭起来，就形成了方块式（或中空方块式）教室布置法。这两种方法特别适用于小组，尤其是由高级主管组成的受训小组，并适合举办学术讨论会。如果这个组相对大一些，中空方块式则相对有效些。这两种方法都不适用于特别大的组，它们都是以受训人员为中心的方式。

7. V形教室布置法

这种方法能更充分地利用教室前面的空间，但受训人员彼此间见面的机会很少。V形教室布置法和U形教室布置法一样，空间利用效率都很低，因为教室的整个中部地带基本上没有利用。

8. 点式教室布置法

点式教室布置法有多种结构，这种方法的最首要的用意是鼓励受训人员组成小组工作，它可以根据桌子的大小和参加培训人员的多少而决定是由一张或是多张桌子构成。其重点在以受训人员为中心的讲解，因为教师不可能同时在多张桌子边上。

9.1.3 温度的调节

温度这个小细节确实对一个好的培训计划有影响。如果受训人员不介意，房间在下午应保持凉快一些，但如果有一些受训人员，哪怕只是一小部分人员觉得太冷，那就说明温度太低了。如果计划培训一整天，可以提醒受训人员带T恤衫或夹克。培训管理人员不应用自己的舒适程度去判断房间里的温度，因为他们要在房间里走动，房间里对于他们来说总要热一些。

9.1.4 设备的检查

培训管理人员应该在培训开始前检查设备，比如音量是否适中、投影机工作是否正常……培训教师也许需要一个讲台，或者佩戴一个戴在胸前的扩音器，以便后排的人能听见。为受训人员准备的材料应放在另一张桌子上（放在房间边上或后面）。

9.1.5 开课前的准备

开课前的准备工作有两个比较重要的内容。一是检查表的核对。检查表一般包括以下事项的清单：分发材料和概要、受训人员出勤表、完成的情况、宣布的内容等。一张多用途的检查表可针对每一课程而定，大的培训部门都有针对每一步骤的标准形式。二是对培训有关人员的介绍。

受训人员总是好奇以下问题：谁将执行培训计划、谁将负责后勤、谁将综合协调等。介绍应包括培训执行者（培训教师）现在的工作、最高学历、奖励、特殊成就以及在这次培训项目上的专长等。有时，著名的培训教师由其他人介绍，因为通过第三方可以给出有利于该培训教师的详细情况。受训人员的自我介绍是许多计划的一部分，但不是必不可少的。

此外，休息和提神食品也应引起培训管理人员的重视。永远不要低估适当中场休息的重要性和好处。

9.2 保险营销培训的讲授技巧

有经验的培训教师深知试讲、讲授风度、幽默感、音色、学习辅助材料、记住名字、道歉、时间的把握等因素对培训效果的影响，并尽一切可能少犯错误。

9.2.1 试讲

没有什么方法可以替代试讲培训课。尽管透彻研究教学内容很有用，但讲课最终只有通过试讲才能真正准备好。培训教师若能在听众面前，哪怕在一两个人面前试讲，那也是非常有用的。培训工作做得好的保险公司一般是培训教师先集体研究讲授内容，然后每个授课教师相互观摩试讲，以确保讲授质量。

9.2.2 讲授风度

微笑会使别人放松，并且表示友好。为了提醒自己微笑，培训教师可以在课程计划上提示自己。一般而言，经过试讲的准备，微笑会变得容易一些。

形式僵硬，尤其是由于紧张而造成的形式僵硬会使受训人员感到厌烦，并且影响讲授内容的效果发挥。培训教师应避免以下不好的动作：手势过多或根本没有，走来走去或纹丝不动，前后摇晃，站着时两腿交叉，像抓救生艇一样抓住讲桌，不看听众，把手放在口袋里，弯腰驼背等。

进行一次录像的彩排，或者请有经验的职业讲师鉴定一下，会帮助培训教师发现并克服他们自己在讲授时的种种问题。

9.2.3 幽默感

培训教师应该充分展示自己的幽默感，特别是遇上新面孔的受训人员或进行新材料的讲授时。培训教师虽然把讲授过程中的幽默片段全部删除会更安全一些，但受训人员通常都喜欢幽默。幽默可以采取笑话、小故事或漫画的形式。笑话和故事可以用培训教师自己、受训人员或培训内容作为对象，而适当的漫画能强调某一点，使这一点能让受训人员记得更深、更持久。

幽默需要被培养，用好幽默更是一件困难的事，职业讲师用几乎跟准备讲授材料一样多的时间准备他们的幽默。使用幽默时一定要小心，培训教师很容易因幽默使用不当而侮辱并得罪某一个或几个受训人员，况且离题的笑话会使受训人员对培训教师失去尊敬，尽管笑声也许还在继续。

9.2.4 音色

培训教师的口齿清晰、声音抑扬顿挫应与其身体语言联系起来。如果培训的房间太大或者教师的声音太小，那就需要配备一个扩音器。培训教师应避免"嗯""这个"等虚词的出现，因为这些词会打乱意思的表达。在讲授的过程中，声音单调、忘记主题词或关键词、不时的中断等都会影响培训教师讲授的效果。培训教师听一听自己讲课的录音磁带，或从朋友和专业人士那里多学一学、多观察,能使自己讲课的语言技巧提高很多。

9.2.5 学习辅助材料

常见的学习辅助材料是分发的资料,如幻灯片的复印件、大纲、论点的细节或例证、课后思考的附加材料或受训人员的各种活动指南以及课本和笔记本等。

正如多种讲解方法能增加受训人员的接受力一样,多种学习辅助材料的运用能刺激受训人员,从而使他们将所学知识记得更牢。如果配合运用适当,多种学习辅助材料的混合运用能极大地丰富培训的学习经历,而受训人员也当然会喜欢多运用一些学习辅助材料。

9.2.6 记住名字

人总是喜欢别人认识自己,能叫出自己的名字,而使培训教师叫出受训人员的名字的工具和办法是很多的,比较常用而有效的是名字牌。名字牌上面写着受训人员的全名,有时也可加上单位,一般制成帐篷状。如果参加受训的人员将以个人或小组进行培训,培训教师也许还要构建一个座位图以备参考。

培训教师分析受训人员名单十分有用,并由此可以知道:有多少人将参加培训?他们来自哪些单位?男女比例怎样?受训人员在各单位中的地位如何?这样的分析不妨穿插在培训的开场白中,以获得受训人员的注意力和信任,还能使培训教师在培训开始前去认识未来的听众。培训教师应在培训开始前会见一些受训人员,许多职业讲师都强调要在培训开始前向每位受训人员问好。

当一位受训人员看上去不如其他人那样对培训感兴趣时,叫出他的名字也许会有作用。培训教师在中途休息时不妨找到这个离群的受训人员,通过谈话鼓励他。问一个不伤害他的问题,比如"你希望从这门培训课里得到什么?"也许就能建立以前缺乏的友好与亲密。

9.2.7 道歉

错误和问题是培训中不可避免的,采取措施防止出错应包括细心计划、有后备计划、注意细节、大量演习或试讲等。问题的关键不在于培训教师是否认为出了错,而在于受训人员感觉有问题时,培训教师必须承认。当一个重大问题发生时,通常最好承认它并为此向大家道歉。

在培训开始阶段出错的危险性会较大,因为这时信任感尚未建立起来。鉴于第一印象的重要性,培训教师应避免一开始就出错。如果一位教师一开始就说他没有足够的时间准备得很满意,含义就是受训人员未被他引起足够的重视,一开始就宣布对这个主题并不擅长则暗示着受训人员没有必要去听他讲解。

9.2.8 时间的把握

在讲授过程中保持快的节奏是可以的,但不能一味地往前赶,掌握好时间不是要快速地过一遍所有的材料,而是在有限的时间里提供学到更多知识的机会。

培训教师必须自己决定怎样结合各种方法,并使培训活动不跑题,并能按时进行。当分发材料或准备多媒体等技术细节已经仔细地计划好,且教案事先已经写好时,掌握时间会容易得多。培训教师不应在分组讨论时根据最慢的小组来给出讨论时间,这样会鼓励各小组懒洋洋地讨论。而当各小组在汇报讨论的结果时，并不需要所有的小组都详述自己的结果与发现，可在第一小组汇报之后，要求其他小组只汇报新的或不同的结果与发现。

精心组织的时间表里的多个短暂休息会使受训人员感觉培训是有目的的活动，甚至受训人员个人的休息、放松也会使他觉得进度更合适、更舒服。值得强调的是，没有什么因素比培训教师对该计划的热情和受训人员对该培训的兴趣更重要的了。

9.3 保险营销培训的常用方法——课堂讲授法

课堂讲授法是人类最古老的培训方法，长期以来，保险公司的培训都与课堂讲授法紧密地联系在一起。在这种方法中，受训人员虽然可以进行一些信息交流，但整个培训过程的进度、气氛，在总体上是由培训教师来控制的，学生始终是被动的。近年来，随着现代科技的迅猛发展和人本主义的兴起，对课堂讲授法的批判之声不绝于耳。于是，课堂讲授法中在调动受训人员的积极参与及运用多媒体等方面，做了许多有益的尝试。

9.3.1 课堂讲授法的优点和缺点

1. 课堂讲授法的优点

资料显示，整个保险行业的培训有 90% 左右是在教室里进行。之所以有如此优势，是由于课堂讲授法有下面几个其他方法无法比拟的优点所致。

（1）易操作性。只要拥有一间教室，一位培训教师并聚集一批受训人员，培训便可进行，而要找到一间教室，在保险公司是一件容易的事情。

（2）高效性。许多受训人员在同一时间、同一场所，接受同一训练，而这只需要一位培训教师即可。

（3）经济性。课堂讲授无须过多花费。准备一堂课的费用，比录制一个相同的电视节目或制作一套教学软件的费用要少得多。

（4）习惯。对于大多数人尤其是教师们来说，演讲是最习惯不过的传递信息的方式。虽然新的培训方法可能有效得多，但培训教师需要花费相当多的时间和精力去学习和适应新的培训理论、方法和技术，因而培训教师宁愿使用他们早已得心应手的课堂讲授法。

2. 讲堂讲授法的缺点

（1）课堂讲授法从本质上说是一种单向性的思想交流方式，因而它所传递知识的性质、速率和供给量取决于处于主导地位的培训教师。虽然现代的课堂讲授法对受训人员的表现与感受更加注意了，也越来越鼓励受训人员的参与，但这些改进从根本上讲是不能改变课堂讲授法的本质的。

（2）课堂讲授法的适用范围具有确定的界限。某些知识和技能需要受训人员的直接体验，是依靠以言语为媒介的课堂讲授法无能为力的。虽然在课堂上可以通过图形、影像加以弥补，但这些是远远不够的。

（3）课堂讲授法在增进记忆方面的效果很差。研究资料显示：一场讲演，听了开始 15

分钟内容的听众能够记住演讲内容的40%；听了开始30分钟内容的听众能够记住最初15分钟里演讲内容的23%；听了开始40分钟的听众只能记住全部内容的20%。

9.3.2 课堂讲授法的因素分析

1. 培训教师

培训教师可能不是课堂讲授法的最重要因素，但培训教师的个体经验是造成课堂讲授法与其他培训方法相区别的重要因素。培训教师通常要和受训人员保持一定距离，但又不能和受训人员完全隔开，和受训人员共享新讲授的知识是正常的，但一位培训教师如果完全融于受训人员的集体中便会影响讲授的效果。

2. 讲授的内容

培训的目的是克服知识和能力的不足，并使行为发生改变。培训时，最理想的情况莫过于教师和受训人员都知道受训人员缺乏什么知识和技能，他们的行为要转变到哪种状态。为此，必须确定受训人员的知识和技能水平，了解工作、生活和个人发展规划对他们的要求。现在，大多数的人都把讲授的内容视为达到目的的一种手段，讲授内容的选择必须以对培训目的的效用而确定。那种"我们一直对这类人讲授这些内容"的说法已不合时宜了，必须有所创新。

3. 受训人员

正是受训人员才使得训练活动成为可能，如果没有受训人员，就不需要教师和教室了。没有两个完全一样的受训人员，每个受训人员都有自己的学习目的、学习背景、学习能力以及学习后将要进入的环境，这就要求课堂讲授要努力克服把受训人员当群体而不是个体的困难。激励一个受训人员的东西，可能打击另一个受训人员；而令一个受训人员兴奋的东西，也可能令另一个受训人员沮丧。

4. 讲授的环境

讲授的环境包括温度、光线、通风、桌子、椅子等，尤其是难以测量而又特别重要的"学习气氛"。一次课堂讲授的失败，可能恰恰是因为讲授的环境不良所致。即使是最优秀的教师，也难以使受训人员在一个闷热、嘈杂、烟雾弥漫的教室里集中注意力。

9.3.3 课堂讲授方式

根据培训教师和受训人员在课堂讲授期间的活动状况，可以将课堂讲授分为四种方式。

1. 灌输式讲授

顾名思义，灌输式讲授指的是在讲授过程中的信息输入完全来自培训教师，受训人员只是被动接收信息而已。这种方式的受训人员参与程度低，没有信息反馈，受训人员最轻松，没有任何责任，其形式主要就是听讲。这种方式的最大特点是除要求受训人员参与外，便再没有其他要求，诸如作结论、发现新问题等都是培训教师的责任。

2. 启发式讲授

在启发式讲授中，培训教师首先提供一些新信息和结论，然后提出一些问题，以考查受训人员是否掌握了新信息和结论。如果受训人员没有掌握，培训教师则以较容易的表达方式（通常是更简单的语言和最基本的思想），努力使受训人员听懂。这种方式比灌输式讲授方式高级，受训人员参与程度较高，获得了更多的自主性。

只有当培训教师以演讲或其他方式提供新的内容、思想与结论，使受训人员以问题或讨论的形式反馈它们时，这个过程才算是启发式讲授。如果受训人员得出新结论，培训教师就不必再使用启发式讲授了。启发式讲授必须以受训人员的信息反馈为基础，它只是培训教师发出新信息，并接受受训人员的信息反馈，必要时给受训人员以纠正的简单过程。在这个过程中，培训教师拥有全部的控制权和负有将受训人员引向正确或失误的责任，并且只有培训教师知道讲授的目的，也只有培训教师才能引导受训人员通向成功。

3. 发现式讲授

发现式讲授，指的是受训人员在培训教师的指导而非控制下进行学习，并试图作出自己的结论。与启发式讲授中只对"旧"信息进行反馈不同，受训人员独立探求新概念、新事实和新结论，因此受训人员的记忆更加持久，因为他们对学习承担责任。就受训人员的参与程度而言，发现式讲授比较有效，培训教师也能收到良好的反馈。到底是采用启发式讲授还是采用发现式讲授，这个决定权依然掌握在培训教师手中。

4. 开放式讲授

开放式讲授与其说是一种讲授方式，还不如说是一种受训人员的活动方式。整个活动中，受训人员是主体，培训教师只起制定规则、检测鉴定的作用。在这种活动中，受训人员首先就活动目标及测评标准达成一致，培训教师将受训人员的目标进行任务分解，并设计一定的活动，受训人员分头完成这些任务，以求最终达到目标。

9.3.4 课堂讲授法的适用范围

在前面谈到课堂讲授法的缺点时，曾提及这种方法在适用范围上具有确定的界限，意思是说，这种方法并非在任何情况下都适用。下面，对课堂讲授法的四个因素加以分析。

1. 培训教师

有的培训教师可能因为能在课堂讲授中发挥主导作用而得到心理上的满足，有的却可能因为一直处在受训人员的注意中心位置而感到惴惴不安。课堂讲授法的运用，必然会受到培训教师个人的知识、经验、性格、意愿、兴趣等因素的限制。

2. 讲授的内容

课堂讲授法所讲授的知识最好是那些与事实有关的。曾有研究人员进行了讲授法与研讨法对受训人员成绩影响的专题研究，得出的结论如下：就与事实有关的知识而言，讲授法比研讨法的效果要好；就较高级的认知学习和态度或动机学习而言，研讨法的效果会更好些。

如果知识是新的，而且不能很快从印刷品或其他形式中得到，课堂讲授法是最有用的；而对于事实知识以外的其他内容的学习来说，讲授法就不太有效了，这时应选用其他方法。

课堂讲授法能给受训人员提供一种基本的概念框架，起一种概述或定向的作用，为以后的学习作铺垫。课堂讲授法常与其他方法结合使用，比如在研讨或播放多媒体之前，做些详细的说明，或在角色扮演之后，讲授一些背景知识和做些总结，都是实际培训中常见的现象。

从事课堂讲授的培训教师，往往会成为受训人员模仿的榜样，这也可以看作一个范围限制。毕竟，从事课堂讲授的培训教师所显示的榜样是个非常有限的角色，即讲课者的特色。其学者的风范、人格和意志等其他方面，都只是以隐含的形式存在的。

3. 受训人员

研究表明，那些需要指导或不大容忍分歧的受训人员往往喜欢听讲而不喜欢自学；性格内向的受训人员从听讲中比讨论中学到的东西多，而性格外向的受训人员则恰好相反；较刻板或焦虑的受训人员觉得讲授法有效些，而灵活的受训人员则更喜欢独立学习或讨论。这就给培训教师的讲授带来了两个问题：一是受训人员的个性难以测定；二是即使解决了第一个问题，培训教师可能会发现上述两种类型的受训人员都有，会更加无所适从。总之，课堂讲授法能适应受训人员的某些个性，而不适应所有个性，这也是其他培训方法的共同之处。

4. 讲授的环境

环境包括教室、空气、光线、设备、音响、班级规模等外部环境，学风、受训人员之间、受训人员与培训教师之间的地位和关系等内部环境。人们普遍认识到过高或过低的室温、暗淡的灯光等其他引人入睡的条件会影响讲授的效果。殊不知，过近的心理距离或培训教师过分的平易近人，都有可能不利于课堂的讲授。

9.4　保险营销培训的常用方法——案例法

案例法又叫个案法，它是一种围绕一定的培训目的，把实际生活中真实的情景加以典型化处理，形成供受训人员思考分析和决断的案例，让受训人员通过独立研究和相互讨论的方式来提高他们分析问题和解决问题的能力的一种方法。它的中心任务是培养受训人员在实际工作中行之有效的思维方法和实际工作方法。这种方法要求受训人员就案例提出他们的观点，并为其辩护，其他受训人员则会提出反对的建议和解决方法，从而迫使受训人员作出清晰而合乎逻辑的推理。

案例法是20世纪初由美国哈佛大学商学院首创的，被广泛地运用于各行各业的培训之中。我国保险行业的培训中也较普遍地采用这种培训方法，并且受到普遍的欢迎。

9.4.1　案例法的特征

（1）案例法的目的是提高受训人员分析问题和解决问题的能力，因此，它是一种较为高级的培训方法。

(2) 案例法的主体是受训人员。受训人员必须经过充分的准备、深入的思考、热烈的讨论，才能获得预期的能力。

(3) 案例法在本质上是一种归纳式的学习方法。它是通过受训人员对案例（代表某一特定情景）进行分析而从中总结出某些规律的方式来增强培训效果的。

(4) 案例法很难存在一个最优答案。案例法提供的情景是全方位的、具体的，受训人员可以从各个方面进行解释，因此，很难存在一个最优答案。

(5) 教师的任务是引导受训人员思考、讨论，并找出规律。

9.4.2 案例法的优点和缺点

1. 案例法的优点

(1) 与课堂讲授法相比，案例较为直观，且对无论哪种培训内容，案例法都非常有效。

(2) 案例法要求受训人员讨论。受训人员不仅能从这种讨论中获取知识、技能和思维方式上的益处，而且能活跃学习气氛、增进人际关系，并激励受训人员去进一步讨论，从而养成一种向他人学习的习惯。

(3) 受训人员必须深刻认识分析案例所需的信息和方法。受训人员通过对案例中的数据分析而得到锻炼的机会，使受训人员能够分辨出信息和数据的价值。而这在平时的工作和生活中，受训人员很难，也怯于这样去做。

2. 案例法的缺点

(1) 案例所提供的情景毕竟不是真实的情景，有的甚至与真实情景相差甚远。案例大多由培训教师编写，因此受到培训教师专业背景和培训目标的限制，常常过于概念化，其观点带有明显的个人倾向。

(2) 案例需要较多的时间来完成，对培训教师和受训人员的要求也比较高。

(3) 研究和编制一个好的案例很难。它不仅需要培训教师有技能和经验，而且往往需耗时两三个月，因此，案例的来源往往不能满足培训的需要。这一缺点也正是阻碍案例法得以推广和普及的一个主要原因。

9.4.3 案例法的实施步骤

总体来讲，案例法的实施步骤分为四个阶段。

1. 受训人员各自的准备阶段

受训人员阅读案例材料，并积极思索，初步形成关于案例中的问题的分析与解决方案。如果教师在这一阶段给受训人员列出一些思考题，受训人员的准备工作会更加有效。

2. 小组准备阶段

培训教师根据受训人员的年龄、学历、工作经历、职务等因素将受训人员划分为一个个由3~7人组成的小组。小组的划分要求能使小组成员多样化，这样对案例的理解会更深刻一些。划分小组的目的并非要求它们得出一个集体答案或形成一致意见，它只是为每个成员都提供一个表达和听取意见的机会,以加深对案例的理解,并适当地修正自己的观点。小组活动时,培训教师可到其活动地去巡视,但这样做的目的并非指导或监视,而是为了显示对该小组经验的重视。一般来讲,这个阶段需要 45 分钟至 1 小时。

3. 大组讨论阶段

各小组成员和教师一起分析、讨论案例,但发言的主体以受训人员为主,培训教师充当主持人的角色。讨论的前半部分常用于扩展和深化受训人员对案例的理解,待进行到 1/2 或 3/4 的时间时,培训教师要着手将受训人员引向几个主要的备选方案方面,以便讨论更加集中。但其目的并非引导大家就某一方案达成一致意见,而是将受训人员的注意力引导到方案的合理成分上来。这一阶段的时间一般不会比小组准备阶段的时间短。

4. 总结阶段

总结的内容应集中于"我从中学到了什么",它既可以是规律和经验,也可以是获得这种知识和经验的方式。如果可能,培训教师可让受训人员以书面形式作总结,以加深受训人员的印象。这一阶段一般需 10~15 分钟。

可以简单地把这一过程概述如下:仔细阅读案例,至少两遍;收集并掌握案例中的事实;彻底分析案例,分开表象和真正原因,有助于解决问题;辨清案例中需要解决的问题;寻求解决问题的方法;进行 SWOT(优势、劣势、机会、威胁)分析,并对解决方法进行评价;选择最佳解决方法。

9.4.4 案例法的注意事项

案例法的注意事项主要如下。

(1) 用于讨论的时间一结束,即刻召集小组进行全体讨论。

(2) 鼓励畅所欲言,帮助讨论。鼓励受训人员为自己的观点辩护,甚至于在有人挑战时也是如此。培训教师不要提供自己的评价和观点,最好让受训人员从他们自己的方式中,而不是依靠培训教师的观点来学习。

(3) 案例法会占用较长时间,为节省时间,可提前分发资料。

(4) 对于刚加入保险公司的新人来说,案例法不适用。

(5) 培训完成后,如果要对受训人员进行传统考试,案例法便没有意义了。

(6) 当每个受训人员都参与时,案例法最有效。因此,案例法要求每个受训人员都参与其中,尤其是那些不愿主动发言的人,应鼓励其大胆提出自己的见解。

(7) 案例法通常能使受训人员相互交流各自的观点,重要的是这些观点可以带来新发现和新知识。

(8) 案例法有助于提高受训人员分析问题的能力,而不是就某个讨论案例的分析。

(9) 在使用案例法时,培训教师应该让受训人员不要停留在说教、理论的阶段,要把他们的注意力不断地引向研究案例的各种关系的仔细分析上去。

9.5 保险营销培训的常用方法——研讨会

在现代保险培训方法中,研讨会是仅次于课堂讲授法而被广泛使用的方法。与课堂讲授法相比,课堂讲授法只向受训人员转送信息,而研讨会则让受训人员积极地从事学习;课堂讲授法要求受训人员听,而研讨会则鼓励受训人员提问、探索并作出反应。

9.5.1 研讨会的类型

1. 以培训教师为中心的研讨会和以受训人员为中心的研讨会

根据培训教师和受训人员在研讨会中的地位来划分,研讨会分为以培训教师为中心的研讨会和以受训人员为中心的研讨会。

1)以培训教师为中心的研讨会

受训人员虽可控制讨论的议程和进度,但培训教师是信息的主要来源,受训人员的注意力集中于培训教师。在这种方法中,培训教师先用苏格拉底式的问答法提出一系列问题,引导出解决问题的办法,从而起到中心的作用。最后,讨论可采用复述式,培训教师围绕材料提出问题,并要求受训人员回答。

2)以受训人员为中心的研讨会

受训人员的注意力集中于他们的同伴,而不是培训教师。受训人员不仅主导研讨的过程,还负责收集信息,并提出解决办法,即一切由受训人员自己负责。因此,他们对研讨的目的更加明确,行动也更加积极。这种研讨会有两种方式:一种是由培训教师提出问题或任务,受训人员独立提出解决办法;另一种是不规定研讨的任务,受训人员就某议题自由讨论,彼此吸收经验或知识,并培养成一种集体氛围,充分展示出自己的见解。

以培训教师为中心的研讨会和以受训人员为中心的研讨会的特征比较,可由表9-1反映出来。

表9-1 两种类型研讨会的特征比较

特征	以培训教师为中心的研讨会	以受训人员为中心的研讨会
研讨者	以培训教师为主体	以受训人员为主体
研讨结构	结构化	非结构化
研讨方式	① 问答式 ② 苏格拉底式 ③ 复述式	① 问题解决式 ② 启发式
信息源	培训教师	受训人员
结论方式	有明确结论	不一定有明确结论

2. 目标型、过程型与目标—过程型

根据研讨会的取向划分，研讨会分为目标型、过程型与目标—过程型三种。

1）目标型研讨会

这种研讨会着眼于目标或任务，这个任务由培训教师确定，只要能确保研讨会目标的达成，培训教师可以不管研讨过程如何。这种研讨会处在培训教师的有力控制之下，具有高度的结构化，各个环节均按预定的时间表按部就班地进行。

2）过程型研讨会

这种研讨会重视的是研讨过程中受训人员之间的相互影响。其要旨在于通过鼓励受训人员的参与，从而鼓励彼此之间借鉴和吸收有益的知识、经验，增进情感，以满足受训人员的心理需要。是否能达成由培训教师定下的目标倒是次要的。

3）目标—过程型研讨会

这种研讨会既能实现预定目标，又能促进受训人员有效参与。但这种研讨会执行起来很难，除非非常有经验的培训教师并做好了充分准备。当然，这种研讨会比其他两种更有效率，也更能得到受训人员的热心支持。

9.5.2 研讨会的形式

1. 演讲讨论式

这种形式由两个部分组成：首先由某位专业人士就某议题发表公开讲演，随后受训人员就此议题和前面的讲演进行自由讨论。这种形式提供了少量的双向沟通。采取这种研讨形式时，一般在演讲者之外还应安排一个主持人，以把握会议规则，控制会议的进程。

2. 小组讨论式

小组讨论式又可分为三种形式。

第一种形式是选择某一方面有特长或对某一方面感兴趣的，且长于言辞的几位专家（通常3～6人）就这方面的某个主题（如加入WTO对中国保险业的影响）进行讨论。讨论小组坐在会场前或台上，其中由一位主持人以提问方式来发起和引导讨论的进行，受训人员通常只是听，并不参与讨论。这种形式与许多电视台的专题研讨节目相似。

第二种形式是在第一种的基础上，增加一段由受训人员参与的自由、公开的讨论。受训人员可将问题写在卡片上，并由主持人转交讨论小组进行辩论、回答，或由受训人员直接提出问题，并与小组或小组中的某一位成员进行公开讨论。

第三种形式与第一种、第二种相比，变化较大：挑选6～8人，其中3～4人是专家，这同第一种形式相似；另外的3～4人则作为受训人员代表，他们都坐在台上。一般由主持人坐在台中央的一张小桌前控制研讨进程，专家们共用一张长桌面向受训人员，坐在主持人的左后方，受训人员代表则共用一张长桌也面向受训人员，坐在主持人的右后方。台下的受训

人员通常只是听,偶尔也在主持人的引导下参与讨论。这种方式提供了一种消除广大受训人员和台上专家小组之间自然形成的障碍,增进了专家和受训人员的联系。

3. 沙龙式

现在在保险公司采用的沙龙式研讨会,一般由2~5位专家就某议题的不同方面或相关话题分别发表系列讲演,受训人员一般是从层次较高的保险从业人员中抽选的,大多在宾馆或娱乐城、度假村中进行。随着时代的变化,现在的沙龙式研讨会也出现了一些变体,如沙龙举行完后,可以接着举办一场由受训人员参与的自由公开讨论等,这时,主持人便成了专家和受训人员之间的联系人。这种方式与小组讨论的第二种形式一样,也提供了少量的双向沟通。

其他形式还有集体讨论式、委员会式、攻关小组式和系列研讨式,但由于在保险公司中用得太少,这里就不一一介绍了。

9.5.3 研讨会的组织和实施

研讨会的组织和实施一般都由以下各步骤形成,究竟采取哪些步骤,取决于当时的具体情况。

1. 计划

研讨会是否开得成功,在很大程度上依赖于会前的计划和准备工作。计划工作的首要步骤便是确定研讨会的目标,保险公司培训的目标大多以书面形式存在。研讨会的目标主要包括传递信息、澄清谬误、创新、解决问题和作出决定等。当然,任何一个研讨会可以同时完成多项目标。

2. 开始

在以培训教师发言开始讨论的方式中,如果培训教师带得好,受训人员就会知道自己的角色和任务,理解会议的规则,并按照要求参与会议——以恰当的方式表述自己的见解、怀疑或无知;如果培训教师带得不好,研讨会的开始可能就是会议的终结。

培训教师一般都应以说明研讨会的目的或目标开始,研讨的目标、规则(如最初10分不要争论、别人说完后才能发问)以及时间安排最好写在黑板上,以便受训人员不偏离目标。培训教师在提问时,应避免提只有一个答案的问题,并避免讲出自己的看法。问题提出以后,培训教师应根据受训人员的集体成熟度,来决定是留下来继续发挥作用,还是走开让受训人员独自商讨。

3. 注意倾听

注意倾听对所有成员(无论是培训教师还是受训人员)来说,都是十分重要的一个素质。培训教师可以通过确定下列规则来帮助受训人员培养注意倾听的技能:
① 注视正在谈话人的面部(可不时环顾一下其他人);
② 身体倾向于正在谈话的人;
③ 对正在谈话的人作出积极的反应,如微笑、点头并发出"噢""是"的轻微声音;
④ 复述某个要点,并加以强调;

⑤ 提出一些问题，引导谈话继续进行下去；
⑥ 如果存在某项疑问或不清楚之处，要求谈话者加以解释或详细说明。

如有可能，用笔记下要点，以备日后整理所用，同时以示重视。

4. 信息控制

在以培训教师为中心的研讨会里，受训人员都希望培训教师能提供"正确答案"。某些关键性的背景知识或是培训教师自己的看法，培训教师应当尽量鼓励受训人员将讨论的对象转向自己的同伴，至少在一般情况下不要提出自己的看法或正确答案。所谓特殊情况，是指如果培训教师不提供信息，研讨会便会失败的情况。

在以受训人员为中心的研讨会里，培训教师应作为一个局外的专家或顾问而存在，可以应受训人员之邀而提供一些必要的信息。但应注意，不要树立自己的权威地位，否则受训人员的独立性和热情将受到相当大的影响。

5. 控制进度

在过程型的研讨会中，只要受训人员能积极参与且能获得心理上的满足，就可以看作达到目的了，因而它不需要严格的时间和进度。在目标型与目标—过程型的研讨会中，为最终得出结论，时间和进度控制便显得十分重要了。

要保证研讨会按既定的时间表进行，需要注意以下几点：一是尽量让受训人员参与时间表的制定；二是让受训人员尽量保持对时间表的注意力（培训教师可将研讨会的各项议程与时间安排写在黑板上，也可印刷后分发给受训人员）；三是让讨论尽量集中于主题，（如果受训人员扯得太远，培训教师可委婉地予以提醒）。

6. 平衡把关

有经验的培训教师应当有这样的本领：保证那些应该参与讨论的人去参与，并阻止那些"参与过度"的人也去这样做。

7. 处理好冲突

任何一场有活力的研讨会，其中心必然是矛盾冲突和意见相左。对矛盾冲突处理得好，就可能成为促进继续讨论的动力；而处理得不好，效果可能适得其反，甚至损害团队的团结。

处理好冲突，最重要的是培训教师要保持冷静和公平的心态。培训教师不妨请双方重新阐述各自的见解，还可请第三者发表意见，也不将问题留待以后处理，以及用集体投票表决的办法来确定结论。

8. 提供反馈

及时提供反馈有利于控制讨论的方向，也有利于激发受训人员的积极性。提供反馈的方法，既可以是总结小组讨论所取得的成就，也可以是表扬某个受训人员的行为。表扬可以是明显的（如言语），也可以是不明显的（如报以微笑）。受表扬的可以是符合目标的议论，也可以是促进小组讨论的行为。

9. 总结

总结是培训教师的一项重要责任。总结包括讨论进行到了时间表上的哪一点，是否该做结论了，是否该转移议题，或某位受训人员的行为如何改善等。

也许让受训人员自己进行总结的结果会更好一些，但受训人员可能由于"身在庐山中"而做不好。在任何情况下，掌握好总结的技术，都将有助于培训教师更有效地控制研讨会。

10. 记录

记录是实际培训工作中检验讨论是否达到目标的重要环节。简单的研讨会记录包括以下几项内容：

① 得出的结论；
② 活动项目和责任分配；
③ 未解决的问题；
④ 下次研讨会的日期和具体时间。

较详细的研讨会记录的内容包括：

① 研讨会的日期、具体时间和地点；
② 目标；
③ 与会人员名单；
④ 依次讨论的各个问题，以及参加讨论的观点；
⑤ 研讨会使用表决形式时，赞扬与反对者的姓名及表决结果；
⑥ 安排的活动项目及日期、结果；
⑦ 未涉及或推迟讨论的问题以及相关解释；
⑧ 下次研讨的日期、地点和议程。

9.6 保险营销培训的常用方法——角色扮演法

角色扮演就是提供给一个小组的受训人员以某种情境，要求一些受训人员担任各种角色并出场表演，其余的受训人员观看表演，注意与培训目标有关的行为，并在表演结束后进行情况汇报，扮演者、观察者和培训教师联系情感体验来讨论表现出的行为。

角色扮演是最有效的现代保险培训方法之一，人际关系的许多目标都能通过角色扮演来实现。角色扮演能增进受训人员之间的感情和合作精神，还能用来研究困难情境中不同行为的可能结果，并由此为个人发展和增加对自己及他人感情、感受力提供一个潜在的机会。具体地讲，角色扮演主要有以下几大功能。

(1) 诊断：通过观察和聆听表演者来了解他们。

(2) 指导：给观察者（观看、聆听但不亲自扮演角色的受训人员）以学习不同行为的机会。

(3) 锻炼：给表演者提供一个心理和行为的实践锻炼机会。

(4) 分析：为分析、评价各种行为提供一个样品。

9.6.1 角色扮演法的优点与缺点

1. 角色扮演法的优点

虽然其他方法,比如模拟游戏法、现代视听法等,也能实现角色扮演法的四大功能,但角色扮演比它们更有效,这主要表现在以下三个方面。

(1)与模拟游戏法相比,角色扮演法中的角色、环境和目标更加确定,其活动也更加集中,因此,在培训人与人之间关系的专门技能时,效果会更好。

(2)与课堂讲授法和研讨会相比,角色扮演法更能唤起人的感情,激发人的行为,因而更适合用来进行感情及行为领域的培训。虽然视听法也常常用来达到情感领域的教学目标,有时效果甚至比角色扮演法还好,但角色扮演法相对拥有更多的受训人员参与。

(3)角色扮演法能将情感和学生的理智结合起来。因为观察者的观察与分析、评价,以及角色扮演后的汇报和讨论都能将扮演时所唤起的情感升华,从而达到塑造、改变受训人员的态度和行为的目的。

2. 角色扮演法的缺点

角色扮演法的最大缺点在于其情景的人为性。人为情景的确定性降低了情景的现实性,受训人员按照固定的角色活动,很少会出现冒险、创新的行为。此外,角色扮演法更加强调个人色彩,不重视集体,不利于培养受训人员的团队精神。它虽然可能培养出优秀的个人,但难以有助于建立起坚强团结的集体。

9.6.2 角色扮演法的规则

在设计角色扮演法的规则时,设计者可以通过对设计因素的考虑、对角色扮演问题的选择、对角色扮演结构的选择、对内容的精心设计和对材料的充分准备,来避免角色扮演法存在的缺点。

1. 设计因素

在角色扮演情景中,最好允许冲突和不一致的存在。一般而言,受训人员希望角色扮演避免与实际的、现存的组织情景靠得太近,因为在角色扮演中使用真实的问题情景会带来一系列消极的后果。比如会引起部分扮演者的防卫行为,会使角色扮演把组织发展中形成组织情景的许多原因简单化,并导致错误的概括等。因此,在创设角色扮演情景时,最好在试图采用真实的组织问题以前,先采用一些模拟的问题。即便采用真实的问题,也最好将注意力集中于现存的问题,而不是那些已被"解决"的问题。

2. 角色扮演问题的选择

很多种问题都可用来制造角色扮演的情景,比如对待不同类型顾客的态度、同事关系问题等,组织活动的任何一个方面都可被设计成角色扮演的情景。在角色扮演中,对有些个人问题,如软弱、固执、害羞等,角色扮演可以作为中心问题来解决。

3. 角色扮演结构的选择

角色扮演的结构至少可以用以下四个维度来界定。

1) 活动的多少

一场角色扮演可由一组受训人员,也可由几组受训人员来完成。通常情况下,一场角色扮演要涉及多少活动,还是要由设计者来决定。

在现代保险培训中,多组型的角色扮演较常见。它要求几组受训人员在同一地点进行角色扮演,其优点主要是:首先,它为每个受训人员提供了最大限度的参与机会;其次,它能对不同小组在同样情景下的角色扮演结果进行比较;最后,它能帮助腼腆或性格内向的受训人员克服害羞情绪,树立参与意识。

单组型的角色扮演要求一组受训人员在台上扮演,其余的受训人员则在一旁观看。它的优点是:首先,特别适用于低于 10 人的受训集体,比如保险公司的高级主管培训;其次,有利于培养受训人员的观察能力,受训人员可以通过对他人行为的观察来培养对他人感情的感受力;再次,有利于培训教师进行控制,防止偏离目标的出现;最后,由于每位观察者都可专心观察,并对新观察到的细节进行讨论,因此,角色扮演者能得到其扮演效果的良好反馈。

2) 对非语言因素的强调程度

非语言因素在人际沟通和交往中起着重要的作用,设计者可以在角色扮演指导和观察指导中,提示受训人员注意它。

3) 角色的多样性程度

角色的多样性指体验角色扮演中某一特殊角色的受训人员的多少。多样性程度越高,体验同一角色的受训人员就越多。最高时,全体受训人员被分成几个部分,每部分分别体验某一角色,这就相当于多组型的角色扮演。多样性程度最低的情形是除参与表演的受训人员外,其余的受训人员并不去体验某个角色,只是以观察者的身份对角色扮演者的表演发表评论,提出建议,这种情形和单组型的角色扮演相类似。总之,角色多样性程度的不同,意味着旁观者学习重心的不同。程度高,受训人员得到的感情体验就多些;反之,受训人员则能学习到更多的关于某些角色的行为规范方面的知识。

4) 情景的结构化程度

结构化程度最高的情景是要求受训人员完全按照剧本的要求表演,其优点在于它能将受训人员的注意力集中于扮演者欲证明的东西,但它忽视了受训人员在角色扮演过程中自发参与的影响。最为普通的结构化情景是剧本中只为表演规定一个基本框架,具体的行动由受训人员自然地作出。角色扮演的结构化程度越高,专门规定的培训要点就越能得以保证,但受训人员的参与程度则越低。

4. 材料的准备

设计者必须准备好角色扮演中使用的文字材料,这些材料要明确、简洁、主题鲜明,具有可读性，不能太长、太复杂，否则受训人员记不住。有关角色的说明必须使用通俗易懂的语言，有关如何扮演角色的提示要尽可能周全。设计者还应准备好有关角色扮演的背景材料，并分发给观察者。

在角色扮演法中，培训教师有时不提供准备好的文字材料，角色扮演靠受训人员独立进行。但这对培训教师控制角色扮演不偏离预定目标的难度提高了，培训教师的实际工作难度变得更大了，而不是更小了。

9.6.3 角色扮演法的实施

为了有效地使用角色扮演法，最重要的莫过于在角色扮演法的全过程中要始终保持明确的目标，培训教师必须确保任何活动都指向目标。

指导受训人员进行角色扮演的措施主要有以下几条：
① 学习和接受有关角色的知识；
② 成为角色；
③ 激发角色扮演者的情感；
④ 在需要时编制细节，但不要背离角色扮演的基本精神；
⑤ 在进行角色扮演时不要看角色说明；
⑥ 不要过分表演，否则会偏离整个活动的目标。

在角色扮演法的进行中，培训教师要保持对活动的控制，并应记录下角色扮演者的行为表现效果。如果角色扮演的目标已经达到或者看来不可能达到时，表演应该停止；而当表演变得难以控制时，培训教师应暂时中止表演。

表演结束后，培训教师要引导受训人员进行总结。表演的受训人员可以谈自己对所扮演的角色的认识、表演时的感受和体验，以及对其他角色的看法；旁观者可以谈自己对整场表演或对某个细节的观感，以及自己从中领悟和学到的东西；培训教师要善于启发受训人员将表演与现实工作联系起来，鼓励受训人员将所学的知识应用到实践中去。在角色表演的过程中，有时某些重要情节在表演中没有得到充分的展现，或是表演结束时受训人员对其印象比较模糊，培训教师可以采用播放录像片或让受训人员重新扮演的方式，将它们重新清晰地展现出来，以供受训人员思考和总结，并保证培训的重点。

有的角色扮演结束后，受训人员会因对表演中的体验和看法不同而分成几派（通常为两派），各派受训人员会继续争论。这种局面有其有利之处，培训教师可以利用它将总结深化，但这种讨论也可能会影响受训人员彼此之间的看法，进而影响受训集体的团结。培训教师此时则要提醒受训人员，将受训人员本人和扮演的角色分开，将表演和现实分开，将对表演的看法、观点与表演者个人分开。

情景演练

如何运用"二选一"成交法

情景解析

当客户对买哪种保险犹豫不定时，保险营销人员就可以运用"二选一"成交法。该方法也称提供方案成交法，是指保险营销人员向客户提供一些购买决策的选择方案的一种成交技巧。这种方法在保险销售中应用得比较广泛。

需要注意的是，保险营销人员所提供的选项应让客户从中作出肯定的回答，而不要给客户拒绝的机会。避免向客户提出太多的方案，最好就两项，否则不能达到尽快成交的目的。在客户进行选择时，保险营销人员要做好参谋和顾问。

运用"二选一"成交法的关键，在于保险营销人员要正确分析客户的真正需要，并提出适当的选择方案。

实战强化训练

保险营销人员："您觉得还有什么疑问吗？"

客户："没有。"

保险营销人员："那您选择终身寿险还是定期寿险呢？"

客户："终身寿险吧，主要想给孩子一个长久的保障。"

保险营销人员："好的，那您在这里签个字吧。我今天就可以递交上去审核，很快您就可以拥有这份保障了。"

客户："好的，谢谢你啊！"

金牌技巧点拨

在这个案例中，保险营销人员就使用了"二选一"成交法，其精髓是让客户在"这个产品"跟"那个产品"之间做选择，而不是在"买"与"不买"之间做选择，以减轻客户购买压力，容易促成销售成交。

复习思考题

一、简答题

1. 简述保险营销培训座位排定有哪几种方式。
2. 简述课堂讲授法的优点和缺点。
3. 简述课堂讲授法有哪些讲授方式。
4. 简述案例法的特征。
5. 简述角色扮演法的规则。

二、思考题

针对完全不了解保险行业的准业务员，最初的培训方式应选取哪种为宜？同时制订培训方案。

第10章 保险代理人的职业规范与禁忌

思政目标：
学习党的二十大报告中职业道德、职业素养的内容，结合保险代理人的职业特点，服务于民。

学习目标：
1. 了解保险代理人的分类、法律特征；
2. 熟悉《保险代理人监管规定》及《中华人民共和国保险法》中有关保险代理人的相关内容；
3. 掌握保险代理人的权利和义务及必须遵守的职业规范。

10.1 保险代理人的职业定位与职业规范

代理制成为我国保险营销的主要模式，主要包括保险专业代理机构、保险兼业代理机构及个人保险代理人。

代理制从法律的角度规定了保险企业与保险从业人员之间的关系。由于代理制在保险营销尤其是寿险产品营销中的种种优势，在我国保险营销工作中，大部分的从业人员与保险企业之间是代理关系，即个人保险代理人。这种关系使保险营销人员与相应的保险公司之间有一些特定的权利和义务。明确这些权利和义务，自觉遵守相关法规，才能保证保险营销工作顺利开展。同时，保险营销人员在代理保险业务时必须具备相应的营销知识和职业道德，才能更好地开展工作，为消费者提供优质的保险服务。

10.1.1 保险代理人的性质、地位

1. 保险代理人的含义

保险代理人是指根据保险公司的委托，向保险公司收取佣金，在保险公司授权的范围内代为办理保险业务的机构或者个人，包括保险专业代理机构、保险兼业代理机构及个人保险代理人。保险代理人与保险人的权利和义务关系是通过双方签订保险代理合同来明确的。

2. 保险代理人的分类

根据我国《保险代理人监管规定》，保险代理人分为保险专业代理机构、保险兼业代理

机构及个人保险代理人三种形式。

1) 保险专业代理机构

保险专业代理机构是指依法设立的专门从事保险代理业务的保险代理公司及其分支机构。根据我国的具体实际情况，《保险代理人监管规定》明确规定，保险专业代理公司应当采取有限责任公司或股份有限公司的组织形式。

保险专业代理公司经营保险代理业务，应当具备下列条件：

① 股东符合本规定要求，且出资资金自有、真实、合法，不得用银行贷款及各种形式的非自有资金投资；

② 注册资本符合《保险代理人监管规定》第十条要求，且按照国务院保险监督管理机构的有关规定托管；

③ 营业执照记载的经营范围符合有关规定；

④ 公司章程符合有关规定；

⑤ 公司名称符合本规定要求；

⑥ 高级管理人员符合本规定的任职资格条件；

⑦ 有符合国务院保险监督管理机构规定的治理结构和内控制度，商业模式科学合理可行；

⑧ 有与业务规模相适应的固定住所；

⑨ 有符合国务院保险监督管理机构规定的业务、财务信息管理系统；

⑩ 法律、行政法规和国务院保险监督管理机构规定的其他条件。

2) 保险兼业代理机构

保险兼业代理机构是指利用自身主业与保险的相关便利性，依法兼营保险代理业务的企业，包括保险兼业代理法人机构及其分支机构。

保险兼业代理机构经营保险代理业务，应当符合下列条件：

① 有市场监督管理部门核发的营业执照，其主营业务依法须经批准的，应取得相关部门的业务许可；

② 主业经营情况良好，最近两年内无重大行政处罚记录；

③ 有同主业相关的保险代理业务来源；

④ 有便民服务的营业场所或者销售渠道；

⑤ 具备必要的软、硬件设施，保险业务信息系统与保险公司对接，业务、财务数据可独立于主营业务单独查询统计；

⑥ 有完善的保险代理业务管理制度和机制；

⑦ 有符合本规定条件的保险代理业务责任人；

⑧ 法律、行政法规和国务院保险监督管理机构规定的其他条件。

保险兼业代理机构因严重失信行为被国家有关单位确定为失信联合惩戒对象且应当在保险领域受到相应惩戒的，或者最近5年内具有其他严重失信不良记录的，不得经营保险代理业务。

3) 个人保险代理人

个人保险代理人是指与保险公司签订委托代理合同，从事保险代理业务的人员。个人保险代理人应当具有从事保险代理业务所需的专业能力。保险公司对个人保险代理人负有岗前培训和后续教育的责任。培训内容至少应当包括业务知识、法律知识及职业道德并建立从业人员培训档案，为从业人员进行执业登记。保险公司可以委托保险中介行业自律组织或者其他机构组织培训。个人保险代理人只限于通过一家机构进行执业登记。

《保险代理人监管规定》首次提出独立个人保险代理人，它是指与保险公司直接签订委托代理合同，自主独立开展保险销售的保险销售从业人员。

独立个人保险代理人根据保险公司的授权代为办理保险业务的行为，由保险公司承担责任。保险公司可以依法追究越权的独立个人保险代理人的责任。

独立个人保险代理人可以按照保险公司要求使用公司标识、字号，可以在社区、商圈、乡镇等地开设门店（工作室）。独立个人保险代理人所聘请辅助人员可以协助出单、售后服务等辅助性工作，但不得允许或要求其从事保险推介销售活动，不得对其设定保费收入考核指标且辅助人员原则上不得超过3人。独立个人保险代理人直接按照代理销售的保险费计提佣金，不得发展保险营销团队。

3. 保险代理人的法律特征

保险代理人是从事具体保险营销工作的主体，在具体工作中其行为的主要法律特征如下。

（1）代理人必须在以被代理人（授权代理权的保险人）的名义进行民事行为时才能取得权利、设定义务。

（2）代理人必须在保险人的授权范围内进行活动。保险代理人作出的超出授权范围的行为属超权代理，除非保险人在事后予以追认，否则其法律责任由保险代理人自己承担。

（3）保险代理人依照保险代理合同以保险人的名义进行业务活动的后果由保险人最终承担。即投保人通过保险代理人购买保险公司的保险产品，其赔偿和给付的保险责任由保险公司负责。

（4）保险代理人可以是法人、非法人组织、自然人。具有法人资格的保险代理人为保险专业代理公司，自然人代理人为个人代理，保险兼业代理机构可以是法人单位或法人单位的分支机构。

（5）保险代理人必须接受保险监管机关的监督和管理。

（6）保险代理人从事保险业务必须遵守国家有关法律和行政规章，遵循自愿和最大诚信原则。保险代理人进行违法违规活动，将受到国家保险监管机关或其他主管部门的处罚，构成犯罪的将由司法机关依法追究刑事责任。

4. 保险代理人的地位

保险代理人在取得代理资格，并与保险人签订《保险代理合同书》后，为了能顺利开展保险业务，必须同时具备相应的权利和义务。

1) 保险代理人的权利

保险代理人与保险人法律地位平等。保险代理人与保险人平等地订立保险代理合同，保险代理人不属于某个保险公司，也不受制于某个保险公司。保险代理人与确定代理关系的保险公司之间是平等互惠的合作关系。

保险代理人有独立开展业务活动的权利。在规定的授权范围内，保险代理人有权自己决定怎样开展业务，自己决定选择哪些客户，怎样与客户洽谈。保险人不得否认保险代理人在权限范围内签订的保单。

保险代理人有拒绝非法要求的权利。保险代理人有获得劳动报酬的权利。劳动报酬的获得是保险代理人享有的最基本的权利，代理人有权就自己开展保险业务所付出的劳动向保险人索取手续费（佣金）或报酬。手续费（佣金）的支付标准与支付方式在保险代理合同中应明确规定，并符合国家法律法规的要求。

保险代理人有诉讼的权利。当保险人或其他第三者的行为损害了保险代理人的合法权益时，保险代理人有权提起诉讼。

2) 保险代理人的义务

保险代理人的义务就是依据保险代理合同的约定，保险代理人在开展业务活动时必须履行的或不得进行的活动行为，主要包括以下几个方面。

（1）诚实告知义务。履行如实告知义务要求保险代理人在业务活动中，应该将保险条款的内容及含义、保险合同的免除责任条款以及保险公司经营状况等重要信息如实地告知投保人、被保险人；同时也应该将投保人和被保险人所反映的个人信息如实告知保险人，维护投保人和保险人的合法权益。

（2）催交保险费的义务。受保险人委托，对于投保人欠交的保险费，代理人有义务催交，但没有垫付的义务。

（3）维护保险人利益的义务。在具体的业务活动中，保险代理人有义务维护保险人的利益，不得私自与第三者串通，隐瞒真相，损害保险人利益。

（4）履行合同的义务。保险代理人应自觉遵守并执行保险代理合同，不得单方面随意变更或解除合同。

（5）遵守国家相关法律法规的义务。保险代理人在代理业务活动中必须遵守相应的法律法规，主要的法律法规有《中华人民共和国保险法》《保险代理人监管规定》中对代理行为的规定，以及《中华人民共和国刑法》的有关规定等。代理人应明确相关的法律责任，做一个合格的代理人。

10.1.2 保险代理人的职业规范

保险代理人在具体的营销工作中，由于工作性质和内容特点，要求他们必须遵守相应的职业规范。

保险活动涉及千家万户，保险代理人的行为既影响着保险人的利益，也影响着广大投保人、被保险人的利益。因此，对保险代理人活动中的行为准则，主要从两方面规范。一方面，保险代理人按授权委托书的约定，正确行使保险代理权，为保险人的利益提供符合法律合同约定的代理工作。这一方面的行为规则，要求代理人应依据民法代理制度中关于代理权行使的有关规定，并且遵守保险合同的约定。另一方面，是指保险代理人在代理保险业务时，对广大投保人、被保险人应有的行为规范。

根据《中华人民共和国保险法》和《保险代理人监管规定》，保险代理人应遵守以下规范。

1. 保险代理人必须严格执行保险代理合同的规定

保险代理人应该自觉执行保险代理合同，遵守《保险代理人监管规定》中关于代理活动的有关规定，熟悉保险代理合同的基本内容，准确理解保险代理合同的各项规定，并且在代理活动中加以实施。所以，保险代理人只有严格执行保险代理合同的义务，没有擅自更改保险代理合同的权利。同时，保险代理人必须根据保险人的要求从事代理活动，积极开拓代理业务的渠道，但这并不意味着保险代理人可以超出保险人的授权范围扩大代理业务的范围。也就是说，保险代理人必须严格按照保险人委托的险种和业务范围进行代理，准确地根据所代理的保险公司的业务条款进行宣传和解释，并且根据保险人所规定的实务手续进行操作。

2. 保险代理人必须遵守保险人的各项有关代理行为的规章制度

保险代理人在代理活动中，应该使用保险人印发的各种业务用纸，按照保险人的要求认真填写，按时上报各种单证和报表，随时准备接受保险人的监督和检查。要做到代理业务账目清楚，账册凭证齐全，根据保险人的要求存储和上缴保险费，专职保险代理人要建立各项会计制度。保险代理人还必须保证代理行为不能与个人行为之间形成直接的利害冲突，如保险代理人不得挪用所收取的保险费或动用保险人支付的保险金从事任何经济活动。

3. 保险代理人必须自觉地维护投保人和保险人的利益

保险代理人遵守诚实信用原则，将投保人、被保险人应当知道的保险公司业务情况和保险条款的内容及其含义如实告诉投保人、被保险人。投保人通过保险代理人与保险人签订保险合同时，关于保险人的情况以及保险合同条款的内容主要通过保险代理人得知，因而保险营销人员有义务解释保险公司的业务情况和保险条款的内容，尤其需要解释保险合同中的责任免除条款。《保险法》规定，保险合同中规定有关保险人责任免除条款的，保险人在订立保险合同时应当向投保人明确说明，未明确说明的，该保险合同不产生效力。所以，作为保险代理的代理人有义务说明这些条款的内容与含义。同时，保险代理人也应当将投保人、被保险人告知的重要事实如实告知保险人，使保险人正确评价保险标的风险状况，以作出是否承保以及费率高低的决定。保险代理人不得串通投保人、被保险人欺骗保险公司。

4. 保险代理人必须保证代理身份的完整和有效

保险代理人在没有获得保险人的明示或默示同意的前提下，不能擅自将保险人所授权的代理权利进行转让或让渡。当然，在现实的保险营销工作中，保险代理人可以请他人予以协助，这种协助仅限于代理业务员的宣传和动员工作。而解释条款、承保签单和收取保险费等工作必须由保险代理人亲自完成，不能另行委托未经保险人授权的任何团体或个人，否则这种未经保险人授权所进行的委托所产生的任何法律责任完全由保险营销人员自行承担。

5. 保险代理人必须注意维护代理行为的合法性和严肃性

保险代理人在从事保险代理活动中，不是机械地替他人做事获得报酬，而是在遵守国家有关代理法规的前提下从事一种正当的经济活动，是保险业务的一种分工形式，不存在绝对意义上的附庸与服从关系。相反，只要在遵守代理合同和相关法规的前提下，保险代理人具有一切其他普通职工所没有的主动性和独立性。所以，保险代理人在具体的营销工作中必须自觉维护代理活动的合法性和严肃性，有权拒绝违法的委托事项。

【阅读资料】

从改变自己开始

朱砂

1930年初秋的一天，东方刚刚破晓，一个只有1.45米的矮个子青年从公园的长凳上爬了起来，他用公园里的免费自来水洗了洗脸，然后从容地从这个"家"徒步去上班，在此之前，他因为拖欠了房东七个月的房租已经被迫在公园的长凳上睡了两个多月了。

他是一家保险公司的营销人员，虽然每天都在勤奋地工作，但收入仍少得可怜。

一天，年轻人来到一家名叫"村云别院"的佛教寺庙。

"请问有人在吗？"

"哪一位啊？"

"我是明治保险公司的营销人员。"

"请进来吧！"

年轻人被带进庙内，与寺庙住持吉田相对而坐。寒暄之后，他见住持无拒人之意，心中暗暗叫好，接下来便口若悬河、滔滔不绝地向这位老和尚介绍起投保的好处来。

老和尚一言不发，很有耐心地听他把话讲完。然后平静地说："听完你的介绍之后，丝毫引不起我投保的意愿。"年轻人愣住了，刚才还信心十足的他仿佛膨胀的气球突然被人扎了一针，一下子泄了气。

老和尚注视着他，良久，接着又说："人与人之间，像这样相对而坐的时候，一定要具备一种强烈吸引对方的魅力，如果你做不到这一点，将来就没什么前途可言了。"年轻人哑口无言。老和尚又说了一句："小伙子，先努力改造自己吧……"从寺庙里出来，年轻人一路思索着老和尚的话，若有所悟。

接下来，他组织了专门针对自己的"批评会"，每月举行一次，每次请五个同事或投了保的客户吃饭，为此，他甚至不惜把衣物送去典当，目的只为让他们指出自己的缺点。

"你的个性太急躁了，常常沉不住气……""你有些自以为是，往往听不进别人的意见，这样很容易招致大家的反感……""你面对的是形形色色的人，你必须要有丰富的知识，你的常识不够丰富，所以必须加强进修，以便很快能够与客户寻找到共同的话题，拉近彼此间的距离。"……

年轻人把这些可贵的逆耳忠言一一记录下来，随时反省、勉励自己，努力扬长避短、发挥自己的潜能。

每一次"批评会"后，他都有被剥了一层皮的感觉。透过一次次的批评会，他把自己身上的缺点一点点剥落下来，他感觉到了自己在逐渐进步、完善、成长、成熟。与此同时，他总结出了自己含义不同的 39 种笑容,并一一列出各种笑容要表达的心情与意义,然后再对着镜子反复练习,直到镜中出现所需要的笑容为止。他甚至每个周日晚上都要跑到日本当时最著名的高僧伊藤道海那儿去学习坐禅。一次次批评、一次次坐禅使这个年轻人开始像一条成长的蚕,随着时光的流逝悄悄地蜕变着。到了 1939 年,他的销售业绩荣膺全日本之最,并从 1948 年起连续 15 年保持全日本销售第一的好成绩。1968 年,他成为美国百万圆桌会议的终身会员。

这个人就是被日本国民誉为"练出值百万美金笑容的小个子"、美国著名作家奥格·曼狄诺称之为"世界上最伟大的营销人员"的推销大师原一平。

"我们这一代最伟大的发现是,人类可以经由改变自己而改变生命。"原一平用自己的行动印证了这句话,那就是:有些时候,迫切应该改变的,或许不是环境,而是我们自己。

10.2 不要强迫营销、不要利用谎言

10.2.1 不要强迫营销

交易不能强迫,这是一件对交易双方都公平的事情,是交易双方意见一致后的决定。保险代理人能够说动准保户,排除准保户的思想障碍而使其心甘情愿地掏钱购买保险,这才是保险代理人营销能力的真正体现。

保险代理人最高兴的事莫过于自己所销售的保险产品、服务被准保户认可、接受,但并非每个准保户都会爽快地与保险代理人达成交易。保险代理人应使准保户对保险有清楚的认识,详细解说条款让其自觉、自发地投保,这是正确的步骤。如果背离这条规律,保险代理人采取软硬兼施,靠关系、乞求等手段,勉强让准保户投保,那将会为自己掘下"陷阱",保户中途解约可能会造成诸多"后遗症"。

作为一名合格的保险代理人,拜访准保户是成是败都不应强迫准保户签单。如果保险代理人利用强迫的手段使准保户签了单,因为当时准保户并不太了解保险,所以解约及很多麻烦事就会发生,弄得保险代理人焦头烂额。因此,强迫营销是一个糟糕透顶的营销方法。

有一位准保户曾告诉原一平:"你我相交的时间也不算短了,你也帮了我很多忙,有一点我早就想问你了,你是保险营销人员,可是从未向我说明过保险的详细内容,这是什么缘故呢?"

"这个问题嘛,哈哈哈……"

"喂,你为何吞吞吐吐呢?难道你对自己的工作一点也不关心吗?"

"怎么不关心呢!我就是为了营销保险,才时常来拜访您呀!"

"既然是这样,你为什么从来没有向我说过保险的详细情况呢?"

"说实在的,那是因为我不强人所难,从来不勉强别人投保;从保险的主旨出发,硬拉别人投保是错误行为。再说,只有准保户自己感觉需要后才能去投保。我做的一切未能使您感到迫切需要,是我努力不够造成的,在这种情形之下,我怎么能开口强拉您参加保险呢?"

保险代理人拜访准保户时只能用心去劝说,先给准保户详细地介绍保险,让准保户知

道，保险不是一般的营销，而是有国家法律条文作依据的一种投资；然后再给准保户讲解保险的功能以及后期带来的好处和保障；最后，介绍保险合同、责任范围、赔偿金，让准保户自己感觉保险是一种保障、一种投资。

阅读资料

寿险女皇——林国庆

林国庆生长在台湾，1974年到美国求学，很快考取了教育学硕士学位。

1982年，林国庆加入美国纽约人寿保险公司。从当时12个名单开始，她每天工作16小时，在20年的寿险职业生涯中，经过不懈的努力拼搏，取得了惊人的成就：1982年就获得了MDRT会员资格，1983年成为纽约人寿首席顾问，连续十多年取得顶尖会员（top of the table）的荣誉。现在是MDRT终身会员，也是全世界华人中第一位MDRT高峰会议的终身会员。

她不仅在寿险事业上取得了巨大成功，而且还在美国创办了电视节目"林国庆时间"名人专访。她是这个节目的制作人和主持人，时常采访世界各地名人。1991年，她的名著《平凡中的不平凡》，让她跻身于《美国名人录》和《国际名人录》之上。此外，她还是一位精于演说的国际性演说家。

10.2.2 不要利用谎言

保险代理人营销的保险产品和服务不可能十全十美，如果诚实地把优点和缺点都客观地介绍给准保户，反而容易获得准保户的好感。

齐藤竹之助曾说过："靠说谎、故弄玄虚进行营销，飞语贬低其他公司的营销人员，以这种方式搞营销的人，不可能得到准保户的信赖，恐怕还会受到蔑视。"

因此，保险代理人需要有诚实的态度，因为诚实是营销之本，用诚实的态度营销，自然会打动准保户。如果保险代理人有诸如说谎、故弄玄虚之类的做法，一旦被看透，就会遭到准保户的拒绝。

宣传固然相当重要，但是宣传必须建立在真实可靠的基础之上。因为纸包不住火，谎言永远只能是谎言。也许保险代理人会因暂时的欺哄过关而沾沾自喜，但以后的损失和尴尬却是无法避免的。

有这样一位营销人员，从事的是清洁剂营销。他去一个小区向客户介绍产品时，把该产品谈得几乎无所不能，吹得天花乱坠。其实他自己心里也清楚产品本无那么多优点，但他急于成功，盲目引导，使几位客户购买了产品。事后，客户发觉此清洁剂并没他所说的那么神奇。当他的同事再去推销时，后果就可想而知了，不但失去了原来的客户，新的客户也不再接受了。

从上述例子看出，那位营销清洁剂的营销人员急于把自己的产品营销出去，在解说中不顾客户利益而夸大其词，吹嘘自己的产品质量、服务。而谎言一经被发现，损失就不再是营销人员个人的损失，更重要的是公司也因此而信誉扫地，与客户建立的良好关系也随之瓦解。

再好的商品、服务，总有不尽如人意的地方，给客户讲明这些，反而会获得客户的好感,一味地隐瞒、欺哄,只能使自己走向死胡同。做保险营销更应如此。保险代理人如果对准保户说"入了保险,保你万无一失",恐怕相信的没几个人。对准保户讲明保险的益处:它可使准保户在遭受损失时得到补偿或给付,使损失降到最低限度,真正的"保险"还是以预防为主。这样陈清利弊,准保户可能更容易接受。

从以上事例可知,撒谎欺瞒是一种"自杀行为"。忠告那些抱有侥幸心理的保险代理人,要以诚信取胜。

保险营销唯有真实诚恳才能打动准保户的心,也只有以真实诚恳的态度与准保户接触,才能使准保户对保险产品、服务感兴趣,对保险代理人产生好感,进而对保险代理人产生信任,并在此基础上达成交易。

如果保险代理人以诚实的态度对待准保户,准保户也就可以找到购买产品的理由;反之,就会造成准保户对保险代理人的不信任。

10.3 保险代理人的其他禁忌

一位资深的营销人员讲过作为营销人员的禁忌:"同是做保险营销工作,有的营销人员业绩不俗,有的营销人员却是昙花一现,有的营销人员依然举步维艰。这么大的差异主要是由于部分营销人员无法克服外界和个人之间的困难,犯了营销工作中的忌讳,结果不是转机而是危机,成为一名失败的营销人员。"

了解和认识营销工作中的忌讳,避开它,化解它,以免陷入失败的境地,这是营销人员必须做到的一点。

10.3.1 工作不规范

实际的工作中,保险代理人如果不按正规的工作流程去营销,容易引起客户退保,招致客户抱怨甚至投诉。因此,作为一名保险代理人在工作过程中行为必须规范;否则,可能引发种种"后遗症"。

下面是保险代理人的种种不规范行为。

(1) 推荐保险时,提供虚假证明或误导性说明。

(2) 曲解保险公司的险种条款内容、投保规则程序。

(3) 收取准保户定金。

(4) 代替准保户在投保单上签名。

(5) 故意诱导准保户,作不实告知。

(6) 肆意涂改投保书及保单资料。

(7) 不及时将预收保费交付保险公司,以至于拖延出单时间。

(8) 诱使准保户顶替体检或伪造体验结果。

(9) 失约于准保户或作不实承诺。

(10) 在收到核保部门的加费批注时,不告知准保户,顶替签名、交费;接到体验通知单,未及时通知准保户。

(11) 明知准保户告知不实或隐瞒真相,而不如实填写报告书。

(12) 未按保险公司要求在规定时间内将保险单送达保户手中。
(13) 将暂收收据转借他人使用。
(14) 明知保户对保单有异议而故意拖延时间，不见保户，致使保户错过犹豫期。
(15) 擅自修改、变更条款或与保户签订附加合约。
(16) 以各种形式退佣金给保户。

像上述16种保险代理人的不规范行为容易导致准保户对保险公司的不信任，结果失去准保户。这样做的结果不但会损坏保险公司的声誉，而且保险代理人也将失去一切。因此，保险代理人在工作中应该按照行为规范去工作，不应该违反保险公司制度。

另外，保险代理人在接触前要做好充分的准备，包括对准保户的相貌、职业、性格特点等做详细的了解。与准保户接触，对于保险代理人来说，是一件重要的工作。保险代理人只有真正同准保户接触才有向其介绍保险的机会，并根据其需求提供合适的险种，进而促成签单。

接触过程中，保险代理人一定要消除准保户的戒心。人们对保险营销有一种本能的反感，因而首次见面时，应设法消除对方的戒心。通常可以让准保户明白以下两点。

第一，"我不会占用您太多的时间。"现代人的生活节奏都很快，在谈话前一定要让对方有种占时不多、谈谈无妨的心理。

第二，"我不是为赚钱而来的。"一定要让对方觉得你是有诚意来协助他解决问题的，而不是为赚钱而来的。

拉近彼此的距离。我们常说："物以类聚，人以群分"，设法与准保户找到共同语言来营造良好的谈话气氛。认同、赞美准保户的成熟，谈论彼此都熟悉的人或物，从而让面谈变得自然融洽。在少儿保险的销售中，30多岁的女性营销人员成功率较高，原因就在于她们大多有自己的孩子，与准保户面谈时容易找到共同话题。

对准保户情况了解得越多，越有利于制订保险计划，也就越能掌握形势，激发准保户的购买欲望。准保户资料包括职业、收入、住房条件、家庭情况、兴趣爱好等，总之，越详尽越好。

事实上，保险代理人营销时无形中也在营销自己。因此，了解准保户、迎合准保户的喜好，给准保户留下良好的第一印象是为成功商谈做好准备。保险代理人应改变传统的营销观念，重视接触阶段是关系整个营销的重要环节。

阅读资料

保户是靠优质服务换来的，不是用回扣做诱饵引来的

一位老客户打电话给陈明利要求解约，他是陈明利认识十年的老朋友。平常，陈明利总会顺道去看她，她也不止一次地告诉陈明利说："明利，我那一班朋友的保险业务员都不知去向，只有你仍然在我身边，当初我真是找对人了。"因此，当她提出解约的想法时，陈明利感到很惊讶。

"为什么？"陈明利不禁满怀疑问。

"有好多营销人员说我的保单不好，要我买他们的，可是，我相信你不会卖我不好的保单，所以想问问你，我这一张保单到底好不好。"

"您的保单一定是好的，因为我自己也买过，它在十年前是最好的，只是，经过了这么

多年,当然会有新保单出来。"

"那……我不要原来这一张,我要买张新的。"

"你可以买新的,但不要着急取消原来的那张,回头我帮您查查看,再告诉您是不是一定要退保。"

……

"听你这么一说,我当然不退保,你明天到我家来拿新保单的支票吧!"客户高兴地说。

第二天,陈明利依约到她家收支票,客户不在家,可佣人告诉陈明利,客户之前已告诉佣人不要把支票交给她。

回到公司后陈明利赶紧给客户打电话,并约客户见面。

"究竟是怎么回事?"

"明利,我朋友说你们公司有人给他30%的回扣,我想,我是你十年的老客户了,要你给我这么多折扣也不好意思,不如你给我10%就好了。"客户说。

听了她的话,陈明利感到心都凉了,鼓起勇气对她说:"请您回想一下这十多年来我对您的服务,好不好?"

"很好啊!"

"当您要解约时,我马上帮您查看……"陈明利表明自己不愿给回扣的想法。第二天,这位朋友打电话通知陈明利可以取支票了。

回扣常常让一些保险营销人员不知如何处理。营销人员应明确地告诉客户,这样做是违规的。如果一个营销人员在还没有正式卖保险前就先违规,这样的人不值得信任。

附:陈明利简介

1954年出生于台湾,1965年获得"最佳女童星奖",70年代成为影视明星,1980年退出娱乐圈远嫁新加坡。

1982年受爱人影响成为寿险营销代理人。

1987年成为美国百万圆桌协会会员,摘取美国友邦保险公司(AIA)新加坡销售桂冠。

1989年成为MDRT顶尖会员,此后每年均当选。

1994年获新加坡首届全国最佳销售成就奖。

1996年担任MDRT东南亚区域主席,第三届亚太寿险大会讲师。

10.3.2 相互抢单

针对准保户,保险代理人之间不应该相互抢单。否则,一方面损害了保险公司的利益和形象;另一方面保险代理人在抢单中,相互攻击,最后谁也得不到那个准保户的签单。

确实,保险代理人的工作区域是没有划分或被限制的。目前,各家保险公司的保险营销人员都四处寻找业务,因而不同公司、同一公司,甚至同一公司同一营业组的保险代理人之间的业务"撞车"现象经常发生。部分保险代理人往往出于自身的利益,不考虑保户已经投保的情况下,极力诋毁同业,劝说保户退保转改在他手上投保。这样的抢单行为,很容易使保户对整个保险行业产生不信任感。

保险代理人之间相互诋毁、相互抢单的行为到头来,都是自己搬起石头砸自己的脚,最终受害的还是保险代理人自己。

保险代理人在拜访准保户的过程中，对自己营销的险种内容应了如指掌，对费率大小、交费方式等也要十分明了。若在开展业务中，碰到自己不甚熟悉或不了解的地方，最好坦诚相告，取得准保户的理解和支持，向保险公司请教后再向准保户作出完整的解释。保险代理人在开展业务时对条款不加解释，或解释不实甚至歪曲条款内容，甚至有的保险代理人对投保方滥加承诺而无法兑现或不及时兑现，保户事后就会感到被欺骗，最终会坚决要求退保。

保户是上帝，千万不要得罪保户。当保户由于保险代理人的胡乱解释甚至是肆意歪曲而被欺骗时，他便会带动他的家人、亲戚朋友以及周围的人一起对保险营销甚至是整个保险事业产生怀疑。就保险代理人而言，向保户营销的是一种无形商品和保险公司对保户的承诺，这就要求保险代理人必须真诚地对待自己的保户（包括成交的和未成交的）。如果保险代理人自己都没有奉行保险的最大诚信原则，在解释条款时失真，只顾个人一时的业绩与佣金，势必被保险营销这一高尚的事业所不容与抛弃。

10.3.3　自己设置陷阱

大多数保险代理人之所以营销失败，是因为保险代理人掉进了自己所设置的陷阱。

（1）看法短视，对问题只看到表面解决的方法，不能将整个问题做细部剖析并予以真正解决。

（2）给自己设计的工作计划就不充分，更何况是为投保人设计保险单。

（3）把对保险的了解以及所能做到最大限度的服务，全部告诉准保户。

（4）不愿为自己拟订短期、中期乃至长期的目标。

（5）对自己毫无信心，对自己了解不够，面对任何事总认为自己不可能做到。

（6）从不将准保户名单详细列出，即使列出来，也从不加以考虑，或是除旧换新。

（7）时常抱怨为什么要这样做而不那样做。

（8）没有拥有为自己创造一份事业的欲望和成功的抱负。

（9）喜欢照着自己的方式做事，从来不以成功的保险代理人为榜样，也不企图在工作上超过他们。

（10）不以保险营销作为自己的事业，只是希望借此工作得以维持生计。

10.3.4　生搬硬套他人经验

保险代理人在营销的过程中，对准保户应因人而异，不能把其他保险代理人的成功技巧不加选择地生搬硬套。保险代理人要运用一些能够成功地劝说准保户的营销技巧，应该做到以下几点。

1. "解剖"准保户

对保险营销的对象要有深入的了解。例如，在做团体业务时，要分析了解企业的性质及决策者情况，抓住这些特点，因地因人施险，保险代理人才可能取得较大的成功。

2. 有的放矢

要做到因人施险，就要通过学习和实践，了解人性的特点。例如，有些人的行为方式和语言表达方式比较含蓄，了解这些特点对营销保险极为必要。

3. 对症下药

因人施险的最重要一步即锻炼自己"对症下药"的功夫。

情景演练

签单时保险代理人要注意哪些问题

情景解析

对于保险营销人员来说，签单是一件非常高兴的事情。尤其对于新手来说，肯定会非常激动、兴奋。但此时一定要注意自己的言行举止，以平和的心态处事，切不可得意忘形，让客户觉得你只顾自己的业绩，否则之前所建立的良好形象尽毁。保险营销人员要表现出对客户需求和利益的重视，让客户相信你是为他好，从而相信你的专业精神和职业素质。

那么，该如何拥有一份平和的心态呢？

（1）认真仔细，不出差错，让客户相信你的专业素质。

（2）熟悉保险计划书的内容和准备的材料，不能手忙脚乱，不知所措。

（3）不喜形于色，过于激动。

（4）签单成功以后不能忽略客户，而应该保持风度，表达谢意。

值得一提的是，除了向客户表示感谢和祝贺，保险营销人员还应该主动询问客户有无其他疑问，当获得客户的回应后再做告辞。告辞也需要掌握技巧，利于在客户心中留下良好印象，为以后的接触和沟通做好铺垫。

实战强化训练

客户："那好吧，我就选这个险种，再附加一个意外险。"

保险营销人员："那我现在给您填好保单，方便审核和尽早生效，您说呢？"

客户："行。"

保险营销人员："请问您的身份证号是多少？这里要填一下。"

客户："身份证号是……"

保险营销人员："您的联系方式和地址？我就填您现在的可以吗？"

客户："可以。"

保险营销人员："如果中间您的联系方式和地址变更了，请您一定要通知我，我会给您更改，方便我随时与您取得联系，也方便以后邮寄发票等物品。"

客户："没问题。"

金牌技巧点拨

在这个案例中，在客户同意签单后，保险营销人员有条不紊地开始帮助客户填写保单，整个过程愉快而自然。在实际销售中要注意签单细节，一定要不急不躁、从容不迫。

复习思考题

一、单选题

1. 下列关于保险代理人职业道德的说法中，不正确的是（　　）。

A. 它是社会道德在保险代理职业生活中的暂时反映
B. 它是保险代理从业人员在履行其职业责任、从事保险代理过程中形成的
C. 它是保险代理从业人员普遍遵守的道德原则和行为规范
D. 它是社会对从事保险代理工作的人们的一种特殊道德要求

2. 在内容方面，职业道德总是要鲜明地表达职业义务和职业责任，以及职业行为上的道德准则。这表明，职业道德（　　）。
   A. 具有鲜明的职业特点　　　　B. 具有明显的时代特点
   C. 具有一定的实践特点　　　　D. 具有多样化的特点

3. 保险代理人职业道德建设的纲领性文件是（　　）。
   A.《中华人民共和国保险法》　　B.《保险代理从业人员职业道德指引》
   C.《中华人民共和国消费者权益保护法》　D.《中华人民共和国民法典》

4. 保险代理人在营销时需要遵守的首要道德准则是（　　）。
   A. 言谈举止文明礼貌　　　　　B. 时刻维护职业形象
   C. 不影响客户的正常生活和工作　D. 积极主动回应客户的抱怨

5. 保险代理人应该保持的工作态度是（　　）。
   A. 忠诚服务　　B. 遵纪守法　　C. 诚实守信　　D. 勤勉尽责

6. 不属于保险竞争主要内容的是（　　）。
   A. 险种的竞争　　　　　　　　B. 服务质量的竞争
   C. 业务的竞争　　　　　　　　D. 价格的竞争

7. 不属于以保险业同业竞争目标的是（　　）。
   A. 促进保险业的稳健发展　　　B. 保护被保险人利益
   C. 反对各种不正当竞争　　　　D. 保护保险人的利益

8. 属于正当竞争行为的是（　　）。
   A. 借助行政力量进行竞争
   B. 业务竞争
   C. 向客户给予保险合同以外的经济利益
   D. 向客户承诺最低的投资回报率

9. 保险代理人应当遵守的职业道德原则中，基础性的原则是（　　）。
   A. 守法遵规、专业胜任　　　　B. 诚实信用
   C. 客户至上、勤勉尽责　　　　D. 公平竞争、保守秘密

10. 保险代理人应当遵循的职业道德原则中，核心原则是（　　）。
    A. 守法遵规、专业胜任　　　　B. 诚实信用
    C. 客户至上、勤勉尽责　　　　D. 公平竞争、保守秘密

11. 保险代理人应当遵循的职业道德原则中，客户至上、勤勉尽责、公平竞争、保守秘密等几个原则是对（　　）的扩展。
    A. 守法遵规、专业胜任　　　　B. 诚实信用
    C. 客户至上、勤勉尽责　　　　D. 公平竞争、保守秘密

12. 对于任何一个行业的从业人员来说，最基本的职业道德是（　　）。
    A. 诚实信用　　B. 勤勉尽责　　C. 守法遵规　　D. 专业胜任

13. 保险代理人遵守的作为行为准绳的法律是（　　）。
    A.《中华人民共和国保险法》　　　B.《中华人民共和国消费者权益保护法》
    C.《中华人民共和国民法典》　　　D.《中华人民共和国海商法》
14. "保险营销人员要讲明与保险公司之间的代理关系"的要求属于（　　）。
    A. 勤勉尽责　　　B. 守法遵规　　　C. 专业胜任　　　D. 如实告知
15. 保险代理人如实告知义务的主要方面是（　　）。
    A. 保险代理人对所属机构的如实告知义务
    B. 保险代理人对客户的如实告知义务
    C. 保险代理人对保险公司的如实告知义务
    D. 保险代理人对保险监管机构的如实告知义务
16. 保险代理人向客户推荐保险产品的出发点应该是（　　）。
    A. 客户需要　　　B. 手续费高低　　　C. 保险费高低　　　D. 提成高低
17. 体现保险代理人特殊职业素质的是（　　）。
    A. 勤勉尽责　　　　　　　　B. 守法遵规
    C. 诚实信用　　　　　　　　D. 保险代理的专业技能

二、思考题

1. 当你在工作当中感到愤怒时，应该如何控制和化解？
2. "谎言分为善意和恶意两类，所以可以在适当的时候利用谎言来帮助自己提高业绩。"你认为这种说法对吗？
3. 讨论一下在营销过程中还有哪些问题应引起我们的特别关注。

附录 A

模拟试卷

A.1 模拟试卷一

参考答案及评分标准

科目：保险营销学　　　　　　　　　考试性质：结课考试　　　层次：本科

题号	一	二	三	四	五	六	合计	评分人	复核人
得分									

一、名词解释（每小题3分，共15分）

1. 保险营销

2. 营销计划

3. 广告

4. 市场细分

5. 保险产品组合

二、判断题（每小题1分，共10分，正确的画√，错误的画×，请将答案填写在答题框内）

1	2	3	4	5	6	7	8	9	10

1. 保险营销的核心是满足保险客户对风险管理的需要。
2. 保险营销等于保险推销。
3. 环境机会实质上是指市场上存在的或者潜在的消费需求。
4. 市场领导者的对策是进攻。
5. 促销沟通是促销实施的手段和前提条件。
6. 保险市场细分是对保险产品的科学分类。
7. 保险产品组合的密度是指各种保险产品线最终作用于销售渠道、销售方式、消费者群体或其他方面相互关联的程度。
8. 市场营销理念是一种传统的、原始的经营理念。
9. 目标市场选择中，保险公司应遵循适度、协调、相符的原则。
10. 商标是尚未合法注册的品牌或品牌的一部分。

三、多项选择题（每小题2分，共20分，请将正确答案填入答题框内）

1	2	3	4	5	6	7	8	9	10

1. 传统的保险营销理念是（　　）。
   A. 生产理念　　　　　　　　B. 产品理念
   C. 市场营销理念　　　　　　D. 推销理念
   E. 社会营销理念

2. 保险需求的特性主要包括（　　）。
   A. 客观性　　　　　　　　　B. 非渴求性
   C. 避讳性　　　　　　　　　D. 差异性
   E. 高弹性

3. 保险营销的外部环境除政治法律环境外还包括（　　）。
   A. 竞争环境　　　　　　　　B. 经济环境
   C. 技术环境　　　　　　　　D. 社会文化环境
   E. 人口环境

4. 保险营销的主体是保险市场的主体保险中介机构，主要有（　　）。
   A. 保险代理人　　　　　　　B. 保险公司
   C. 保险经纪人　　　　　　　D. 保险公估人
   E. 投保人

5. 保险新产品定价的策略主要包括（　　）。
   A. 撇脂费率策略　　　　　　　B. 渗透费率策略
   C. 满意费率策略　　　　　　　D. 差异费率策略
   E. 免交保费策略

6. 保险市场细分的原则主要有（　　）。
   A. 可衡量性　　　　　　　　　B. 可盈利性
   C. 差异性　　　　　　　　　　D. 可加工性
   E. 可进入性

7. 保险人员促销的功能主要有（　　）。
   A. 销售功能　　　　　　　　　B. 宣传功能
   C. 协调功能　　　　　　　　　D. 服务功能
   E. 反馈与评价功能

8. 广告设计的基本内容主要包括（　　）。
   A. 主题设计　　　　　　　　　B. 文稿设计
   C. 图画设计　　　　　　　　　D. 技术设计
   E. 广告创意

9. 保险公司与客户关系的层次有（　　）。
   A. 基本型　　　　　　　　　　B. 反应型
   C. 可靠型　　　　　　　　　　D. 主动型
   E. 伙伴型

10. 市场跟随者的竞争战略包括（　　）。
    A. 紧密跟随　　　　　　　　　B. 距离跟随
    C. 选择跟随　　　　　　　　　D. 游击进攻
    E. 客户专业化

四、简答题（每小题 6 分，共 30 分）

1. 简述保险产品的特性。

2. 个体投保人的投保决策过程包括哪些步骤？

3. 包装的设计应符合哪些要求?

4. 市场细分的程序包括哪些步骤?

5. 简述促销的作用。

五、论述题（共 10 分）

论述保险产品生命周期中成长期的特点及营销策略。

六、案例题（共 15 分）

中国平安保险（集团）股份有限公司（以下简称"中国平安"）1988 年诞生于深圳蛇口，是中国第一家股份制保险企业，至今已发展成为融保险、银行、投资三大主营业务为一体、传统金融与非传统金融并行发展的个人综合金融服务集团之一。公司为香港联合交易所主板及上海证券交易所两地上市公司。

中国平安致力于成为国际领先的个人金融生活服务提供商，构建以保险、银行、投资为支柱的传统业务体系，坚持传统金融和非传统金融业务共同发展。传统业务方面，积极落实"金融超市，客户迁徙"两项核心工作；非传统业务方面，大力推动创新工程，将金融服务融入客户"医、食、住、行、玩"的各项生活场景，打造"一个客户、一个账户、多个产品、一站式服务"的综合金融服务平台，为客户创造"专业，让生活更简单"的品牌体验，获得持续的利润增长，向股东提供长期稳定的价值回报。

中国平安是国内金融牌照最齐全、业务范围最广泛、控股关系最紧密的个人综合金融服务集团。截至 2017 年 6 月 30 日，平安集团旗下共有 24 家子公司，开展的保险营销业务具体包括平安寿险、平安产险、平安养老险、平安健康险等；此外，在平安银行、平安证券、平安信托，平安大华基金等新业务领域取得突破性的发展，涵盖金融业各个领域，已发展成为中国少数能为客户同时提供保险、银行及投资等全方位金融产品和服务的金融企业之一。

1. 中国平安的保险营销业务主要有哪些？（2 分）

2. 中国平安在哪些金融新业务上取得了突破性的发展？（2 分）

3. 中国平安要进一步开展保险促销,试说明保险促销的主要方式有哪些。(4分)

4. 中国平安要开展公共关系促销,试说明公共关系促销的主要工具有哪些。(7分)

A.2　模拟试卷二

参考答案及评分标准

科目：保险营销学　　　　　　　　　考试性质：结课考试　　　层次：本科

题号	一	二	三	四	五	六	合计	评分人	复核人
得分									

一、名词解释（每小题 3 分，共 15 分）

1. 产品生命周期

2. 战略计划

3. 促销组合

4. 公众媒体营销

5. 保险营销渠道

二、判断题（每小题1分，共10分，正确的画√，错误的画×，请将答案填写在答题框内）

1	2	3	4	5	6	7	8	9	10

1. 商标是已经合法注册的品牌或品牌的一部分。
2. 投入期保险企业应采取市场改进策略。
3. 环境威胁是指对公司营销活动不利或限制公司营销活动发展的因素。
4. 市场挑战者的战略是保护其现有的市场占有率。
5. 促销沟通是促销实施的手段和前提条件。
6. 保险市场细分是对保险产品的科学分类。
7. 保险产品组合的长度是指保险公司产品品目总数，即提供的具体产品总数目。
8. 市场营销理念是一种传统的、原始的经营理念。
9. 目标市场选择中，保险公司应遵循适度、协调、相符的原则。
10. 最常见的营销组织结构是按地区设置的组织结构。

三、多项选择题（每小题2分，共20分，请将正确答案填入答题框内）

1	2	3	4	5	6	7	8	9	10

1. 现代的保险营销理念是（　　）。
   A. 生产理念　　　　　　　　B. 产品理念
   C. 市场营销理念　　　　　　D. 推销理念
   E. 社会营销理念
2. 保险需求的特性主要包括（　　）。
   A. 客观性　　　　　　　　　B. 非渴求性
   C. 避讳性　　　　　　　　　D. 差异性
   E. 高弹性
3. 企业投保决策过程参与者包括（　　）。
   A. 受益者　　　　　　　　　B. 影响者
   C. 采购者　　　　　　　　　D. 决策者
   E. 信息控制者
4. 保险营销的主体就是保险市场的主体保险中介机构主要有（　　）。
   A. 保险代理人　　　　　　　B. 保险公司
   C. 保险经纪人　　　　　　　D. 保险公估人
   E. 投保人
5. 保险新产品定价的策略主要包括（　　）。

A. 撇脂费率策略　　　　　　B. 渗透费率策略
C. 满意费率策略　　　　　　D. 差异费率策略
E. 免交保费策略

6. 保险市场细分的原则主要有（　　）。
   A. 可衡量性　　　　　　　　B. 可盈利性
   C. 差异性　　　　　　　　　D. 可加工性
   E. 可进入性

7. 保险人员促销的功能主要有（　　）。
   A. 销售功能　　　　　　　　B. 宣传功能
   C. 协调功能　　　　　　　　D. 服务功能
   E. 反馈功能与评价功能

8. 广告设计的基本内容主要包括（　　）。
   A. 主题设计　　　　　　　　B. 文稿设计
   C. 图画设计　　　　　　　　D. 技术设计
   E. 广告创意

9. 保险公司与客户关系的层次有（　　）。
   A. 基本型　　　　　　　　　B. 反应型
   C. 可靠型　　　　　　　　　D. 主动型
   E. 伙伴型

10. 市场领导者的竞争战略包括（　　）。
    A. 扩大总需求　　　　　　　B. 保护现有市场份额
    C. 选择跟随　　　　　　　　D. 游击进攻
    E. 扩大市场份额

四、简答题（每小题 6 分，共 30 分）
1. 简述促销组合决策的影响因素。

2. 简述企业保险需求的特点。

3. 简述保险行业自律的作用。

4. 简述保险市场细分的意义。

5. 保险人员促销过程包括哪些步骤?

五、论述题（共 10 分）

论述保险产品生命周期中引入期的特点及营销策略。

六、案例题（共 15 分）

中国人寿财产保险股份有限公司（以下简称"中国人寿财险"）系中国人寿保险（集团）公司旗下核心成员，成立于 2006 年 12 月 30 日，注册资本 150 亿元人民币，业务范围包括财产损失保险、责任保险、信用保险和保证保险、短期健康保险和意外伤害保险，上述业务的再保险业务，国家法律、法规允许的保险资金运用业务，经中国保监会批准的其他业务。中国人寿财险以科学发展观为统领，坚持业务发展与能力提升两手抓，依托中国人寿集团化经营优势，整合法人团体业务、分散性个人业务和客户服务体系，创新渠道经营，强化集中管控，推进服务先行，致力于打造具有自身特色的一流财险公司。中国人寿财险保持了规模、效益、合规协调发展，打破了财产保险行业常规发展模式，综合实力已步入财产保险行业前列。

2013 年，中国人寿财险实现保费收入 318.49 亿元，市场份额排名第 4 位，总资产超过 370 亿元。在全国设立了 33 家分公司、268 家中心支公司、801 家支公司、317 家营销服务部。作为中央管理的国有保险企业，中国人寿财险始终牢记自身使命，注重发挥保险核心功能，不断创新保险产品服务，充分满足人民群众多层次的保险需求，全面提升服务经济社会发展的能力水平。秉承"专业、快捷、便利、贴心"的服务理念，信守对保险消费者的服务承诺，中国人寿财险连续三年蝉联中国电子商务呼叫中心与客户关系管理专业委员会"中国最佳呼叫中心"和中国服务贸易协会、中国信息协会"中国最佳客户服务奖"。

1. 中国人寿财险的主要业务范围有哪些？（4 分）

2. 说明中国人寿财险开展保险营销渠道管理应遵循哪些原则？（5分）

3. 中国人寿财险要对保险市场细分，分别说明个人以及企业保险市场细分的依据。（6分）

A.3 模拟试卷三

参考答案及评分标准

科目：保险营销学　　　　　　　　考试性质：结课考试　　　层次：本科

题号	一	二	三	四	五	六	合计	评分人	复核人
得分									

一、名词解释（每小题3分，共15分）

1. 品牌

2. 营销计划

3. 广告

4. 市场细分

5. 保险营销渠道

二、判断题（每小题1分，共10分，正确的画√，错误的画×，请将答案填写在答题框内）

1	2	3	4	5	6	7	8	9	10

1. 保险营销的核心是满足保险客户对风险管理的需要。
2. 保险营销等于保险推销。
3. 环境机会实质上是指市场上存在的或者说潜在的消费需求。
4. 市场领导者的对策是进攻。
5. 促销沟通是促销实施的手段和前提条件。
6. 保险市场细分是对保险产品的科学分类。
7. 保险产品组合的密度是指各种保险产品线最终作用于销售渠道、销售方式、消费者群体或其他方面相互关联的程度。
8. 市场营销理念是一种传统的、原始的经营理念。
9. 目标市场选择中，保险公司应遵循适度、协调、相符的原则。
10. 商标是尚未合法注册的品牌或品牌的一部分。

三、多项选择题（每小题2分，共20分，请将正确答案填入答题框内）

1	2	3	4	5	6	7	8	9	10

1. 现代的保险营销理念是（　　）。
   A. 生产理念　　　　　　　　B. 产品理念
   C. 市场营销理念　　　　　　D. 推销理念
   E. 社会营销理念
2. 保险需求的特性主要包括（　　）。
   A. 客观性　　　　　　　　　B. 非渴求性
   C. 避讳性　　　　　　　　　D. 差异性
   E. 高弹性
3. 企业投保决策过程参与者包括（　　）。
   A. 受益者　　　　　　　　　B. 影响者
   C. 采购者　　　　　　　　　D. 决策者
   E. 信息控制者
4. 保险营销的主体就是保险市场的主体保险中介机构主要有（　　）。
   A. 保险代理人　　　　　　　B. 保险公司
   C. 保险经纪人　　　　　　　D. 保险公估人
   E. 投保人

5. 保险新产品定价的策略主要包括（　　）。
   A. 撇脂费率策略　　　　　　　　B. 渗透费率策略
   C. 满意费率策略　　　　　　　　D. 差异费率策略
   E. 免交保费策略
6. 保险市场细分的原则主要有（　　）。
   A. 可衡量性　　　　　　　　　　B. 可盈利性
   C. 差异性　　　　　　　　　　　D. 可加工性
   E. 可进入性
7. 保险人员促销的功能主要有（　　）。
   A. 销售功能　　　　　　　　　　B. 宣传功能
   C. 协调功能　　　　　　　　　　D. 服务功能
   E. 反馈功能与评价功能
8. 广告设计的基本内容主要包括（　　）。
   A. 主题设计　　　　　　　　　　B. 文稿设计
   C. 图画设计　　　　　　　　　　D. 技术设计
   E. 广告创意
9. 保险公司与客户关系的层次有（　　）。
   A. 基本型　　　　　　　　　　　B. 反应型
   C. 可靠型　　　　　　　　　　　D. 主动型
   E. 伙伴型
10. 市场领导者的竞争战略包括（　　）。
    A. 扩大总需求　　　　　　　　　B. 保护现有市场份额
    C. 选择跟随　　　　　　　　　　D. 游击进攻
    E. 扩大市场份额

四、简答题（每小题 6 分，共 30 分）
1. 包装的设计应符合哪些要求？

2. 简述促销组合决策的影响因素。

3. 简述促销的作用。

4. 简述企业保险需求的特点。

5. 简述保险市场细分的意义。

五、论述题（共 10 分）

论述保险营销渠道的选择原则。

六、案例题（共 15 分）

中国太平洋保险（集团）股份有限公司（以下简称"中国太平洋保险"）是在 1991 年 5 月 13 日成立的中国太平洋保险公司的基础上组建而成的保险集团公司，总部设在上海，2007 年 12 月 25 日在上海证交所成功上市，2009 年 12 月 23 日在香港联交所成功上市。

成功上市以后，中国太平洋保险推动实施"以客户需求为导向"的战略转型，努力建设"专注保险主业，价值持续增长，具有国际竞争力的一流保险金融服务集团"。

中国太平洋保险以"做一家负责任的保险公司"为使命，以"诚信天下，稳健一生，追求卓越"为企业核心价值观，以"推动和实现可持续的价值增长"为经营理念，不断为客户、股东、员工、社会和利益相关者创造价值，为社会和谐作出贡献。

目前，中国太平洋保险旗下拥有产险、寿险、资产管理和养老保险等专业子公司，建立了覆盖全国的营销网络和多元化服务平台，拥有 5 700 多个分支机构，7.4 万余名员工和 30 多万名产寿险营销人员，为全国 5 600 万个人客户和 330 万机构客户提供全方位风险保障解决方案、投资理财和资产管理服务。中国太平洋保险全国客户服务电话 95500 涵盖了保险咨询、查询、理赔报案、服务预约、急难救助以及投诉受理等各项服务。公司经营一般保险业务，主要为企业和个人客户提供意外及健康保险、汽车保险、航空航天保险、船舶保险、货运保险、财产损坏保险、一般法律责任保险和金钱损失保险等产品和服务。

中国太平洋保险坚持"推动和实现可持续的价值增长"的经营理念，努力实现产险业务和寿险业务协调发展、保险业务和资产管理协调发展。寿险业务着力于聚焦营销聚焦期缴，持续提升一年新业务价值；产险业务将保持综合成本率行业领先，市场份额稳中有升；资产管理业务将强化资产负债管理，努力实现投资收益持续超越负债成本。

作为一家"负责任的保险公司"，中国太平洋保险在积极追求可持续价值增长的同时，自觉履行作为一个企业公民的社会责任。致力于各类公益活动，履行企业公民的职责。公司自成立以来，积极开展关爱孤残、捐资助学、扶贫赈灾等公益活动：已建立 60 余所希望小学，总投资超过 3 000 万元；在特大洪涝灾害、非典、南方雪灾、5·12 抗震救灾、云南地区干旱、青海玉树地震、舟曲泥石流期间踊跃捐款捐物，总额超过 1 亿元。

1. 中国太平洋保险经营一般保险业务有哪些？（2分）

2. 中国太平洋保险开展了哪些公益活动，履行企业公民的职责？（2分）

3. 保险行业自律的作用有哪些？（4分）

4. 中国太平洋保险要开展保险公共关系活动，公共关系促销的主要工具有哪些？（7分）

参 考 文 献

[1] 黄茂海. 保险营销理论与实务. 大连：东北财经大学出版社，2018.
[2] 廖敏. 保险营销学. 2版. 上海：复旦大学出版社，2019.
[3] 郭颂平. 保险营销学. 4版. 北京：中国金融出版社，2018.
[4] 李兵. 保险营销. 北京：中国金融出版社，2010.
[5] 汇智书源. 保险销售. 北京：中国铁道出版社，2018.
[6] 周灿，常伟. 保险营销实务技能训练. 北京：电子工业出版社，2011.
[7] 姚东明. 健康保险营销学. 北京：科学出版社，2015.
[8] 粟芳. 保险营销学. 4版. 上海：上海财经大学出版社，2018.
[9] 赛美. 保险名家的成功密码：用IP思维做专家式成交. 北京：中国铁道出版社有限公司，2022.
[10] 孙颢. 保险推销员必备全书. 北京：中国时代经济出版社，2011.
[11] 陈玉明. 保险就该这样卖. 北京：机械工业出版社，2009.
[12] 孙郡锴. 做最好的保险推销员. 北京：中国华侨出版社，2009.